KYLIAN MBAPPÉ,
NÉ POUR GAGNER

Martin Leprince

KYLIAN MBAPPÉ, NÉ POUR GAGNER

Biographie

Mareuil
Éditions

Ce livre est sorti en 2019 sous le titre *Kylian Mbappé, rendez-vous avec l'éternité*. Nous en publions ici une version revue et augmentée.

Pour vous tenir informé des prochaines publications de Mareuil Éditions, rendez-vous sur : www.mareuil-editions.com

PROLOGUE

Kylian Mbappé est un jeune homme pressé, très pressé. Nombre de footballeurs avant lui eurent droit à leurs débuts aux éloges des commentateurs, qui leur prédisaient monts et merveilles pour leur carrière à venir. Ceux-là étaient doués balle au pied, ils ont su en leur temps faire lever les foules sur une reprise de volée ou un petit pont, avant de voir leurs performances baisser au point de retomber dans un relatif anonymat. Mbappé, lui, n'a pas besoin de promesses : avant même d'avoir fêté son vingtième anniversaire, il avait déjà presque tout gagné. À 17 ans, il remporta successivement la Coupe Gambardella avec les jeunes de Monaco et la Coupe d'Europe des moins de 19 ans avec l'équipe de France. L'année suivante, il devint champion de Ligue 1 avec l'AS Monaco. Un an plus tard ce fut l'apothéose : il remporta le championnat de France, la Coupe de la Ligue et la Coupe de France avec le Paris Saint-Germain, puis la Coupe du monde avec les Bleus. Il est alors perçu comme un être à part, sans doute celui que le football hexagonal attendait pour redorer son image après plus d'une décennie de désamour entre l'équipe de France et son public. Non seulement il est performant au plus haut point, mais à cette époque il donne aussi envie de l'aimer. Même s'il portait alors le maillot du PSG, équipe honnie de l'ensemble des tribunes de France en dehors de celles du Parc des Princes, dans les mois qui ont suivi la Coupe du monde le jeune attaquant est devenu l'idole de tout un pays aussi bien pour ses prouesses sur le gazon que pour sa personnalité attachante. Par son sourire et ses yeux qui brillent, Kylian semblait véhiculer un enthousiasme à mille lieues des airs blasés qu'affichent trop de footballeurs. Il s'exprime avec aisance sans jamais sombrer dans les éternels poncifs propres aux réactions footballistiques, faits de phrases hachées ponctuées de « voilà » et de « on avait à cœur ». Depuis, il n'a cessé d'étoffer son palmarès avec cinq nouveaux sacres de champion de France, deux nouvelles Coupes de France, une Ligue des nations et une multitude de titres de meilleur buteur de Ligue 1. Chaque saison, il bat de nouveaux records et explose les statistiques. Quant à sa dimension internationale, elle a pris encore plus d'ampleur lors de son incroyable finale de la Coupe du monde 2022. Dès son plus jeune âge, il fut un élément majeur dans chacune des équipes avec lesquelles il conquit un trophée. Kylian Mbappé a mis la planète football à ses pieds en atteignant des sommets auxquels l'immense majorité des joueurs ne pourra jamais que rêver. La question n'est désormais plus de savoir s'il est le meilleur joueur du monde mais s'il restera le plus grand de toute l'histoire du ballon rond. Le livre de sa vie n'est pas écrit d'avance, mais les premiers chapitres ne peuvent déjà plus être effacés.

Tous les portraits et les reportages qui lui sont consacrés entonnent le même refrain : dès son plus jeune âge, Kylian aurait fait preuve d'une telle habileté balle au pied que l'on pouvait déjà deviner son destin. L'enfant était sans doute doué mais une question se pose : les témoins seraient-ils aussi dithyrambiques dans leur vision rétrospective s'il était aujourd'hui étudiant en école de commerce tout en évoluant en National 2 avec un club semi-professionnel ? Sans doute pas, mais l'essentiel n'est pas là. Kylian Mbappé n'impressionne pas seulement lorsqu'il court et marque sur les terrains. Comment ce gamin de Bondy est-il devenu cette machine à gagner ? D'où lui viennent cette maturité et cet acharnement au travail qui ont fait défaut à tant de joueurs qui ont gâché leur talent en se croyant arrivés avant d'être partis ? Qui se cache derrière ce surdoué qui donne encore l'impression de s'amuser dans une cour de récréation quand les enjeux financiers le dépassent ?

De telles questions ne mériteraient pas d'être posées si Kylian Mbappé n'était qu'un footballeur. Mais ce n'est pas le cas. Ceux qui raillent les « millionnaires en shorts bons qu'à taper dans un ballon » oublient une chose : dès lors que l'on évoque ceux dont le niveau a atteint un seuil stratosphérique, il n'est plus question de football ou même de sport mais seulement d'une capacité à devenir le meilleur dans un domaine qui connaît davantage de concurrence que n'importe quel autre. La démonstration va de soi : sport n° 1 dans le monde entier, le foot compte au bas mot plus de 250 millions de pratiquants, dont une majorité rêve d'atteindre le haut niveau. Combien d'entre eux atteindront cet objectif? Une infime minorité. Et parmi ce taux déjà famélique, combien parviendront à rejoindre l'élite de l'élite? Une poignée d'élus, à peine quelques grains de sable dans le Sahara. Il s'agit donc bien d'une quête de l'excellence qui n'a rien à envier à la concurrence à laquelle se livrent ceux qui se gargarisent d'incarner des disciplines plus nobles. Devenir le plus grand musicien du monde, le chef d'entreprise le plus respecté ou le meilleur architecte nécessite sans aucun doute des compétences sans rapport avec le toucher de balle, la feinte de frappe ou l'élimination d'un adversaire par un crochet. Mais dans n'importe quel cas, il s'agit avant tout de surpasser ses congénères, d'être habité par cette obsession au point que toute son existence n'est régie que par elle. De n'avoir d'autre choix que d'obéir à cette aspiration qui efface tout le reste, pour le meilleur aux yeux du public et parfois pour le pire au regard des principaux concernés. Les plus grands champions ne sont jamais des êtres comme les autres. Leur force n'est pas d'accéder à l'excellence mais de trouver en eux la capacité de s'y maintenir encore et encore. Le sport de très haut niveau est une exigence du quotidien, il nécessite de s'investir presque à chaque instant. Il requiert surtout une force mentale peut-être à nulle autre pareille. Les très grands ne sont jamais rassasiés : lorsqu'ils gagnent le plus beau des trophées, ils ne vivent que dans la perspective de le remporter une nouvelle fois. Pour assouvir cette soif, toujours sur le métier ils remettent leur ouvrage. Avant de briller de mille feux lorsqu'ils soulèvent une coupe, ils œuvrent dans l'ombre jusqu'à se faire mal. Cent fois, mille fois, un million de fois, ils répètent les mêmes gestes. Ils frappent dans des ballons, ils courent autour d'un terrain, ils musclent leur chair. Ils ne doivent prendre aucun risque pour ne pas détériorer la moindre de leurs articulations, et en même temps ils abîment leur corps à force de tenter de le rendre indestructible. Ils ne se laissent ni griser par ceux qui les déifient, ni ensevelir par ceux qui les honnissent, car leur propre jugement est le seul qui compte. Ils résistent à la pression d'une foule, que celle-ci scande leur nom ou insulte leur famille. Ils accumulent des richesses sans que celles-ci parviennent à les posséder car ce à quoi ils aspirent ne s'achète pas. Souvent, ils finissent par lutter davantage contre eux-mêmes que contre les autres. Ils possèdent eux aussi des failles mais celles-ci sont invisibles aux yeux d'autrui. Eux, ce sont les champions, prêts à tous les sacrifices pour devenir les meilleurs. Mais au-dessus d'eux, il existe encore une autre caste. Ceux qui en font partie sont soumis aux mêmes impératifs, pour ce qui est du travail acharné comme des ressources mentales, mais ils possèdent quelque chose en plus, une substance indéfinissable qui leur permet de voler plus haut encore.

Certains appellent cela un don mais ils se méprennent : elle ne leur a jamais été donnée. Ils l'ont en eux mais ils l'ont eux-mêmes façonnée. Très vite, il se dessina que Kylian Mbappé pouvait être de cette trempe. Non parce qu'il courait plus vite que les autres, mais parce qu'il savait après quoi il courait, même s'il est sans doute le seul à le savoir. À l'âge où la quasi-totalité de ses congénères n'en sont encore qu'à la première moitié de leur carrière sportive, lui a d'ores et déjà garni son palmarès et gravé ses initiales sur l'un des deux plus grands triomphes du football français. Il n'est pas en avance, il joue seulement dans une autre cour. Il n'est pas meilleur que les autres, il est forgé pour un autre destin. Le croire déjà au firmament serait une erreur d'appréciation : il n'est au sommet que si on l'observe par le prisme du commun des footballeurs. Mais pour s'inscrire dans la lignée des géants auxquels il a gagné le droit d'espérer se comparer, il n'est encore qu'au pied de la montagne. Mbappé ne fait déjà plus partie de l'armée des joueurs de foot, il prétend désormais à la couronne que seul le grand Pelé a jusqu'à présent eu l'honneur de porter. Difficile de compter le nombre d'articles consacrés à Kylian qui citent la célèbre réplique de Rodrigue dans *Le Cid* : « Je suis jeune, il est vrai ; mais aux âmes bien nées, la valeur n'attend point le nombre des années. » Nul n'oserait contester que la formule lui sied parfaitement. Pour autant, un autre vers de Corneille semble encore davantage avoir été écrit pour lui : « Votre raison n'est pas raison pour moi : vous parlez en soldat ; je dois agir en roi. »

CHAPITRE 1

IL ÉTAIT UNE FOIS À BONDY

Bondy est une commune de Seine-Saint-Denis, le département le plus pauvre de la France métropolitaine mais aussi celui qui engendre le plus de représentations fantasmagoriques dans l'inconscient collectif. Bondy compte 50 000 habitants et un taux de chômage bien supérieur à la moyenne nationale. La ville fut longtemps le symbole de ce que l'on appelait une « cité-dortoir » : une zone où l'activité économique était rare et dont la principale fonction était de loger une population peu argentée employée dans une cité voisine plus dynamique. Bondy a vu le nombre de ses habitants exploser à l'aube des années 1960, avec la construction de barres HLM dans les quartiers nord, au sein desquels s'installeront quelques années plus tard de nombreuses familles immigrées. Coupée par la nationale 3, que traversent quotidiennement des milliers de voitures, la ville est divisée entre une zone pavillonnaire et une autre que l'on appelle pudiquement « populaire ».

La commune dispose d'importantes infrastructures sportives, avec deux piscines, cinq gymnases, deux stades et un complexe de tennis. L'AS Bondy, qui regroupe une vingtaine de disciplines et rassemble plus de 3 000 pratiquants, joue un rôle essentiel dans la vie locale. Ces dernières décennies, plusieurs Bondynois ont brillé dans leurs sports respectifs : la championne du monde d'escrime Maureen Nisima, la championne du monde de judo des moins de 78 kilos Audrey Tcheuméo, la championne d'Europe de karaté Sandy Serfati ou encore la championne du monde de relais Muriel Hurtis. Des noms qui ont fait la fierté de la municipalité bien avant l'éclosion de Kylian Mbappé.

Le père de Kylian, Wilfrid Mbappé Lottin, né en octobre 1970, est un ancien footballeur d'origine camerounaise qui a évolué en division d'honneur, au poste de milieu offensif. Il est par la suite devenu entraîneur et éducateur au sein de l'AS Bondy, fonction par laquelle il intervenait également dans les écoles municipales pour promouvoir les activités sportives. Wilfrid possède une authentique connaissance du football, quel que soit l'âge des joueurs qu'il dirigeait il développait de vrais plans de jeu et savait motiver ses équipes comme personne. Il se montrait strict quand il le fallait, avec lui les ados écoutaient sans broncher. Les enfants qu'il entraînait devaient faire preuve d'un bon comportement partout, pas seulement sur le terrain. Un jour, il prit un gamin entre quatre yeux et lui lança : « Il paraît que tu n'as pas été correct avec ta mère et que tes résultats scolaires sont en baisse. Tu ne joueras plus tant que tu ne changes pas ça[1]. » Le petit a baissé la tête. « Wilfrid Mbappé est un vrai personnage à Bondy, estime le journaliste de *Libération* Rachid Laïreche qui a longtemps couvert le sport. C'était déjà le cas bien avant le début de la notoriété de Kylian. Il était un coach charismatique très respecté. Il était connu dans tout le milieu du foot du département de Seine-Saint-Denis. » La mère de Kylian, Fayza Lamari de son nom de jeune fille, est née en septembre 1974 dans une famille d'origine algérienne. Elle a grandi dans le quartier de la Terre Saint-Blaise et travaillait comme animatrice au centre de loisirs de la commune. Joueuse de handball, au poste d'ailier droit, elle a évolué en première division au sein de l'AS Bondy durant la décennie 1990. « Elle était une handballeuse au caractère bien trempé, se souvient le journaliste du *Parisien* Frédéric Gouaillard qui avait couvert des matchs de son équipe à l'époque. Elle pouvait se prendre la tête avec des adversaires et n'hésitait pas à rentrer dedans. Elle faisait partie de l'équipe qui avait fait monter le club en première division. » Kylian est né le 20 décembre 1998, ce qui fait de lui l'un de ces enfants dont la fête d'anniversaire et Noël se confondent. Six mois plus tôt, Zinedine Zidane plantait trois buts face au Brésil, Didier Deschamps soulevait la Coupe du monde et la France entière se mettait à chanter : « Et 1 !

1. *L'Équipe* (magazine), 2 février 2018.

Et 2 ! Et 3-0 ! » La légende prétend que le premier cadeau que Kylian reçut à la maternité fut un ballon de football offert par son oncle paternel, Pierre. Un présent qu'il n'aurait jamais lâché dans les années qui suivirent : le petit Kylian se serait déplacé balle au pied un peu partout, chez lui, dans la rue, de sa chambre à l'école, mais tous ceux qui suivaient en leur temps le dessin animé *Olive et Tom* connaissent ce genre d'histoires… Kylian a grandi Cité des Fleurs, dans un appartement situé au 4 allée des Lilas. Ses parents s'y sont installés quelques semaines avant sa naissance. L'année qui suivit, la famille Mbappé accueillit chez elle un garçon de 10 ans, Jirès Kembo. Originaire de la République démocratique du Congo, celui-ci avait hérité de ce prénom en hommage à l'ancien international français Alain Giresse, pour lequel son père génétique avait la plus grande admiration. En raison de la guerre civile qui sévissait en RDC, les parents de Jirès l'avaient envoyé quatre ans plus tôt en France, où un oncle devait s'occuper de lui. « À cette époque, c'était assez compliqué dans mon pays, donc ils ont décidé de m'envoyer en France pour m'offrir la chance d'avoir une meilleure vie, faire des études et m'en sortir[1] », explique-t-il. Wilfrid Mbappé le rencontra au club de Bondy, où Jirès avait pris sa première licence, puis l'a ensuite recueilli sous son toit avant de devenir son tuteur légal. « C'est comme si cette personne m'avait

1. *So Foot*, 22 mars 2016.

toujours été destinée, affirmera Jirès. Il a représenté l'image paternelle que je n'avais pas eue[1]. » Le garçon est un passionné de foot et il se révèle très doué. En 2001, il rejoindra l'Institut national du football de Clairefontaine, où il suivra une formation durant la semaine et reviendra à Bondy pour le week-end. Pour Kylian, Jirès devint un modèle. Il le suivait aux entraînements, dans les vestiaires, au stade Léo-Lagrange, situé juste à côté du domicile familial. Dès l'âge de 2 ou 3 ans, il a ainsi vu des équipes d'enfants pratiquer le football et a voulu faire comme eux. Et un jour, il l'a fait.

La première fois que Kylian revêtit le maillot de l'AS Bondy, il avait 4 ans. En décembre 2002, à l'occasion du Téléthon, le club avait organisé des séries de matchs pour débutants. Kylian était au bord du terrain et observait avec des yeux écarquillés des gamins plus grands que lui qui jouaient au ballon. Thierry Pointeau, le président du club à l'époque, lui tendit alors un maillot et lui dit de les rejoindre. « Il était tout petit et sa maman avait un peu peur qu'il se fasse rentrer dedans, mais il est parti direct à l'abordage et cela s'est bien passé[2] », explique-t-il. À 6 ans, l'âge minimum requis, Kylian eut enfin le droit de prendre sa licence et de s'inscrire au club. Il apparut très vite qu'il possédait certaines dispositions avec un ballon. Et plus important

1. *Ibid.*
2. *L'Équipe*, 20 décembre 2018.

encore : il adorait ça. Dès 7 ans, il fut surclassé dans la catégorie d'âge supérieure. Il jouera avec les enfants nés en 1997, puis avec ceux nés en 1996. Sur le terrain, il dribblait mieux que les autres et c'est souvent lui qui faisait la différence. « Il était capable d'éliminer et d'enchaîner très vite, se souvient Jean-François Suner, le directeur sportif du club. Il prenait le ballon, dribblait tout le monde et allait marquer. Quand il a été surclassé, il jouait avec des gamins qui avaient trois têtes de plus que lui mais ceux-ci n'arrivaient pas à le rattraper pour autant. » Kylian suivait deux entraînements par semaine et jouait les matchs le week-end. Lorsqu'il suivait les séances dirigées par son père, il n'aurait pas bénéficié de traitement de faveur. « Il ne lui faisait aucun cadeau, témoigne le père d'un enfant du club. Il n'hésitait pas à mettre Kylian plus bas que terre pour son bien et pour montrer qu'il n'y avait pas de favoritisme. Il était sévère mais il était pareil avec les autres gamins[1]. »

Comme beaucoup d'enfants, Kylian s'imagina vite un avenir de footballeur professionnel. Dès son plus jeune âge, il chantait *La Marseillaise* la main sur le cœur pour imiter les joueurs de l'équipe de France lorsqu'il regardait un match des Bleus. « Cela a fait partie de mon enfance, a-t-il témoigné. Je rêvais d'être à la place des joueurs que je voyais à la télé. Tous ces souvenirs, je les ai dans la tête et, même si je veux

1. Luca Caioli et Cyril Colot, *Le Petit Prince, Mbappé*, Marabout, 2018.

les oublier, il y a les cassettes pour me le rappeler ! Mes parents se foutaient un peu de ma gueule. Ils disaient que j'étais un peu fou. Mais plus ça avançait, moins ils le disaient[1]. » À 7 ans, Kylian aurait affirmé qu'il jouerait un jour la Ligue des champions, puis la Coupe du monde. « Il savait ce qu'il voulait : son rêve a toujours été de devenir pro », affirme Jean-François Suner. Kylian admirait des joueurs comme Thierry Henry ou Zinedine Zidane, mais son idole était Cristiano Ronaldo. Une photo, souvent reprise par les médias, le montre dans sa chambre d'enfant devant un mur tapissé de posters du joueur portugais. Kylian suivait Ronaldo lorsqu'il évoluait à Manchester United et continuera lorsque celui-ci sera transféré au Real Madrid. À l'époque, le footballeur Alain Mboma, proche de la famille Mbappé, offrit à Kylian des places pour assister à un match du Real, ainsi qu'une maquette du stade Santiago-Bernabéu. Kylian aurait répondu : « Un jour c'est moi qui vous emmènerai voir un match à Madrid mais dans les loges[2]. » Tout le monde aurait éclaté de rire. Lorsqu'il voyait jouer Cristiano Ronaldo à la télévision, Kylian observait ses actions de jeu puis tentait de reproduire les mêmes gestes sur le terrain. Sur les images d'archives utilisées dans des documentaires, on aperçoit un Kylian haut comme trois pommes capable de feintes, de dribbles

1. *L'Équipe*, 9 septembre 2017.
2. « L'Équipe Enquête », La Chaîne L'Équipe, 6 novembre 2017.

et d'accélérations pas si éloignées de ce qu'il réalise aujourd'hui. Tous ceux qui l'ont connu à l'époque chantent les mêmes louanges : gestes techniques, intelligence dans les déplacements, détermination… « C'était la perle du club, s'extasie Jean-François Suner. Tout ce qu'il faisait, il le faisait dix fois plus vite que tout le monde. » Malgré son jeune âge, Kylian prenait les matchs du week-end très au sérieux. Des années plus tard, il racontera lui-même qu'il dormait avec ses crampons accrochés au-dessus de son lit[1]. La veille des matchs, il suspendait son maillot et faisait le vœu de marquer le lendemain. « Au club, nous savions qu'il irait très loin », avance Jean-François Suner.

Le 29 décembre 2006 naquit le petit frère de Kylian, Ethan. Quelque temps plus tard, la famille Mbappé quitta la Cité des Fleurs pour vivre dans le sud de Bondy[2]. Le football demeurait l'oxygène de Kylian. Comme lors des tournois de Bondy, où s'affrontaient des équipes d'enfants du département. Durant toute la journée, les matchs s'enchaînaient tandis que les parents s'occupaient des barbecues. « Je pense que vous pouvez aller le plus haut que vous pouvez, le plus haut que vous voulez, ces moments d'enfance sont ceux que vous gardez toute votre vie parce qu'ils sont uniques, confiait Kylian en octobre 2018. Ce sont des moments où vous êtes vous-mêmes, vous êtes avec les

1. *Le Parisien*, 20 décembre 2018.
2. Luca Caioli et Cyril Colot, *Le Petit Prince, Mbappé*, Marabout, 2018.

amis qui vous entourent, on s'en fiche de qui est qui, tout le monde partage un barbecue avec une merguez trop cuite mais on s'en fout[1] ! » Malheureusement pour lui, Kylian n'avait pas encore que le foot dans sa vie : il allait aussi à l'école ! Il passa ses premières années de scolarité à l'établissement Louis-Pasteur. En classe, Kylian apparaissait souvent dans la lune. L'école semblait l'ennuyer, il avait du mal à rester concentré. Au point qu'il n'était pas toujours facile à gérer pour ses instituteurs. Ses parents avaient beau suivre avec beaucoup d'attention sa scolarité pour éviter qu'il ne décroche, lui ne semblait penser qu'au football. « Kylian était un enfant atypique, explique l'ancien directeur de l'école Yannick Saint-Aubert. Il alternait entre l'intérêt et la nonchalance. Il n'était jamais violent ou malintentionné envers les adultes. Il fallait seulement accepter qu'il lâche prise de temps en temps. » Sa mère rencontrait le responsable de l'école plusieurs fois par semaine pour s'assurer du bon comportement de son fils. « S'il ne faisait pas quelque chose en classe parce qu'il était parti dans l'une de ses rêveries, nous étions certains que ses parents le reprenaient le soir à la maison, indique Yannick Saint-Aubert. Ses parents et nous avions les mêmes valeurs éducatives, il y avait une porosité totale entre la famille et l'école. » À l'entrée de l'établissement, Kylian saluait toujours le directeur et retirait sa casquette. « Je représentais une autorité

1. Bondy Blog, 17 octobre 2018.

symbolique pour lui, expose Yannick Saint-Aubert. Il savait que s'il dérapait d'une façon quelconque, j'en parlerais à ses parents. » Durant la récréation, lorsque des enfants étaient pris en train de courir sur l'espace vert, ils recevaient comme punition de ramasser les papiers qui jonchaient la cour. Un jour où Kylian se fit prendre avec quelques camarades pour avoir franchi la zone prohibée, il se trouva donc contraint de ramasser quarante papiers qui traînaient. Malin, Kylian en récolta vingt qu'il déchira ensuite chacun en deux pour obtenir le bon nombre. Lorsqu'il se présenta tout sourire devant le directeur qui avait observé son manège, celui-ci lui rétorqua : « C'est bien Kylian, tu as compris le principe de la multiplication », avant de le renvoyer finir sa punition. Malgré sa propension à rêvasser, Kylian démontrait pourtant des facilités d'apprentissage. Il parvint à maîtriser facilement la lecture dès les petites classes. Pour déterminer d'où venaient ses difficultés à se concentrer, en CE1 il passa avec un psychologue un test de QI, dont les résultats indiquèrent qu'il possédait des capacités intellectuelles élevées. « Il avait le profil d'un enfant surdoué », précise le directeur. En CM2, Kylian rejoignit l'école primaire Olympe-de-Gouges, qui venait d'être inaugurée. Un établissement que fréquentait aussi Jonathan Ikoné, son coéquipier à l'AS Bondy et futur footballeur professionnel. À chaque récréation, les élèves organisaient des matchs de foot dans la cour avec un ballon en mousse. Kylian et Jonathan jouaient toujours l'un contre l'autre. Les deux enfants se retrouvèrent tout de même réunis lors du tournoi organisé par la municipalité, pour lequel se rencontraient des équipes des différents établissements scolaires de la ville. Cette année-là, l'équipe d'Olympe-de-Gouges le remporta haut la main. Kylian jouait au foot tous les jours à la récréation, il passait beaucoup de temps à l'entraînement de son club et quand il était chez lui il s'amusait souvent à des jeux vidéo de foot ou regardait des matchs à la télévision. « Fayza n'a jamais empêché son fils de rêver mais elle lui répétait qu'il avait besoin d'une assise scolaire pour qu'il puisse s'en sortir, confie Yannick Saint-Aubert. À travers leur éducation, ses parents ont toujours préservé Kylian de ce qui aurait pu arriver. À cet âge-là, il était impossible de prévoir ce qu'il deviendrait. »

Pour sa rentrée en sixième, ses parents l'inscrivirent dans l'établissement privé catholique de l'Assomption, afin de s'assurer qu'il soit le plus encadré possible. Malgré tout, Kylian continua de se montrer turbulent. Certains profs n'hésitaient pas à le mettre au premier rang pour l'avoir à l'œil afin d'éviter qu'il ne perturbe le reste de la classe. Sa mère continuait de veiller au grain. Elle établit un système pour suivre son fils au quotidien à l'école : à chaque fin de cours, Kylian devait présenter à son professeur une feuille sur laquelle celui-ci devait évaluer son comportement en cochant la case « bien », « pas bien » ou « très bien [1] ». Un jour,

1. « L'Équipe Enquête », La Chaîne L'Équipe, 6 novembre 2017.

Kylian se moqua du blouson d'un de ses camarades de classe. Pour le punir, sa mère le contraignit à venir durant une semaine à l'école vêtu d'un pantalon pattes d'éléphant et de baskets à scratch[1]. Au deuxième trimestre de sa cinquième, Kylian devint ingérable en cours. Ses profs n'en pouvaient plus, il est alors suivi par un psychologue[2].

Pour élargir ses horizons, depuis tout petit Kylian multipliait les activités extrascolaires en plus du football. Il fit un passage à la section natation de l'AS Bondy, mais seulement le temps d'apprendre à nager, puis fréquenta l'école de tennis durant trois ans. Contrairement au club de foot, il n'y laissera pas de souvenirs impérissables. « Il était meilleur avec les pieds », rigole un membre de la section tennis. « Je pense qu'il préférait le foot », ajoute un ancien de la section natation. Il participa aussi à un atelier théâtre à la maison de quartier. À 7 ans, Kylian fut inscrit à des cours de formation musicale et de solfège à l'école de musique de la ville. Une activité qui lui prenait une heure par semaine. Selon le processus, les enfants suivaient d'abord une initiation musicale, puis choisissaient eux-mêmes leur instrument. « J'étais en train de faire répéter les élèves pour le concert du mois de janvier quand j'ai remarqué ce petit bonhomme

1. *Ibid.*
2. *Ibid.*

avec des yeux remplis de soleil, se remémore Céline Bognini, sa professeure de solfège et de chant. C'était un enfant plein d'envie qui posait sans cesse des questions. » Contrairement à son attitude dans un cadre scolaire, Kylian semblait davantage intéressé par l'apprentissage de la musique. « Le conservatoire est une activité qui se révèle plus ou moins facile pour les enfants car ils sont souvent là par la volonté de leurs parents, explique Céline Bognini. Mais je pense que Kylian aimait cela, c'était aussi son envie propre. Il pouvait être un peu remuant, mais ne se montrait jamais irrespectueux ou arrogant. Avec tous les enfants dont je me suis occupé depuis vingt ans, pour que je me souvienne aussi bien de lui c'est qu'il était à part. » Devant tous les parents, Kylian participa à la représentation de la chorale, durant laquelle il interpréta avec ses camarades la chanson de Serge Gainsbourg *Couleur café*. « La mère de Kylian l'entourait beaucoup et se montrait très attentive à tout ce qu'il faisait », précise Céline Bognini. Lorsque vint le moment de choisir son instrument, Kylian fit preuve d'un choix original : la flûte traversière ! « Après une présentation des instruments et un concert avec les élèves, Kylian est venu me dire qu'il aimait beaucoup le son de cette flûte, se rappelle sa professeure Françoise Ducos. Il a d'abord appris à jouer du piccolo parce qu'il avait encore de trop petits bras pour une vraie flûte. » Kylian ne fut pas déçu pour autant et se montra même assez enthousiaste. À la fin de l'année, il participa au spectacle durant lequel il interpréta *Premier Voyage* avec son instrument. L'année suivante, alors qu'il était âgé de 9 ans, il passa à la vraie flûte traversière. « Cet instrument est assez difficile au début, précise Françoise Ducos. Kylian n'était ni meilleur ni pire qu'un autre. » Il était un élève lambda mais qui s'attirait la sympathie de ses professeurs par sa bonne humeur et sa propension à faire des blagues. « D'après ce qu'on m'a dit, son père souhaitait une autre activité pour lui car il trouvait qu'il ne pensait qu'au foot, explique Françoise Ducos. Comme la plupart des enfants, il aimait participer aux concerts mais peinait un peu à travailler régulièrement son instrument. Je lui disais : "Mais quand même, les soirs où tu n'as pas entraînement tu pourrais jouer un peu de flûte." Il me faisait gentiment comprendre qu'il avait autre chose à faire… » Kylian suivra des cours à l'école de musique durant trois années. « Apprendre un instrument durant trois ans ce n'est pas rien, indique Françoise Ducos. Les enfants s'arrêtent souvent à la première année. » Après son départ, la mère de Kylian viendra voir la professeure de flûte. « Elle m'a dit : "Ce serait bien que l'on trouve une solution pour qu'il continue la musique car il aime bien ça." » Mais Kylian ne continuera pas. « Peut-être que pratiquer d'autres activités que le sport a développé chez lui une intelligence précoce, s'interroge Françoise Ducos. Je suis convaincue que la musique développe des capacités cérébrales. Lorsque je l'ai vu jouer en finale de la Coupe du monde, j'ai trouvé son comportement comparable à celui d'un musicien : à l'écoute de ce qui se passait autour de lui, avec une vision globale et ultrarapide de chaque situation. »

CHAPITRE 2

LES PREMIERS PAS SUR LE CHEMIN VERS LE PROFESSIONNALISME

Pour Kylian, jouer au ballon n'était pour l'heure qu'une source d'amusement. Il aspirait à devenir professionnel un jour, mais cette perspective semblait encore bien lointaine. « Quand t'es gamin, c'est le meilleur football car on voit les enfants prendre du plaisir, on les voit rêver et laisser parler leur imagination, estime-t-il. C'est là aussi que l'on voit les prémices d'un futur joueur mais c'est avant tout le plaisir. Ce plaisir se perd un peu avec l'enjeu, avec l'argent aussi[1]. » À l'aube de l'adolescence, il devint évident que Kylian devait quitter le club de Bondy pour poursuivre sa progression. En réalité, cette évidence datait sans doute d'un peu plus longtemps. Kylian était un peu sorti du cadre habituel du système de détection des joueurs en herbe. Au sein de la microsociété du football, son nom circulait dans des clubs. Il est vrai que ses parents

1. Bondy Blog, 17 octobre 2018.

avaient déjà été approchés lors d'un passé récent par des agents au sujet de son frère Jirès. Après avoir suivi sa formation à l'INF Clairefontaine, celui-ci avait reçu plusieurs propositions de centres de formation avant de choisir d'intégrer celui du Stade rennais en juin 2004, alors que Kylian n'était âgé que de cinq ans et demi. Deux ans plus tard, le petit Kylian avait vu son frère signer son premier contrat pro à Rennes. S'il avait brillé en équipe jeunes, les débuts de Jirès avec l'équipe première se révélèrent plus compliqués. Il ne glanait que peu de temps de jeu, entrant en cours de match à seulement 4 reprises, pour un total de soixante-huit minutes sur le terrain toutes compétitions confondues. Condamné à jouer en CFA, il se montrait en revanche prolifique avec l'équipe réserve : titulaire à 28 reprises, il marqua un total de 15 buts. Lors des deux saisons suivantes, il apparut plus régulièrement avec les pros mais n'était qu'un remplaçant dont le statut semblait figé. Si son début de carrière ne fut pas un feu d'artifice, Jirès était néanmoins considéré comme un attaquant prometteur et ses qualités techniques n'étaient pas remises en cause. Des agents qui avaient entretenu des contacts avec Wilfrid Mbappé au sujet de Jirès ont commencé à s'intéresser à Kylian au cours de l'année 2009, alors qu'il évoluait encore avec les U13 à Bondy. Orienter un enfant vers un circuit professionnalisant dès cet âge-là n'est pas un choix anodin. Le pousser en ce sens de façon si précoce peut même se révéler contre-productif. C'est l'avis de l'agent de joueurs Bruno Satin : « Lorsque je vois des parents, je leur dis : “Ne mettez pas tout de suite votre enfant dans un club pro, laissez-le jouer avec ses copains pour l'instant. Vous verrez plus tard, quand il aura 15 ou 16 ans, s'il a des aptitudes particulières, cela vaudra peut-être le coup de persévérer…” » Depuis quelques années, nombre de clubs craignent tellement de passer à côté de futurs « talents » qu'ils se montrent intéressés par de très jeunes footballeurs dès lors que ceux-ci laissent entrevoir d'importantes prédispositions techniques. Les agents d'expérience ont tendance à prendre du recul mais certains « scouts[1] » se targuent assez vite d'avoir découvert le « nouveau Zidane ». Pour un agent, prendre un très jeune joueur sous son aile nécessite un important investissement personnel, car il doit non seulement accompagner l'enfant dans sa progression, mais aussi passer beaucoup de temps avec ses parents. « Les familles sont très consommatrices de temps, explique Bruno Satin qui ne suit pas de joueurs très jeunes. C'est une partie de notre métier qui n'est pas facile. »

Durant trois étés, en 2008, 2009 et 2010, Kylian a effectué des stages à Bordeaux, dans le cadre des vacances « Cap Girondins[2] ». Ces stages d'une semaine, qui se déroulent au centre du Haillan, regroupent près

1. Observateurs sportifs chargés par les clubs de repérer les nouveaux talents.

2. *Le Parisien* du 1er décembre 2018.

de deux cents enfants répartis par catégories d'âge avec cinq heures d'entraînement par jour. Lors de sa première expérience bordelaise, Kylian avait seulement 10 ans mais il ne manqua pas de se faire remarquer par l'encadrement : il avait beau être plus petit que les gamins de son âge, dès qu'il était balle au pied il faisait sensation. Il fut vite surclassé dans la catégorie supérieure et obtint le trophée de meilleur joueur du stage. À l'issue de sa troisième participation à un stage, le responsable du recrutement des jeunes aux Girondins de Bordeaux entra alors en contact avec le père de Kylian pour tenter de le convaincre de faire participer son fils à un stage avec le centre de formation bordelais lors des vacances scolaires suivantes, mais il essuya un refus[1].

Depuis que Jirès évoluait au Stade rennais, Kylian se rendait aussi régulièrement avec ses parents en Bretagne pour le voir. Lorsqu'il assistait aux entraînements de son frère, en équipe jeunes ou en CFA, il s'amusait souvent balle au pied sur le bord du terrain[2]. Très vite, ses aptitudes furent connues de l'encadrement du club. En mai 2009, Kylian participa avec les benjamins de Rennes à un tournoi à Gif-sur-Yvette (Essonne), la Gif Cup, où s'affrontaient de multiples équipes U12 de clubs européens. Rennes, comme d'autres structures de province, recrute beaucoup d'adolescents en

1. *Ibid.*
2. *Ouest France*, 2 juin 2017.

région parisienne pour son centre de formation. Dans cette perspective, nombre de ceux qui sont repérés sont inscrits à des tournois avec une de leurs équipes jeunes afin de pouvoir les observer en situation. C'est dans ce cadre que Kylian s'est retrouvé avec l'équipe rennaise au tournoi de Gif. « C'est habituel comme pratique, explique Philippe Renard, président de l'OC Gif et organisateur du tournoi. Tous les clubs font ça : Bordeaux, Saint-Étienne... Les clubs viennent avec huit ou neuf gamins qui sont vraiment de chez eux et ils intègrent à leur groupe trois ou quatre autres qu'ils ont repéré en Ile-de-France. Ils les font jouer avec le maillot du club et s'ils sont bons ils les gardent. C'est de cette façon que fonctionnent les cellules de recrutement... » Pour le cas de Rennes, la situation était un peu différente : l'équipe présente lors du tournoi ne comptait aucun joueur breton dans ses rangs. « Nous utilisions la Gif Cup pour présenter une équipe uniquement composée de garçons en observation, souvent issus de la région parisienne, explique Yannick Menu[1], responsable de la préformation du club de Rennes à l'époque. Kylian était avec nous car notre réseau de recruteurs l'avait repéré. » Durant ce tournoi, Kylian fit la connaissance d'un joueur francilien de son âge qu'il retrouvera plus tard à Clairefontaine : Jason Tré, lui aussi testé par l'équipe rennaise. « Kylian et moi avons tout de suite bien accroché, indique Jason. Il était taquin et chambreur

1. *20 Minutes Rennes*, 13 mars 2017.

comme moi. » Face aux autres équipes U12, Kylian multiplia les attaques. Sur une vidéo tournée à cette occasion, on le voit éliminer plusieurs adversaires avant de courir au but. Sur ces images une chose frappe : tous ses gestes semblent presque trop faciles pour lui. Kylian était sans doute le meilleur de son équipe, mais aux yeux de ses partenaires, il gardait un peu trop le ballon. Lorsque l'entraîneur tentait de le recadrer, il écoutait mais n'interrompait pas pour autant ses chevauchées solitaires. « Il jouait comme il jouera plus tard, sauf que nous étions gamins, se souvient Jason. Il avait les mêmes gestes, la même concentration, la même envie de marquer. » « Dire que l'on avait particulièrement remarqué Kylian serait un bien grand mot, précise l'organisateur du tournoi Philippe Renard. Mais il sortait un peu du lot. De toute façon, à cet âge-là, c'est impossible de prédire qu'un joueur sera un jour champion du monde… » Une photo prise lors de ce tournoi, plusieurs fois diffusée dans les médias, montre Kylian en train d'embrasser le trophée. Si ce cliché laisse penser que son équipe a remporté la Gif Cup, celle-ci n'a en réalité terminé qu'à la 7e place sur 32. « Toutes les équipes recevaient une minireproduction de la Coupe du monde et l'équipe qui terminait première recevait une réplique plus grande », précise Philippe Renard. La photo a été prise à la fin du tournoi, lors de la petite cérémonie durant laquelle toutes les équipes étaient appelées pour recevoir leur récompense. « Pourquoi est-ce Kylian qui a été chercher le trophée ? Sans doute parce que le coach de l'équipe rennaise avait décidé que ce devait être lui », avance Philippe Renard. Reste que neuf ans plus tard, cette photo fera écho à celle où il embrasse la véritable Coupe du monde. Son visage n'a pas beaucoup changé entre les deux clichés...

En juin 2010, Kylian effectue également un stage au RC Lens, où ses prouesses impressionnèrent le directeur du centre de formation de l'époque, Marc Westerloppe. « Sur ce stage, il a montré qu'il avait un gros potentiel, affirme-t-il. C'était un joueur rare, parce qu'il provoquait, il tentait des choses. Mais en même temps, il sentait les coups offensifs[1]. » Des discussions pour attirer Kylian au centre de formation du Racing se prolongeront durant plusieurs mois mais n'aboutiront pas. Un temps, un accord aurait pourtant failli être trouvé mais le club lensois descendra en deuxième division, ce qui le rendra bien moins attractif[2].

Kylian fut surtout repéré par les responsables du recrutement des jeunes du Stade Malherbe Caen, Laurent Glaize et David Lasry. Alertés par le réseau parisien du club normand, les deux hommes sont venus voir l'un de ses matchs à Bondy lorsqu'il avait 11 ans. Ils en sont sortis bluffés. « Techniquement, il savait déjà tout faire, expliquait Laurent Glaize[3]. Il avait des dribbles incroyables, et surtout il les faisait en allant vite. Il avait

1. « L'Équipe Enquête », La Chaîne L'Équipe, 6 novembre 2017.
2. *Ibid.*
3. *Ouest France*, 16 mars 2017.

l'intelligence de jeu d'un mec de 15-16 ans. Il était encore petit et fin évidemment, mais le potentiel de développement athlétique était évident. De toute ma carrière, je n'avais jamais vu un truc pareil. » Caen disposait d'une structure plutôt reconnue pour sa formation mais le club souffre d'un palmarès quasi nul et son équipe professionnelle faisait l'ascenseur entre la Ligue 1 et la Ligue 2 depuis plusieurs années. Les recruteurs ne pouvaient donc pas compter sur le seul prestige de l'institution. Pour convaincre les parents de Kylian, ils leur soumirent une proposition financière qui ne sortait pas du cadre habituel du club. Wilfrid Mbappé leur aurait alors répondu : « Vous voulez pêcher un requin avec une canne à pêche[1] ? » N'abdiquant pas pour autant, les deux responsables normands continuèrent leur tentative de recrutement en appuyant leur argumentation sur la dimension humaine, sportive et scolaire. Les arguments portaient mais la famille Mbappé souhaitait se donner du temps pour faire leur choix. Kylian participa tout de même à un tournoi à Nantes avec les jeunes de Caen au cours de l'année 2011, puis au challenge Jean-Pingeon du Stade Malherbe, pour lequel il fut désigné meilleur joueur du tournoi[2]. Malgré les multiples propositions de clubs, Kylian rejoindra pour deux ans le centre de préformation de Clairefontaine.

1. « L'Équipe Enquête », La Chaîne L'Équipe, 6 novembre 2017.
2. *Ibid.*

CHAPITRE 3

CLAIREFONTAINE

Kylian entra à l'Institut national du football de Clairefontaine en septembre 2011. L'INF jouissait alors d'une excellente réputation. Même si tous ceux qui y ont été admis ne sont pas devenus professionnels – loin de là –, l'institution a vu passer en son sein nombre d'internationaux français de renom, tels Thierry Henry, Blaise Matuidi, Jérôme Rothen, William Gallas ou Hatem Ben Arfa. Administré par la Fédération française de football, le centre a ouvert ses portes en 1988. Constitué d'un complexe verdoyant au milieu des Yvelines, l'INF dispose d'installations de premier ordre, lesquelles sont mises à disposition des équipes de France des différentes catégories d'âge : neuf terrains, un gymnase, une salle de musculation, une piste d'athlétisme, de multiples parcours de footing ainsi qu'un centre médical et des espaces de rééducation. Concernant l'hébergement, l'établissement dispose de 200 chambres réparties dans plusieurs bâtiments.

Les pensionnaires y suivent un cursus de sport-étude durant un cycle de deux ans. Tous les frais sont pris en charge par la Fédération et la Ligue nationale de football. Les familles des pensionnaires ont seulement à payer les déjeuners pris au collège (180 euros par trimestre) ainsi qu'une contribution pour la scolarité perçue par la municipalité de Rambouillet, qui s'élève à 150 euros par an. Chaque année, l'INF organise des sélections sur plusieurs journées. Obtenir son ticket d'entrée pour ce temple de la préformation footballistique n'est pas aisé. Cette année-là, près de 2 000 adolescents postulaient pour seulement 22 places[1]. Inscrits par leurs clubs respectifs, les candidats devaient être nés en 1998, être scolarisés au collège et habiter en région parisienne. Les adolescents devaient franchir plusieurs étapes. La sélection a débuté en février 2011 par une phase de détection par départements sur les installations au parc du Tremblay à Champigny-sur-Marne (Val-de-Marne). Les tours suivants se déroulèrent lors des vacances de printemps, sur le site de Clairefontaine. Les épreuves consistaient en un match en jeu réduit, une évaluation de technique individuelle, une course de 40 mètres et un test d'endurance. Les joueurs étaient appelés par ordre alphabétique à participer aux différents ateliers sous les yeux des coachs de l'INF. Cette année, les journalistes furent exceptionnellement conviés pour ces journées de sélection. Cette présence médiatique n'était

1. *Le Monde*, 13 octobre 2011.

pas innocente : éclaboussée depuis plusieurs semaines par l'« affaire des quotas[1] », la Fédération française avait entrepris une opération de réhabilitation en offrant le plus de transparence possible. « Avec tous les techniciens de la fédé, des agents et des responsables de centres de formation qui observaient les enfants en prenant des notes, il y avait un petit côté "bêtes de foire" », estime un témoin. Sur le bord de l'un des terrains, quelques journalistes discutaient avec Wilfrid Mbappé. Kylian, lui, participait aux ateliers. « Je me souviens très bien de lui lors de la détection, indique son futur coach de l'INF Jean-Claude Lafargue. Il n'avait pas forcément beaucoup d'activité mais il démontrait une grande efficacité. Chaque fois qu'il faisait quelque chose avec le ballon, il y avait une finalité. C'était révélateur. » Lors d'un match d'observation, alors qu'il se retrouvait en un contre un avec un défenseur, Kylian multiplia les dribbles, au point de ridiculiser son vis-à-vis. « On va dire qu'il s'est un peu amusé avec lui », relate un témoin de la scène. Les responsables de l'INF éclatèrent de rire et indiquèrent à Kylian que si son adversaire n'était pas pris à l'INF ce serait de sa faute. Le défenseur ne sera pas pris. Au mois de mai, un stage final de trois jours, regroupant 45 joueurs présélectionnés, fut ensuite organisé à Clairefontaine afin de

1. En avril 2011, le site Mediapart avait diffusé un enregistrement dans lequel des responsables de la FFF discutent d'un projet de limiter le nombre de joueurs étrangers formés en France qui pourraient ensuite choisir une autre sélection nationale.

déterminer les 22 joueurs qui rejoindront l'INF pour les deux prochaines années. « Tous les critères sont pris en compte, explique Jean-Claude Lafargue. Nous utilisons un logiciel dans lequel nous notons chacune des prestations des joueurs, leurs tests et leurs bulletins scolaires. Nous utilisons des codes couleur par niveau : vert, orange, marron et rouge. Ceux qui sont pris sont ceux qui ont le plus de vert dans tous les domaines. » Durant ce stage final, Kylian retrouva Jason Tré, qu'il avait connu lors du tournoi de Gif-sur-Yvette. « Le stage s'est très bien déroulé, se rappelle Jason. Kylian a joué comme il savait faire. Il n'y avait pas de certitude d'être pris car il y avait vraiment beaucoup de joueurs. » Au cours de cette dernière session, les enfants passèrent aussi un entretien avec un psychologue sportif.

Lorsqu'ils rejoignirent le centre yvelinois pour la rentrée de septembre, Kylian et ses nouveaux camarades mirent quelques jours pour se sentir vraiment à leur aise. L'ambiance au sein de la promo se révéla pourtant tout de suite très bonne : les adolescents avaient eu le temps de faire connaissance lors du stage de sélection, certains se connaissaient même déjà pour s'être croisés sur des terrains de foot franciliens. « Ils sont toujours un peu intimidés à leur arrivée, indique Jean-Claude Lafargue. On voit que leurs yeux pétillent, ils sont heureux d'être arrivés là après un long processus. » Au centre, les ados de la génération 1998 côtoyaient leurs prédécesseurs de la promo 1997. Si une seule année les séparait, à cet âge de l'adolescence une telle différence compte. Dans les premiers temps, les nouveaux venus ne la ramenaient pas trop face à leurs aînés. Kylian et les siens étaient les « petits », les autres étaient les « grands ». « On s'entendait bien avec certains mais nous ne passions pas beaucoup de temps avec eux, explique Arnaud Nordin de la génération 1998. Ce n'est pas qu'il y avait une distance entre nous mais nous restions davantage avec ceux de notre promo. » L'année précédente, une affaire de bizutage avait mal tourné, entraînant le renvoi d'au moins un pensionnaire. La tradition du bizutage a perduré mais sous une forme bien plus potache. « Il s'agissait de faire chanter ou danser les nouveaux, relate Arnaud Nordin. C'était juste des trucs de gamins. » À son arrivée, Kylian n'attirait pas tous les regards. À ce moment-là, la « star » de Clairefontaine était plutôt Marcus Thuram, l'actuel attaquant de l'Inter Milan, qui évoluait avec les joueurs de deuxième année même s'il n'avait rejoint l'INF que lors de cette rentrée scolaire. En raison de son nom, c'était lui qui attisait les curiosités parmi les jeunes du centre. Marcus est le fils de Lilian Thuram, l'ancien défenseur de l'équipe de France, dont les deux buts inscrits contre la Croatie en demi-finales de la Coupe du monde 1998 sont à jamais gravés dans l'inconscient collectif. Marcus est né en août 1997 à Parme, où son père a évolué durant cinq saisons. Il avait appris à marcher sur des terrains où s'entraînaient le légendaire gardien Gianluigi Buffon, le grand milieu argentin Juan

Sebastián Verón ou le Ballon d'or Fabio Cannavaro. Lorsqu'il eut 3 ans, Marcus avait suivi son père qui avait signé à la Juventus et il avait grandi en observant les Alessandro Del Piero, Zlatan Ibrahimović, David Trezeguet ou Pavel Nedved. À 9 ans, il avait obtenu sa première licence au sein du FC Barcelone, où son père terminait sa carrière. Marcus était né dans le foot et son destin semblait d'ores et déjà tracé. Malgré son arrivée tardive au sein de sa promo, celui-ci s'est vite fondu dans le groupe. Il est vrai que le jeune garçon disposait d'atouts qui allaient au-delà de son seul patronyme. Sur le terrain, il se montrait puissant, rapide et percutant. Physiquement, il était taillé comme une armoire à glace et dépassait les autres d'une bonne tête. À côté de lui, Kylian ressemblait à une demi-portion. L'un comme l'autre ne savaient pas que sept années plus tard, le 19 janvier 2019, lorsqu'ils se rencontreraient avec leur équipe respective pour la vingt et unième journée de Ligue 1, Mbappé évoluerait dans les rangs du PSG et Thuram dans ceux de Guingamp, ni que l'équipe du premier mettrait 9 buts à celle du second, avec un triplé de Kylian… Outre le fils de Lilian Thuram, la promo 1997 comptait en son sein d'autres joueurs dont les noms deviendront familiers aux amateurs de football, comme le futur coéquipier de Kylian au PSG Christopher Nkunku ou le milieu offensif de l'OM Amin Harit. Allan Saint-Maximin, futur joueur de l'OGC Nice, faisait lui aussi partie de cette promotion mais il avait été renvoyé au cours de la saison précédente pour un problème de comportement. D'autres joueurs de cette promo, moins en vue aujourd'hui, se faisaient alors remarquer pour leurs prouesses balle au pied, à l'image de Tiago-Marti Escorza et Yvan Neyou, qui évoluent désormais dans les clubs de Nyon (Suisse) et Léganès (Espagne).

Outre les deux promos de garçons, le site de Clairefontaine accueillait également un pôle féminin. Celui-ci était composé d'une seule promotion de 24 joueuses, qui regroupait 3 catégories d'âge correspondant aux années lycée, soit de 15 à 18 ans. Si les filles étaient plus âgées que leurs homologues masculins, c'est parce que l'INF délivrait une formation pour les premières mais seulement une préformation pour les seconds. Garçons et filles étaient logés dans deux bâtiments distincts, assez éloignés l'un de l'autre, mais partageaient leur repas dans le même self. Si les garçons de Clairefontaine étaient originaires de la région parisienne, les filles, elles, venaient de toute la France. Les filles du pôle s'entendaient assez bien avec les garçons de deuxième année, avec qui l'écart d'âge était moindre. Ceux de la promo de Kylian étaient plutôt considérés comme des gamins. « C'est sans doute à cet âge-là que la différence se voit le plus, avance Clara Noiran, l'une des joueuses du Pôle France. Ils étaient en quatrième et nous au lycée. Physiquement, c'étaient vraiment des enfants. On les voyait un peu comme des bébés… »

Les pensionnaires de l'INF suivaient un entraînement chaque après-midi après l'école. Les séances de la promo de Kylian se déroulaient sous la houlette du coach Jean-Claude Lafargue, même si certaines étaient dirigées par le directeur de l'INF, Gérard Prêcheur. Les entraînements suivaient des cycles thématiques : défensifs, offensifs, conservations de balle, renversements de jeu. De très nombreux exercices étaient axés sur la technique. Les coachs prenaient le temps de s'attarder auprès de chaque joueur afin de lui donner des conseils visant à améliorer son jeu. Une fois par semaine, le mardi, les garçons des deux promotions et les filles du Pôle France se retrouvaient pour un entraînement commun. Les coachs composaient des équipes de six joueurs, avec deux filles par groupe. Ceux-ci étaient ensuite répartis en ateliers thématiques : conservation du ballon avec dix passes minimum, circuit technique balle au pied qui se termine par un but, minimatchs. L'ensemble des coachs était présent : Gérard Prêcheur, Jean-Claude Lafargue mais aussi l'entraîneur des deuxièmes années Philippe Breteau, la responsable du Pôle féminin Angélique Roujas et l'entraîneur des gardiens Franck Raviot. Les coachs avaient chacun leurs domaines de prédilection pour lesquels ils organisaient des exercices spécifiques : la maîtrise collective pour Prêcheur, la défense pour Lafargue, la préparation athlétique pour Breteau et le mental pour Roujas. « Nous intervenions sur tous les ateliers à tour de rôle », précise Jean-Claude Lafargue. « Nous avions défini une grille pour noter la réaction des joueurs lors de certains faits de jeu, explique Angélique Roujas. Nous n'intervenions pas, nous observions seulement leurs attitudes. » Cette volonté d'examiner la manière dont réagissaient les adolescents permettait d'évaluer leur degré de détermination et leur capacité d'abnégation. Que fait un joueur lors d'une perte de balle ? Court-il après l'adversaire pour tenter de la récupérer ? Fait-il suffisamment d'efforts pour le collectif ? Les coachs remplissaient des grilles individuelles et les comparaient avec leurs annotations des séances précédentes. Les joueurs, eux, ignoraient que leur attitude était analysée dans le détail. Chaque début de semaine, les coachs de l'INF tenaient une réunion pour comparer leurs appréciations sur l'ensemble de l'effectif. De mauvaises évaluations ne remettaient pas en cause la présence des joueurs au sein de l'INF : seuls des problèmes de comportement pouvaient être cause de renvoi avant la fin du cycle. « Les renvois ne pouvaient pas être liés au niveau sportif, confirme Angélique Roujas. Si un joueur ou une joueuse ne répondait pas aux attentes, c'est que nous nous étions plantés dans les recrutements. La faute était partagée, nous n'allions donc pas les pénaliser. » « À partir du moment où nous avions sélectionné des joueurs, nous les prenions avec leurs qualités et leurs défauts », ajoute Jean-Claude Lafargue. Le week-end, les ados retournaient dans leur famille et jouaient des matchs avec leur club d'origine. Tous les vendredis soir, le père de Kylian venait le chercher à Clairefontaine. Au sein de l'AS Bondy, il évoluait avec les U15 durant sa première année à l'INF et jouera avec les U17 lors de la seconde.

Même s'il avait déjà effectué plusieurs stages avec des équipes jeunes de clubs de haut niveau, jusqu'alors Kylian Mbappé avait essentiellement l'habitude de jouer avec son équipe de Bondy où la plupart de ses partenaires démontraient moins d'aisance avec un ballon. À Clairefontaine, il se retrouvait avec des jeunes bien plus prometteurs, dont l'ambition commune était de devenir footballeurs professionnels. Kylian était doué avec ses pieds et très bon offensivement. Il était rapide et maîtrisait l'art du dribble. À Bondy, de telles dispositions faisaient de lui un joueur à part, c'était un peu moins le cas à l'INF. Les ados franciliens qu'il côtoyait désormais montraient eux aussi beaucoup de qualités dans la prise de balle et les dribbles courts. Ils savaient eux aussi se montrer à leur avantage dans des petites surfaces. Au sein de la génération 1998, au début tout le moins, Kylian n'était pas le meilleur sur le terrain. Il était bon mais il ne sortait pas du lot. Lors des premiers matchs, il ne se montrait pas décisif et jouait un peu trop perso. « Il n'était pas le plus fort de la promo, témoigne son camarade Khamis Digol. Il possédait déjà ses qualités techniques mais à cette époque il n'était pas super rapide. Il parvenait à éliminer facilement mais il n'était pas encore la flèche qu'il deviendra plus tard. » « Je confirme qu'il n'était pas le meilleur de la promo », indique son copain Jason Tré. « Parmi les garçons, il faisait partie de ceux qui étaient forts techniquement mais il n'était pas le seul à avoir ce profil, ajoute Clara Noiran. Ils étaient plusieurs à aimer jouer avec le ballon et faire des gris-gris. » Si les footballeurs de première année présentaient un niveau relativement homogène, l'un d'eux se démarquait tout de même. « Celui qui sortait vraiment du lot c'était Arnaud Nordin, affirme Jason Tré. Il était rapide, technique, puissant et surtout il était habile des deux pieds. » « Arnaud possédait des qualités qui faisaient qu'il était le meilleur à cet âge-là », soutient Khamis Digol. « Arnaud marquait beaucoup de buts, renchérit leur coéquipier Yoann Vardin. Au niveau des tests physiques, c'était souvent lui qui était au-dessus. » Futur attaquant de l'AS Saint-Étienne puis de Montpellier, Arnaud Nordin évoluait alors à l'US Créteil. Avait-il conscience d'apparaître comme l'élément majeur du groupe ? « Les autres ont tendance à dire ça parce que j'étais celui qui marquait le plus durant les matchs, répond-il. À l'époque j'étais plus développé physiquement, et à cet âge-là cela donne un avantage considérable. » Considérait-il qu'il était d'un niveau supérieur à ses camarades ? « Pas spécialement. » Et Kylian ? « Il avait des facilités pour éliminer plusieurs joueurs, avance Arnaud. Les feintes, les dribbles et les passements de jambes, c'était vraiment son truc. Techniquement, il était déjà très à l'aise mais physiquement il avait besoin de prendre davantage de gabarit. C'était évident que le jour où il pourrait conjuguer le physique avec sa technique il deviendrait quasiment une machine. » Morphologiquement, il est vrai que Kylian n'était pas du tout développé. À côté d'un ado du gabarit d'Arnaud Nordin, il affichait beaucoup moins de puissance. « Il fallait laisser le temps au temps, dit Jean-Claude Lafargue. Arnaud Nordin était plus performant à ce moment-là, mais cela ne signifiait pas qu'il était plus fort, cela ne veut rien dire "plus fort"… » D'autant qu'au fur et à mesure Kylian a su se faire davantage remarquer. Lors des matchs, même s'il ne touchait que peu de ballons, dès que la balle lui arrivait dans les pieds il se passait quelque chose. « Il possédait un truc en plus pour les dribbles et la percussion », avance Yoann Vardin. « Il était évident qu'il avait un énorme potentiel », estime Florian Ayé de la promotion supérieure. Pour les entraîneurs de l'INF, Kylian possédait certes des qualités indéniables mais à leurs yeux il ne les mettait pas suffisamment au service du collectif. D'autres garçons, sans doute moins talentueux, étaient capables de faire preuve de concentration et d'écoute. Un coach leur donnait des consignes et ils les suivaient de façon presque automatique. Pas Kylian ! Comme à l'école, il ne se montrait jamais irrespectueux envers les éducateurs mais il n'en faisait qu'à sa tête quand on lui donnait des directives. Pour ses formateurs, Kylian apparaissait comme un garçon très attachant mais aussi très agaçant. Il était un gamin souriant, qui n'oubliait jamais de dire bonjour et qui prenait du plaisir dès qu'il avait un ballon mais qui faisait aussi semblant de ne rien entendre lorsqu'on lui demandait de défendre. Quelles que soient les indications données par les coachs durant les exercices, il s'obstinait à conserver le ballon. « Il aimait beaucoup dribbler », note Jason Tré avec euphémisme. « Disons qu'après avoir dribblé un joueur il aimait bien le dribbler à nouveau », rigole Arnaud Nordin. Lorsqu'il perdait la balle, Kylian ne faisait pas souvent les efforts nécessaires pour aller la récupérer. Pour un éducateur qui essayait de développer toutes les dominantes de jeu, c'était à s'arracher les cheveux. Kylian s'amusait, il ne prenait jamais un entraînement comme un exercice routinier. Jouer au football était pour lui un plaisir, pas une prise de tête qui imposait de suivre des consignes rébarbatives. Pour ses entraîneurs, il était alors plus un joueur de ballon qu'un joueur de football. Un joueur « de futsal », un joueur « freestyle » mais pas encore un footballeur à part entière. Pour le pousser enfin à défendre, son coach le fit un jour jouer latéral droit. « C'était pour qu'il se rende compte de la difficulté, précise Jean-Claude Lafargue. Au départ il a ronchonné mais comme il est un joueur intelligent il s'en est sorti. » Kylian n'aimait pas défendre ! Pour lui, le football se joue devant, là où l'on marque des buts. « Plus un joueur a du talent, plus on est derrière lui », rappelle Jean-Claude Lafargue. Or Kylian n'appréciait guère d'être rappelé à l'ordre par le coach. À l'époque, il n'avait pas encore la maturité qui impressionnera tant quelques années plus tard lors de ses prises de parole publiques. C'était juste un gamin de 13 ans. « Kylian était un ado comme les autres, se souvient Florian Ayé. Il n'était ni exceptionnellement mature ni immature. » Lorsqu'il était contrarié, Kylian faisait la tête. Et s'il le faisait de façon trop ostensible, l'entraîneur lui imposait des tours de terrain supplémentaires. « Il boudait quand le coach lui criait dessus », se souvient Jason Tré. « Il râlait très souvent, relate Clara Noiran. Dès qu'on lui reprochait quelque chose. » « Pour bouder, il était un peu un des leaders », s'amuse Arnaud Nordin. « C'était parfois pour des broutilles, comme un ballon qui sortait en touche et que l'on donnait à l'adversaire, précise Yoann Vardin. Mais il n'était pas le seul à bouder, cela arrivait à tout le monde. » Cette tendance à la bouderie lui vaut d'hériter du surnom « Mbébé », un sobriquet surtout utilisé par le coach Jean-Claude Lafargue et les surveillants de Clairefontaine. « C'est vrai qu'il était très bébé au début et puis il boudait comme un enfant », rigole Jean-Claude Lafargue. « Entre nous, les surnoms allaient plus loin que Mbébé », confie de façon sibylline Khamis Digol. Les surveillants de Clairefontaine ont une relation avec les pensionnaires qui varie entre un côté « grands frères » et une volonté de leur rappeler qu'ils ne sont que des gamins qui n'ont encore rien prouvé. Ils ne mâchaient jamais leurs mots quand il s'agissait de remettre un ado à sa place, quitte parfois à toucher les points sensibles. Lorsqu'ils estimaient que Marcus Thuram se montrait trop turbulent, ils pouvaient lui balancer qu'il ne devait sa présence à l'INF qu'à son nom de famille.

Comme ses camarades de promo, Kylian était scolarisé au collège Catherine-de-Vivonne de Rambouillet. Les 22 élèves de Clairefontaine de la génération 1998 étaient répartis dans plusieurs classes : 10 en quatrième 1, 10 en quatrième 2, et 2 autres en troisième avec les élèves de la promotion précédente[1]. Les filles, elles, allaient au lycée Louis-Bascan, tout comme les quelques élèves de la promo 1997 qui avaient sauté une classe. Le réveil de l'internat était à 6 h 30. Les pensionnaires se préparaient dans leur chambre puis se rendaient au self avec leurs affaires de cours afin de partir directement après le petit déjeuner. À l'intérieur de l'institut, ils portaient tous l'uniforme obligatoire : un survêtement bleu de la marque Nike, mais pour l'école ils avaient l'interdiction de porter des survêtements. Les ados avaient vite trouvé la parade : le matin, ils enfilaient un jean au-dessus de leur jogging pour tromper la vigilance de l'encadrement et le retiraient dès qu'ils s'éloignaient du domaine. Kylian est vite devenu un habitué de cette technique de dissimulation. Un car les emmenait au collège. Durant le trajet, les garçons s'adonnaient à des battles improvisées, pour lesquelles Kylian se débrouillait plutôt bien, ou révisaient leurs leçons en cas de contrôle. Si les ados de Clairefontaine pensaient avant tout au football, ils n'en oubliaient pas pour autant leurs obligations scolaires. « Des pensionnaires aimaient

1. *Le Monde*, 2 décembre 2011.

l'école plus que d'autres, souligne Florian Ayé. Certains s'en fichaient un peu mais tout le monde tenait quand même à obtenir son brevet du collège. » « L'INF nous suivait beaucoup alors nous ne pouvions pas lâcher l'école, explique Arnaud Nordin. Certains avaient peut-être moins de capacités que d'autres, mais pour tout le monde, c'était important d'avoir la moyenne. Nous savions que rien n'était gagné pour l'avenir. Et même si nous devenions joueurs pros, c'était important d'avoir quelque chose dans la tête. » Lorsqu'ils rejoignaient le cadre scolaire, les pensionnaires de Clairefontaine étaient des ados avant d'être de futurs footballeurs. Nombre d'entre eux avaient un certain succès auprès de la gent féminine. Ce capital de séduction, joint au fait que certains arboraient des vêtements de marque, ont pu attiser des jalousies. Deux ans auparavant, une « brigade anti-footeux » s'était constituée au sein du collège. Des affrontements violents avaient eu lieu entre les membres de cette corporation informelle et les élèves de l'INF. « Il existait une certaine rivalité au sujet des filles entre les élèves de l'INF de l'époque et d'autres collégiens, cela a créé des tensions », se souvient Frédérique Lecronier, alors présidente de la Fédération des parents d'élèves de l'enseignement public (Peep) de Rambouillet. Ces tensions ont été suffisamment importantes pour que la police intervienne. « Deux facteurs se sont mêlés : des conneries d'ados et des choses qui ont débordé, avec des tags à consonance raciste, explique de son côté Jean-Claude Lafargue.

C'est mon ressenti en tout cas… » « Il y a eu beaucoup d'extrapolations sur les incidents, relève Frédérique Lecronier. Il a été fait état d'une jambe ou d'un bras cassés, mais cela était faux. » Cet épisode malheureux a poussé les responsables de l'INF à revoir non seulement le suivi de leurs pensionnaires au collège mais aussi les modes de sélection. « Ils se sont rendu compte que recruter des enfants parce qu'ils étaient bons au football, sans prendre en compte leur niveau scolaire ou leur capacité à respecter des règles, se révélait difficile à gérer », poursuit Frédérique Lecronier. « C'est vrai que nous accompagnions davantage », confirme Jean-Claude Lafargue, qui deviendra plus tard directeur de l'institut. À la fin de l'année scolaire, un élève de la promo 1998 sera d'ailleurs renvoyé de l'INF à cause de problèmes de comportement et de manque de travail à l'école alors qu'il était d'un très bon niveau footballistique. La coordination entre l'établissement scolaire et le centre de Clairefontaine a elle aussi été renforcée. « Depuis, toute sanction donnée par le collège était systématiquement doublée par l'INF, précise Frédérique Lecronier. La direction exerçait désormais un suivi scolaire assez strict, elle souhaitait que ses pensionnaires soient de futurs citoyens à part entière et pas seulement des joueurs de foot. » « La direction de l'INF a vraiment fait du suivi scolaire un axe important de son programme, renchérit le journaliste du *Monde* Rémi Dupré, qui avait consacré une série d'articles à la promo 1998. C'était quelque chose d'essentiel pour elle. » Le collège et l'INF travaillaient en étroite collaboration : chaque fin de trimestre, des responsables de l'institut assistaient aux conseils de classe et transmettaient les éléments qui concernaient leurs pensionnaires au directeur de Clairefontaine. « Le représentant de l'INF qui siégeait au conseil de classe prenait cette mission très au sérieux, précise Frédérique Lecronier. Cela permettait des échanges constructifs. » « L'INF est basé sur un projet éducatif qui repose sur trois plans : l'école, le vivre-ensemble et le football, détaille Jean-Claude Lafargue. Quand les enfants font leur rentrée à Clairefontaine, nous disons à leurs parents que notre objectif n'est pas uniquement de former des joueurs mais aussi de donner une bonne éducation à des enfants. » Si certains élèves avaient besoin d'être recadrés, le directeur Gérard Prêcheur intervenait directement. Les pensionnaires de Clairefontaine étaient d'ailleurs les seuls élèves à disposer d'un cahier orange dans lequel étaient listés ceux qui participaient bien aux cours et ceux qui les perturbaient. « Les élèves de l'INF étaient plus sanctionnés que les autres », constate Jean-Claude Lafargue. L'institut a également invité les représentants des parents d'élèves à venir visiter le centre afin de leur expliquer la journée type de leurs pensionnaires. « Avec l'évolution de la méthode de sélection de l'INF, je n'ai plus entendu parler de cette brigade anti-footeux », explique l'ancienne responsable de la Peep. Même son de cloche de la part des élèves de Clairefontaine : « Nous avons eu des échos à propos de cette brigade lorsque nous sommes arrivés au collège mais nous ne l'avons pas vécu, indique Yoann Vardin. Les incidents étaient terminés. Il y avait encore quelques enfantillages mais cela n'allait jamais très loin. » Si les tensions étaient retombées, les élèves de « Clairf » formaient un peu un groupe à part. « Au collège, les pensionnaires restaient beaucoup entre eux », constate Florian Ayé. « Au début de la quatrième on restait souvent ensemble, mais par la suite nous parlions avec tout le monde », nuance Yoann Vardin. « Certains, comme Kylian ou moi, se mélangeaient moins, indique Khamis Digol. Cela ne nous empêchait pas de discuter avec les autres. » Concernant les notes, il n'existait pas de différence très nette. « Pour les profs, nous étions des élèves parmi d'autres, estime Yoann Vardin. Ils n'étaient ni trop gentils ni trop rigides avec nous. » « Nous étions quand même un peu à part, précise Jason Tré. Nous étions jugés pareils que les autres mais il y avait sans doute davantage d'attention sur nous. » Les pensionnaires bénéficiaient d'horaires aménagés, qui leur permettaient de finir les cours à 15 heures. Une navette venait les chercher pour les ramener au domaine. Une fois arrivés, ils disposaient de très peu de temps pour se mettre en tenue et rejoindre l'entraînement, qui s'achevait entre 18 heures et 18 h 30. Ils devaient alors prendre leur douche et se changer au pas de course avant de rejoindre le self à 19 heures pour le dîner. Plusieurs fois par semaine, les premières années avaient ensuite des cours de soutien obligatoires avec des professeurs qui venaient sur place, tandis que les autres allaient en étude pour faire leurs devoirs ou travaillaient dans leur chambre. Les cours de soutien portaient sur les matières maths, français et histoire. En fonction de leurs notes à chaque trimestre, les élèves devaient suivre un ou plusieurs de ces cours supplémentaires. Les sessions se déroulaient souvent dans une ambiance dissipée. Dès que le prof avait le dos tourné, les ados rigolaient entre eux. Mais dès que Gérard Prêcheur passait dans la salle, tout le monde se tenait soudain au garde-à-vous. Tous les pensionnaires le savaient : on ne déconnait pas avec le directeur ! Les élèves étaient libérés entre 21 heures et 21 h 30 et pouvaient repartir dans leur chambre. À 22 heures, c'était le couvre-feu : les pensionnaires devaient remettre leur téléphone au surveillant. Ils ne le récupéraient que le lendemain à 15 h 30 à leur sortie de l'école. Bilan de la journée : six heures de cours, deux heures d'entraînement et au moins une heure d'étude le soir. Un rythme qui laissait peu de temps pour soi. Les pensionnaires savaient que désobéir aux règles de vie commune pouvait entraîner des sanctions. « Il y avait beaucoup de rigueur, de discipline et d'exigence mais l'ambiance à l'internat était vraiment géniale, se souvient Florian Ayé. Nous avions des journées chargées mais nous prenions beaucoup de plaisir, que ce soit sur le terrain ou en dehors. »

À l'internat, Kylian partageait sa chambre avec Khamis Digol. Tous deux écoutaient les mêmes musiques que les ados de leur âge : du rap, du RnB et un peu de zouk. N'ayant le droit qu'à une heure maximum par soirée avec leur téléphone dans la chambre, le temps d'écoute était limité. « Comme Kylian et moi n'étions pas très forts à l'école, le soir nous étions parmi ceux qui suivaient les cours de soutien, explique Khamis. Quand nous retournions à la chambre, il était presque 22 heures... » Sans doute en raison du rythme quotidien, Kylian s'endormait très vite. Il discutait quelques minutes avec son coloc et sombrait dans le sommeil. Trois ans après son départ de Clairefontaine, lorsqu'il évoluera à l'AS Monaco, il livrera à des journalistes cette anecdote à propos de son séjour à l'INF : « On a fait tellement de bêtises. Quand on trouvait que l'entraînement n'avait pas été suffisant, on sortait le soir pour aller jouer dans la cage de foot alors que c'était interdit. Il n'y avait pas d'éclairage, alors on mettait les lumières des téléphones, et on faisait des cinq contre cinq jusqu'à pas d'heure. Ensuite, on rentrait dans nos chambres par les fenêtres. Le lendemain, personne n'allait au petit déjeuner, et les encadrants ne comprenaient pas pourquoi on était fatigués. » Aucun de ses anciens camarades ne se souvient de tels épisodes. « C'était impossible de faire le mur à Clairefontaine », tranche Arnaud Nordin. « C'est faux, rigole son compagnon de chambre Khamis Digol. L'été, après le repas, il nous arrivait d'aller jouer dehors jusqu'au couvre-feu, mais jamais plus tard. Après c'est vrai qu'il nous arrivait de jouer dans les chambres... » Avec les surveillants dans le bâtiment et les gardiens qui assuraient la sécurité du domaine, même avec la plus grande prudence il aurait été impossible pour les pensionnaires de quitter leur chambre une fois la nuit tombée. Quant au fait de s'éclairer avec leurs téléphones, les appareils étaient confisqués par l'encadrement avant le coucher… L'INF n'était de toute évidence pas un lieu propice à l'amusement. Les PlayStation et autres consoles étaient proscrites dans le centre. Leur bâtiment disposait d'un poste de télévision mais les pensionnaires n'avaient guère le temps de la regarder. Il y avait tout de même quelques occasions pour lesquelles les ados avaient l'autorisation de veiller un peu plus tard : les matchs de l'équipe de France. Les rencontres étaient retransmises dans l'amphithéâtre de l'accueil, qui disposait d'un grand écran. Les garçons des deux promotions, les filles du Pôle France et tout l'encadrement se retrouvaient alors pour partager ce moment. « On était hyper excités d'être tous ensemble, se souvient avec amusement Jason Tré. On était parfois plus occupés à se chambrer qu'à regarder le match. C'étaient vraiment de bons moments. » Cette année-là, les Bleus jouaient leur qualification pour l'Euro 2012. Le 3 octobre, ils battaient les Albanais 3-0, avant de faire match nul 1-1 contre la Bosnie quatre jours plus tard. En novembre, l'équipe de France joua aussi deux matchs amicaux : 1-0 contre les États-Unis et 0-0 contre la Belgique. À cette époque, les Bleus ne traversaient pas la meilleure période de leur histoire. Après l'échec de la dernière Coupe du monde, durant laquelle les joueurs français s'étaient distingués par une grève de l'entraînement et une sortie dès le premier tour sans aucune victoire en trois matchs, le nouveau sélectionneur, Laurent Blanc, aspirait à une ère plus glorieuse mais les occasions de s'enflammer restaient rares. Cela n'empêchait pas les jeunes de Clairefontaine d'admirer au plus haut point ceux qui portaient un maillot qu'ils rêvaient tous de revêtir un jour. Quels que soient le résultat des matchs et le jeu pratiqué, les garçons et filles de l'INF affichaient un soutien sans faille aux Bleus. Pour la première fois de leur existence, il leur était d'ailleurs ponctuellement permis de les voir de près. Lors des venues de l'équipe de France à Clairefontaine dans le cadre des préparations des rencontres internationales, les pensionnaires avaient parfois la permission d'assister à leurs entraînements. Ces jours-là, les élèves finissaient l'étude un peu plus tôt. L'excitation était à son comble. Lorsque le professeur leur annonçait qu'ils pourraient quitter la salle une fois qu'ils auraient achevé le dernier exercice, pour une fois l'efficacité était générale… Les ados attendaient ensuite que les internationaux quittent leur terrain pour poser sur des selfies avec Florent Malouda, Hatem Ben Arfa ou Philippe Mexès. « Ils étaient vraiment très gentils avec nous, se souvient Yoann Vardin. Beaucoup d'entre eux étaient passés par l'INF, donc ils se comportaient un peu comme des grands frères. » « C'était magique, renchérit Jason Tré. Nous rêvions d'être un jour à leur place. » À d'autres occasions, les pensionnaires se faisaient aussi photographier avec les joueurs de l'équipe de France espoirs, dont les piliers s'appelaient à l'époque Antoine Griezmann ou Alexandre Lacazette.

Juste avant les vacances de Noël, une soirée était organisée pour les pensionnaires. Cette fête cassait un peu la routine de Clairefontaine. Les garçons et les filles, tout comme les membres de l'encadrement, se mettaient alors sur leur trente et un. En préambule, une distribution de cadeaux était organisée : chacun avait acheté un présent dont le coût ne devait pas dépasser 5 euros et un tirage au sort déterminait les bénéficiaires. Tout le monde se rendait ensuite au château du domaine, un lieu réservé à l'équipe de France auquel les élèves de l'INF n'avaient habituellement pas accès. Là-bas, dans la grande salle, un buffet les attendait et un DJ diffusait de la musique. « C'était vraiment sympa, se remémore Yoann Vardin. Nous étions tous ensemble, on oubliait un peu le foot. » Si la plupart des garçons et des filles se déchaînaient sur la piste, Kylian préférait se tenir un peu à l'écart. « Il n'était pas le seul à faire le timide à ce niveau-là, rigole Yoann. Moi à l'époque, c'était un peu pareil... » La veille du départ pour les vacances, Jean-Claude Lafargue mettait en garde ses élèves contre le risque de blessure dû au relâchement. Ses consignes : permission de jouer avec leur club le premier week-end des vacances mais obligation de respecter ensuite sept jours consécutifs de repos. La semaine suivante, les pensionnaires devaient effectuer trois footings de quarante-cinq minutes[1]. À leur retour, en janvier, Kylian et ses camarades passèrent une visite au centre médical. Objectif : tester leur condition physique après la trêve de Noël[2]. Les résultats étaient ensuite comparés à ceux du test équivalent qu'ils avaient passé à la rentrée de septembre. Les ados se succédèrent sur un tapis roulant avec des électrodes à ventouses sur le ventre pour une course fractionnée de cinq fois quatre minutes. En octobre, un match d'évaluation opposa les garçons de 1998 à l'équipe féminine du Pôle France. Plus âgées, les filles semblèrent à plusieurs reprises avoir le dessus mais finirent par s'incliner 2-6[3]. À Clairefontaine, lorsque les filles jouaient contre les garçons, un constat s'imposait : la vitesse n'était pas la même ! « Les garçons étaient plus jeunes que nous, ils étaient des préados très explosifs et cela donnait une différence de rapidité assez impressionnante, se rappelle Clara Noiran. L'écart se comblait un peu par l'aspect physique car ils n'étaient pas très développés. » Au cours de la saison, la promo 1998 participa à plusieurs matchs amicaux contre des Pôles espoirs régionaux, des équipes jeunes de région parisienne et même une sélection japonaise de la même catégorie d'âge, qui s'acheva sur une victoire de l'INF.

1. *Le Monde*, 12 janvier 2012.
2. *Ibid.*
3. *Le Monde*, 13 octobre 2011.

« C'est vraiment un beau souvenir », glisse Jason Tré. Lors d'une rencontre contre le Pôle espoirs de Châteauroux, Kylian se montra à son avantage. Sur le bord du terrain se trouvait Ibrahima Diallo, qui évoluait au pôle castelroussin et qui deviendra plus tard son coéquipier chez les jeunes à Monaco. « Lorsque j'ai vu Kylian balle au pied, j'ai tout de suite dit : "Mais c'est qui ce mec?" se remémore-t-il. Il n'était pas au-dessus des autres physiquement mais techniquement c'est le joueur qui m'a le plus impressionné en équipe jeunes. » À chaque rencontre organisée par l'INF, à côté des parents sur le bord du terrain, des recruteurs de clubs professionnels ne manquaient pas de venir observer les potentiels futurs talents. Tout au long des matchs, ils griffonnaient des notes dans leurs carnets. « Ils donnaient un peu l'impression de faire leur marché », s'irrite un témoin. Les pensionnaires n'ignoraient ni l'identité de ceux qui les observaient, ni ce qu'ils recherchaient. C'était sans doute pour eux que certains multipliaient les gestes techniques. « Leur présence ne nous mettait pas de pression particulière, soutient Florian Ayé. Nous voulions seulement gagner pour montrer que nous étions les meilleurs. » Parfois, ce sont les parents des pensionnaires qui abordaient les recruteurs à la mi-temps. Certaines familles se révélaient plus au fait que d'autres des us et coutumes du milieu du football. Des parents se contentaient de prendre langue pour de futurs contacts, d'autres se montraient bien plus entreprenants. « Quand ils sont à l'INF, il ne faut jamais oublier que ce sont des enfants, rappelle Jean-Claude Lafargue. Ils ont souvent l'air plus grands mais ils n'ont que 14 ans. Il faut les aider à se construire, sinon on peut les détruire. » « Entre les jeunes de Clairefontaine, il n'y avait pas de sentiment de concurrence, juge Florian Ayé. Nous étions vraiment tous ensemble. » Interrogé à l'époque par des reporters du *Monde* au sujet de la promo, Kylian affirmait : « Au début de la saison, la rivalité était plus vive. Depuis, on a appris à vivre ensemble. On est coupés de l'extérieur, donc on est solidaires[1]. » Les journalistes avaient été bluffés par sa façon de s'exprimer face aux médias. « Il parlait déjà comme un joueur professionnel, se souvient Rémi Dupré. Dans ses réponses, il utilisait clairement des éléments de langage. Je me suis même demandé s'il n'avait pas déjà fait du *media training* tant il avait l'air d'avoir trois ans de plus dans ses réflexions. »

À la fin de l'année scolaire, lorsqu'il ne restait que quelques jours avant les grandes vacances, les pensionnaires de Clairefontaine gagnèrent davantage de liberté dans leur emploi du temps. Les ados pouvaient désormais rester un plus tard dehors, profitant des journées prolongées de l'été. Les garçons en profitaient pour jouer au foot. Mais cette fois, c'était seulement pour le plaisir, sans consignes de jeu. Les filles, elles, retombaient en enfance et jouaient à cache-cache dans le

1. *Le Monde*, 16 mars 2012.

parc. Le dernier jour, tous les parents furent invités au centre pour assister à un spectacle donné par les élèves. Les garçons de la promo 1998 se livrèrent à des petits numéros de danse. Kylian aussi, même si ce n'était pas l'activité dans laquelle il était le plus à l'aise.

CHAPITRE 4

L'ÉCOLE N'EST PAS ENCORE FINIE

En septembre 2012, Kylian et les siens firent leur rentrée des classes pour leur deuxième année à Clairefontaine. Dès le 27 août, ils suivirent un stage de préparation des plus intensifs à Angers, dans un complexe du parc de loisirs du lac du Maine. Pour leur retour à l'entraînement sous la houlette de Jean-Claude Lafargue, ceux qui étaient désormais les « grands » de l'INF ont vu débarquer leurs successeurs de la génération 1999. Lors des premiers exercices communs, Kylian et ses copains n'ont pas manqué de se moquer gentiment des nouveaux venus. Il est vrai que depuis un an, ceux de la promo 1998 avaient largement progressé techniquement. Lors de cette nouvelle année, Kylian s'entendait très bien avec l'une des nouvelles filles du Pôle féminin, la future joueuse du PSG, qui évolue désormais au FC Levante, Anissa Lahmari. Elle avait un an et demi de plus que lui mais tous deux se montrèrent vite très complices. Si la plupart des filles de Clairefontaine étaient scolarisées au lycée, Anissa, elle, était au collège. Tous les matins, elle prenait donc le car avec les garçons pour se rendre à leur établissement. « J'avais six frères à la maison, alors pour le côté ambiance masculine je n'étais pas trop dépaysée, rigole-t-elle. Et puis les garçons de Clairefontaine étaient assez cools. » Depuis le départ de la génération 1997, la promo de Kylian a hérité du droit de squatter les sièges au fond du car. Durant le trajet, les ados avaient l'habitude d'entonner un chant à la gloire de l'INF, claironnant en boucle « L'INF c'est l'INF », ou le plus classique « Chauffeur, si t'es champion, appuie sur le champignon ». Kylian et Anissa étaient dans la même classe de 3e. Ils passaient beaucoup de temps à rigoler ensemble ou à se balancer des vannes, avec un goût particulier pour les disgrâces physiques de l'autre. « Kylian aimait beaucoup vanner, assure Anissa. Il était aussi déjà très compétiteur à tous les niveaux. Même en classe : quand il levait la main et donnait une bonne réponse, il se mettait tout de suite à narguer. Il faisait ça sur le ton de la rigolade mais cela se voyait qu'il était content. C'était pareil lorsqu'il avait une bonne note. » Si Kylian aimait être bon dans tous les domaines, l'école ne lui donnait pas toujours l'opportunité de briller. Il s'en sortait mieux en français et en histoire qu'en maths, mais ses notes étaient bien moins étincelantes que ses accélérations balle au pied. « Comme tous les joueurs très doués, Kylian se contentait du minimum à l'école, relate

Jean-Claude Lafargue. Mais quand il le voulait, il était capable. C'est sûr qu'il préférait d'autres choses que le travail scolaire mais il s'y est mis. » « L'école, ce n'était pas trop son truc, rigole Khamis Digol. Cela se voyait qu'il n'était pas très intéressé par les cours mais il se donnait quand même les moyens d'avoir son brevet. » « Le collège n'était pas ce qu'il préférait, confirme Yoann Vardin qui était dans sa classe en quatrième. Mais il nous faisait rire en classe. » Si Kylian et ses copains chahutaient souvent durant les cours, celui-ci avait un truc pour éviter les ennuis : dès que le prof se retournait, il changeait de visage pour afficher un air des plus concentrés. « Nous nous faisions facilement choper mais pas lui, rapporte Anissa. Kylian avait un côté comédien : il pouvait passer d'un éclat de rire à un visage sérieux en une seconde. » Au bout d'un moment, les professeurs ont percé à jour le petit jeu de Kylian et il perdit son immunité. Autre atout dans sa manche : Kylian parvenait à faire rire ses profs, au point de s'en mettre certains dans la poche. « Cela pouvait lui arriver mais pas beaucoup plus que d'autres, relativise Khamis Digol. Mais c'est vrai qu'il apparaissait sans doute plus attachant parce qu'il souriait toujours. » Comme beaucoup de collégiens, il arrivait à Kylian de tricher à des contrôles mais sans jamais se faire prendre. « Nous trichions tous un peu, dédramatise Anissa. On se donnait discrètement les réponses. » À une occasion au moins, Kylian s'est tout de même retrouvé en mauvaise posture vis-à-vis de la direction de l'INF : lors d'un retour au centre, suite à un problème de comportement au collège, Gérard Prêcheur les a attrapés lui et Anissa à la sortie du car. Kylian n'en menait pas large. Depuis son entrée à « Clairf », il craignait énormément le directeur. Lorsqu'il faisait une bêtise, il appréhendait les réactions des coachs et des surveillants, mais l'effroi que lui inspirait Gérard Prêcheur était d'un niveau bien supérieur. « Oui, il en avait peur, confirme Anissa. Gérard était un très bon technicien et un excellent coach mais il avait une façon de faire assez stricte. » Très exigeant sur la concentration et sur l'écoute, Gérard Prêcheur effrayait nombre de pensionnaires. « Tout le monde avait peur de lui, explique Khamis Digol. Il était un bon entraîneur, il n'y a rien à dire là-dessus, mais il était assez méchant quand même… » Le directeur avait une façon de diriger que certains n'hésitent pas à qualifier de « militaire ». « Il était très à cheval sur la discipline », confirme un élève. Lorsque les pensionnaires avaient des problèmes de comportement au collège ou ne travaillaient pas suffisamment en cours, pour les remettre sur le droit chemin Gérard Prêcheur les emmenait courir dans la forêt « en mode commando ». Qu'il pleuve ou qu'il gèle, les ados se retrouvaient à cavaler derrière lui, s'arrêtaient pour faire des pompes ou rampaient sur le sol. Pointe d'ironie : le directeur leur imposait de courir en chantant leur hymne du bus à la gloire de l'INF. « Quand on l'avait fait une fois, après des conneries on n'en faisait plus », se souvient Jason Tré.

Un jour, après un joyeux bordel collectif au collège, toute la promo fut emmenée en footing dans les bois avec Gérard Prêcheur. Tous s'en rappellent encore… En plus de son rôle de directeur, Gérard Prêcheur animait certains entraînements et n'hésitait jamais à recadrer les joueurs. Lors d'une séance avec la promo 1998, il leur lança : « Dans votre génération, je n'annonce pas deux futurs pros… » Il s'est trompé sur ce point : lors de la saison 2018-2019, cinq anciens de la promo disposaient d'un contrat professionnel dans un club et plusieurs autrès d'un contrat stagiaire pro. « Gérard criait souvent fort mais c'était plus pour notre bien qu'autre chose », reprend Anissa. « Il était plus dur avec nous que Jean-Claude Lafargue, indique Yoann Vardin. Il était plus cash dans sa façon de parler et il avait un timbre de voix qui impressionnait. Avec moi ça allait mais je sais qu'avec d'autres la relation était plus difficile. » « Gérard était derrière tous les élèves, mais un peu plus derrière Kylian, précise Anissa. Il savait sans doute qu'il allait devenir un grand joueur et il voulait le structurer, pour qu'il comprenne que le foot, c'était aussi du mental. » Au-delà de leur spécificité footballistique, les entraîneurs de Clairefontaine avaient aussi des personnalités bien distinctes. Jean-Claude Lafargue avait un côté « deuxième papa » que ne possédaient pas forcément ses homologues. « Nous avions de très bons rapports avec lui », assure Yoann Vardin. « Jean-Claude Lafargue est l'un des meilleurs coachs que j'ai eus », confie Khamis Digol. Le futur directeur de l'INF était moins de nature à élever la voix contre les pensionnaires. Très pédagogue, il laissait une marge de manœuvre à ses joueurs tout en sachant pertinemment où il voulait les emmener. Avec lui les ados pouvaient s'exprimer tant qu'ils restaient dans les limites du raisonnable. Pour autant, il n'hésitait pas à imposer des tours de terrain supplémentaires aux joueurs trop indisciplinés. Lorsqu'il devait pousser une gueulante, il le faisait. Avec Kylian comme avec les autres. L'ado de Bondy avait souvent du mal à accepter que son coach le sermonne sur le repli défensif ou crie après lui lorsqu'il ne faisait pas suffisamment d'efforts à ses yeux. L'entraîneur ne le ménageait pas. Quand il le fallait, il le renvoyait à sa condition d'apprenti en lui rappelant qu'il n'était pas « le meilleur du monde ». « Kylian était en apprentissage alors il devait apprendre ce qu'il devait faire quand il avait le ballon mais aussi ce qu'il devait faire quand il ne l'avait pas, c'est aussi simple que ça, explique Jean-Claude Lafargue. À cet âge-là, il était aussi essentiel qu'il se développe en endurance. Et pour cela il n'y a qu'une seule façon : faire des allers-retours, travailler le repli défensif. Tous les joueurs qui ont cette vocation offensive doivent comprendre à un moment ou à un autre que cela ne suffira pas. » Le coach n'était pas le seul à se montrer dur avec Kylian : sa mère le faisait aussi. La famille Mbappé était l'une de celles parmi les plus présentes à Clairefontaine. À l'époque, c'était Fayza qui apparaissait au premier rang dans le suivi de son fils. Elle n'hésitait jamais à le recadrer pour lui faire « dégonfler la tête » si elle l'estimait nécessaire. « Dès que ça chauffait un peu, sa mère venait et elle ne le laissait pas faire », relate Jean-Claude Lafargue. Ce dernier avait déjà entraîné Jirès lorsque celui-ci suivait sa formation à l'INF. Il connaissait donc bien les parents de Kylian. Wilfrid et Fayza Mbappé étaient aussi très proches de Gérard Prêcheur, qui était l'un de leurs interlocuteurs privilégiés. Si, au sein des ados de 1998, Kylian n'était pas considéré comme bien au-dessus des autres, dans les coulisses de l'INF aucun des adultes n'ignorait que son potentiel le différenciait. « Il n'avait aucun statut particulier, relativise Jean-Claude Lafargue. À l'INF aucun enfant n'avait de statut… »

Si les garçons de la promo 1998 s'entendaient très bien dans l'ensemble, se charrier entre eux était quasiment une langue naturelle. Les vannes pouvaient prendre n'importe quel prétexte et gagnaient en popularité lorsqu'elles perduraient au fil du temps. Des fringues aux défauts physiques, tout devenait matière à moquerie. Outre « Mbébé », Kylian avait hérité du surnom de « Cochi », en raison de son crâne rasé supposément trop volumineux. D'autres le surnommaient « Noisette » ou « Cacahuète », toujours en référence à la forme de sa tête. Kylian ne s'en offusquait pas : comme il passait son temps à charrier les autres, le retour de bâton était des plus logiques. D'autant qu'il appréciait les *battles* que ne manquaient pas de provoquer les vannes : dès que l'un de ses camarades raillait son crâne, il trouvait toujours de quoi répondre. Qu'il soit l'un des plus petits en taille ne le poussait pas à se taire. « Kylian et moi étions de gros chambreurs, glisse Jason Tré. Du lundi au vendredi, du matin au soir, nous passions notre temps à vanner. Nous nous mettions souvent à deux pour chambrer les autres. » Le car qui emmenait les pensionnaires au collège était souvent le lieu propice à toutes les joutes verbales. Dans la bonne humeur, les ados se brocardaient les uns les autres sous tous les prétextes, y compris quand leurs parents venaient les chercher le vendredi soir. L'aspect *running gag* était particulièrement apprécié. Lorsqu'un mot faisait référence à une moquerie, dès que celui-ci était prononcé hors contexte de charriage, il provoquait aussitôt un éclat de rire général. Pour une raison irracontable, ses copains prenaient un malin plaisir à placer le mot « hanche » dans les conversations pour moquer Kylian. Tous les regards se tournaient alors vers lui et les rires fusaient. Caser le mot le plus souvent possible était devenu une sorte de challenge pour ceux qui voulaient rendre la monnaie de sa pièce à Kylian pour l'un de ses bons mots. Un soir, tous les pensionnaires de Clairefontaine étaient réunis dans l'amphithéâtre pour écouter l'intervention d'une diététicienne. Les deux promos des garçons et celle des filles étaient présentes. Après plusieurs échanges entre l'intervenante et la salle, Anissa prit la parole devant tout le monde pour demander d'un ton badin : « Mais madame, si l'on mange plusieurs Big Mac à la suite, on peut prendre dans les hanches, non ? » À peine eut-elle formulé le mot que toute la salle éclata de rire. Kylian encaissa mais jura de se venger. Il passa le reste de sa soirée à rédiger une chanson dans laquelle il prenait à partie Anissa en moquant cette tragédie de la puberté qu'est l'acné juvénile. « La chanson, nous l'avions écrite à deux », rectifie Khamis Digol en s'esclaffant. Le lendemain matin, à 8 heures, Kylian se pointa dans le bus avec son papier à la main. Devant un public conquis, il interpréta sa chanson en l'honneur de sa bonne copine. « Kylian l'avait chantée tout seul parce qu'il aimait bien ça, indique Khamis Digol. Il adorait charrier le matin. Il avait la pêche dès le réveil. » « Je me souviens encore des paroles mais je ne les répéterai pas car cela reviendrait à me vanner moi-même », en rigole Anissa. « Il y avait souvent des chansons mais je ne peux pas tout raconter, s'amuse Khamis Digol. J'aimerais bien mais ce n'est pas possible… » Pour ce qui est de l'explication de la référence au mot « hanche », l'omerta est de mise. « Désolé, je ne peux vraiment pas le dire… », répond Khamis Digol. « Je ne m'en souviens pas », ment Anissa Lahmari. « Ce ne sera pas moi qui vous le dirais… », renchérit Yoann Vardin. « C'est un petit secret », conclut Arnaud Nordin.

Durant un temps, Kylian et sa famille auraient hésité entre signer un contrat de sponsoring avec Nike ou avec Adidas. Lorsque le choix s'est porté sur la marque à la virgule, Kylian s'est retrouvé avec un important stock de chaussures Adidas qu'il ne pouvait décemment plus porter. Un dimanche soir, lorsqu'il revint à Clairefontaine après avoir passé le week-end chez ses parents, il amena un sac rempli de chaussures qu'il déposa dans le couloir en indiquant à ses camarades que chacun pouvait se servir. Toutes les paires ont très vite trouvé preneurs, au grand regret des pensionnaires qui n'étaient pas encore arrivés à l'internat. Au sein de la promo, Kylian était le seul à avoir obtenu un contrat de sponsoring. « Est-ce que cela créait des jalousies? Personne ne le montrait en tout cas », indique Khamis Digol. Son contrat avec Nike lui permettait de bénéficier de nombreux produits de la marque. À chaque fois que Kylian recevait des nouvelles chaussures, c'était l'attraction à l'internat. « Nous étions petits alors quand il recevait une nouvelle paire nous avions les yeux pleins d'étoiles », se souvient Khamis. Kylian en donnait parfois à ses copains. « Il m'en a déjà filé, indique Jason Tré. Il recevait pas mal de paires mais il ne les emmenait pas toutes à Clairefontaine, beaucoup restaient chez lui. »

Avant les vacances de Noël, l'INF organisa de nouveau sa fête dans le château du domaine. Cette fois encore, Kylian n'enflamma pas la piste. « La danse, ce n'était pas trop sa spécialité », note Jason Tré. « Je crois qu'il ne sait pas danser », ajoute Anissa. « Ce n'était pas son truc mais je crois qu'on l'a quand même vu sur la piste », nuance Khamis Digol. « À la soirée de Noël il était plutôt occupé à regarder quelle fille dansait avec quel garçon », rigole Anissa. Le lendemain, au collège, Kylian commentera d'ailleurs les interactions dansantes de la veille. « Je ne sais pas si c'était de la timidité ou de la peur, mais il ne draguait pas, se souvient Anissa. Certains gars de Clairefontaine draguaient les filles mais ce n'était pas le genre de Kylian. Il se concentrait plus sur le foot. » Car Kylian ne faisait pas que jouer au football : il y pensait du matin au soir. « Est-ce que Kylian avait d'autres centres d'intérêt ? Non, assure Anissa. Kylian c'était foot, foot, foot. » « À cet âge-là, dans nos têtes il n'y avait que le football, poursuit Khamis Digol. Les filles, nous n'y pensions pas encore. Surtout Kylian. » « C'était rare que nous parlions d'autre chose que de foot », confirme Arnaud Nordin. Au niveau des références, Kylian parlait beaucoup de son idole, Cristiano Ronaldo, mais aussi de Neymar. « Pour nous tous Neymar était un modèle », se souvient Khamis Digol. Kylian pouvait-il alors s'imaginer que quatre ans plus tard il jouerait au côté du Brésilien ?

Si socialement Kylian n'était pas du genre à se renfermer sur lui-même et passait une bonne partie de son temps à charrier, il pouvait aussi faire preuve d'une certaine retenue. « Le groupe avait tendance à beaucoup chahuter mais Kylian sentait quand ça partait un peu trop loin, se souvient Jean-Claude Lafargue. Il a fait des bêtises comme tout le monde mais il n'était jamais dans les mauvais coups. Il n'était ni un grand solitaire ni un déconneur de première. Il faisait rire les autres parce qu'il avait une bouille marrante, il était un peu clown. » Kylian s'entendait bien avec l'ensemble de ses camarades, mais il est plus compliqué de déterminer de qui il était vraiment proche. « Il rigolait un peu avec tout le monde, se souvient Anissa Lahmari. De qui il était le plus proche ? C'est difficile à dire. Sans doute de ses amis extérieurs… » « Kylian était le plus souvent avec Khamis Digol ou avec Jason Tré », indique Yoann Vardin. « Comme nous partagions la même chambre, nous parlions pas mal ensemble mais on ne se confiait pas réellement, explique Khamis. Kylian était copain avec tout le monde, notamment avec Jason Tré et moi, mais avec le recul c'est vrai qu'il y avait quand même une certaine distance. » « Ce n'était pas une distance mais Kylian ne nous disait pas tout, nuance Jason Tré. Quand nous avions déjà signé avec un club et que lui ne l'avait pas encore fait, nous lui demandions quels étaient ceux qui s'intéressaient à lui mais il ne nous répondait pas. Sur ces sujets-là, il savait qu'il ne fallait pas qu'il en dise trop. » « Kylian avait des liens d'amitié avec quelques-uns de ses camarades mais il s'est toujours tenu un peu à l'écart parce qu'il savait qu'il aurait un destin différent, estime le journaliste Rémi Dupré. Je suis persuadé que cette conscience d'avoir un avenir au-dessus des autres avait des conséquences au quotidien. Il avait un côté un peu à part, comme un réflexe d'isolement. »

Au fil de l'année, la question de l'engagement avec un club accaparait de plus en plus les esprits. « Il y avait d'un côté les garçons qui avaient déjà signé et de l'autre ceux qui ne l'avaient pas encore fait, se souvient Clara Noiran. Kylian était un cas particulier parce qu'il n'avait signé nulle part mais beaucoup de clubs le voulaient. Ce n'était pas la même chose pour les garçons qui n'avaient aucune proposition. » « L'ambiance était toujours la même mais ceux qui n'avaient pas encore signé se posaient pas mal de questions, relate Yoann Vardin. Cela pouvait être dur pour eux. » Pour les adolescents de l'INF, l'objectif était de parapher avec un centre de formation un « accord de non-sollicitation », signe d'un premier pas vers un futur contrat. Ce document engageait le joueur sur une exclusivité avec le club. Lors de la rentrée de septembre, sept garçons de la promo 1998 avaient déjà signé un engagement de ce type[1]. Lors des matchs de l'INF, des recruteurs continuaient de venir s'asseoir en tribunes. « Les garçons paraissaient tous sûrs d'eux mais c'était davantage dû à leur âge qu'au fait d'être à Clairefontaine, soutient Clara Noiran. Ils ne disaient pas qu'ils étaient certains de finir pros. Ils étaient assez réalistes sur la difficulté d'accéder au plus haut niveau. » « Personnellement, je me voyais assez facilement pro quand j'étais à Clairefontaine, reconnaît Khamis Digol. Je n'avais pas vraiment conscience de ce que cela signifiait. C'est lorsque je suis arrivé à Auxerre que j'ai réalisé que ce serait plus compliqué

1. *Le Monde*, 7 septembre 2012.

que ce que j'imaginais… » « Mon père m'avait toujours dit que le plus difficile était à venir, confie Yoann Vardin. Nous savions que même après Clairefontaine ça allait être dur et ça allait être long. » « Nous avions tous conscience qu'être à l'INF ne signifiait pas que nous allions tous finir professionnels et connaître une grande carrière, confirme Florian Ayé. Nous savions que les études restaient quelque chose d'important et qu'il fallait avoir un minimum de niveau académique. » Les questionnements sur leur avenir et l'éloignement de leurs parents ne sont pas toujours faciles à vivre pour les pensionnaires. Malgré la bonne humeur ambiante et les vannes permanentes au sein de l'internat, les baisses de moral sont fréquentes. « Entre garçons, on ne montre rien aux autres si l'on vit mal d'être éloigné de sa famille, confie Khamis Digol. Parler de ce genre de choses serait vu comme un signe de faiblesse. Même plus tard dans un groupe pro, quand on a un coup de blues on ne va pas le dire à ses coéquipiers. » « C'est vrai que lorsqu'on est un garçon on a du mal à montrer que ça ne va pas, renchérit Yoann Vardin. Parfois on voyait que certains allaient moins bien. Ils ne le disaient pas mais c'était flagrant. On essayait alors d'être plus avec eux pour essayer de leur faire oublier qu'ils étaient loin de leurs parents… » Kylian était lui aussi en proie à ces baisses de moral. Il ne s'en ouvrait jamais à ses camarades mais le dimanche soir il lui arrivait de dire à ses parents qu'il n'avait pas envie de retourner au centre. S'il rigolait avec ses copains comme un ado de son âge, quand il était en famille il confiait qu'il n'était pas toujours heureux à Clairefontaine. Ses moments de spleen n'étaient guère perceptibles mais ils étaient bien réels. Au début de l'année scolaire, Kylian traversera même une période très difficile en raison du départ de son frère Jirès pour le club d'Al-Aïn aux Émirats arabes unis. Longtemps coincé dans son statut d'éternel remplaçant à Rennes, Jirès avait mis longtemps avant d'avoir l'opportunité de démontrer ce qu'il valait. Il ne convainquait pas ses entraîneurs successifs qu'il méritait davantage que des bouts de matchs. À l'aube de la finale de la Coupe de France 2009, où Rennes affrontait l'En avant de Guingamp, l'attaquant vedette du club, Jimmy Briand, avait été contraint de déclarer forfait sur blessure. Jirès avait pensé qu'il avait une chance de prendre la tête de l'attaque rennaise pour cette finale : il n'entra en jeu qu'à la 89e minute… À la fin de la saison 2010-2011, plusieurs attaquants avaient quitté le club : Jimmy Briand, Ismaël Bangoura, Mickaël Pagis et Moussa Sow. Le vide laissé devait enfin permettre au frère de Kylian de gagner sa place. Au début de saison, il fut souvent titulaire et marqua des buts importants. Malheureusement, il se blessa à la cheville en décembre 2010 lors d'un match contre Bordeaux et resta un moment éloigné des terrains. Durant les mois qui suivirent, il enchaîna les pépins physiques. La saison suivante fut bien plus positive : il marqua onze buts toutes compétitions confondues et gagna une place régulière au sein de l'équipe. À l'été 2012, alors que l'horizon paraissait éclairci, il décida pourtant de signer avec le club émirati. Une décision avant tout financière qu'il n'était ni le premier ni le dernier joueur à prendre. « C'était son choix, mais je ne l'avais pas accepté, a un jour confié Kylian. C'était vraiment dur pour moi. J'en ai pleuré, c'était l'amour du frère[1]... » À Clairefontaine, Kylian ne montra rien de sa peine. Il ne put la dissimuler à son camarade de chambre, mais tous les autres ne surent rien de ses larmes. Même ses bons potes ne virent aucune trace de sa tristesse. « Kylian gardait beaucoup les choses pour lui », confie Jason Tré. « Je pense que cette décision de son demi-frère a sans doute été une sorte de traumatisme pour Kylian, avance le journaliste de *L'Équipe* Vincent Duluc. Il a été très marqué que Jirès décide de tourner le dos à l'équipe de France espoirs et à la Ligue 1 en faisant le choix de l'argent. Je crois que ce jour-là, même s'il était encore ado, Kylian s'est promis de ne jamais privilégier l'aspect financier dans ses décisions. Cela signifiait qu'il voulait davantage marquer l'histoire du foot que gagner des millions, même s'il savait qu'il allait les gagner quand même... »

Malgré des moments difficiles et des questionnements sur leur avenir à un âge où le choix d'une profession ne devrait être qu'un lointain horizon, les ados de la génération 1998 conservent un excellent souvenir de leurs années à l'INF. « Niveau ambiance,

1. *L'Équipe*, 8 septembre 2017.

c'était la famille, confie Khamis Digol. Comme nous étions tout le temps ensemble, il pouvait y avoir quelques petites embrouilles par-ci par-là mais jamais rien de méchant. Ce n'est pas la même chose dans un centre de formation d'un club, où il y a des affinités mais aussi de la concurrence pour savoir qui va jouer. Ce qui n'était pas le cas à Clairefontaine. » « Toutes les promos de l'INF sont assez solidaires, renchérit Yoann Vardin. C'était valable pour nous comme pour les 1997 et les 1999. » « C'étaient nos meilleures années, renchérit Jason Tré. On ne s'en rendait pas compte à l'époque, c'est seulement avec le recul qu'on l'a réalisé. En ce temps-là, on ne se prenait pas la tête. C'était un peu agité mais à l'arrivée ce ne sont que des bons souvenirs. » « La formation fédérale m'a beaucoup apporté, confie Florian Ayé, qui évolue désormais à l'AJ Auxerre. Ce que j'ai appris à l'INF me sert encore aujourd'hui dans la compréhension du jeu comme au niveau technique. »

Au mois de juin 2013, l'histoire de la promo 1998 de l'INF s'est achevée. Pour leur dernière soirée à Clairefontaine, les pensionnaires ont eu droit à un barbecue dans les jardins du centre. Avant le dîner, ils organisèrent une partie de foot... Au niveau de l'ambiance, quelque chose a changé, l'air semblait moins léger. « Nous étions tous très tristes de partir », se souvient Khamis Digol. « Beaucoup pleuraient », confie Arnaud Nordin. Ceux qui ne pouvaient retenir leurs larmes ne cherchaient pas à le cacher. Pour une fois, montrer un signe de faiblesse n'était pas interdit. « Nous n'avions pas vu le temps passer, avance Jason Tré. Il y avait beaucoup d'émotion. » Kylian, lui, restait pareil à ses habitudes : souriant et chambreur. « Il ne montrait pas sa tristesse, glisse Jason Tré. Il savait que c'était fini, que ça allait être dur de tourner la page mais il ne le montrait pas. » Ce soir-là Gérard Prêcheur n'était plus le directeur sévère, se montrant même inhabituellement souriant. Lui et Jean-Claude Lafargue firent chacun un petit discours pour souhaiter bonne chance aux partants mais leurs mots se perdirent un peu. Après le dîner, tous les ados de la promo se retrouvèrent sans les coachs. Ils formèrent un cercle en se prenant bras dessus bras dessous. À tour de rôle, ils ont pris la parole pour dire aux autres à quel point ces deux années passées ensemble avaient été importantes. « En gros on se disait que l'on ne s'oublierait jamais », confie l'un d'eux. Ce soir-là, les pensionnaires ont eu l'autorisation de veiller plus tard. Ils sont restés un long moment devant le bâtiment à se remémorer leurs souvenirs. Le lendemain, ils sont partis. « C'était la fin d'un moment magique dans nos vies, confie Arnaud Nordin. Nous avions vécu ensemble 24 heures sur 24 presque sept jours sur sept. On se connaissait tous par cœur. » « Ces deux années ont été très belles », glisse Yoann Vardin.

Tous les éducateurs de l'INF le savent : le pourcentage de leurs élèves qui perceront dans le football ne représente qu'une infime minorité. Sur la vingtaine d'éléments d'une promo, seule une poignée fera une carrière professionnelle, et peut-être un ou deux connaîtront le très haut niveau. « À Clairefontaine, il faut toujours trouver le bon équilibre entre le degré d'exigence et le plaisir, affirme Jean-Claude Lafargue. Un enfant ne peut pas progresser s'il n'a pas de plaisir, surtout à cet âge-là. Nous ne leur parlons que très rarement de devenir professionnels, nous leur parlons presque uniquement de leur progression. Le but est d'optimiser leur potentiel mais à tous les niveaux. » Un tel principe n'empêche pas pour autant la plupart des parents de voir dans leur enfant une future pépite. Certains pouvaient posséder des points d'excellence dans des domaines précis, comme la vitesse ou la qualité de dribble, qui donnaient l'illusion qu'ils étaient promis à un brillant avenir. Mais tout se jouera ensuite dans la détermination qu'ils mettront à franchir les étapes vers le haut niveau, leur capacité à résister à la pression, la qualité de leur accompagnement et l'absence de blessure. Tant de facteurs seront à prendre en compte entre le moment de la préformation et l'éventuel accès à une carrière professionnelle que nul ne pouvait alors prédire l'avenir. Si après Clairefontaine un jeune joueur se retrouve dans un centre de formation avec des éducateurs qui l'accompagnent au mieux, celui-ci pourra développer ses aptitudes mais il ne sera pas à l'abri de nombre d'embûches pour autant. Ils devront aussi s'appuyer sur une famille qui a les pieds sur terre et établir un projet de carrière sans sauter les étapes. Même un premier contrat pro n'est pas une assurance. Avant eux, trop de footballeurs en herbe se sont perdus dans des clubs trop grands pour eux, où ils n'ont jamais eu de temps de jeu, alors qu'ils auraient pu progresser comme titulaires dans un club intermédiaire avant de sauter le pas. Dans les années qui ont suivi, les anciens de la promo 1998 ont connu des fortunes diverses. Certains évoluent désormais au sein d'un club professionnel, d'autres non. Les parcours ont souvent été sinueux : contrats « élites » ou « conventions amateurs », stages infructueux, contacts avec un club important qui ne donne pas suite… Ceux qui sont encore dans le circuit imaginaient sans doute une évolution plus rapide. L'éclosion très précoce de Kylian Mbappé au plus haut niveau fausse la comparaison. Parmi les anciens de la promo, d'autres ont tourné la page. Ils n'ont fait qu'un court séjour dans un centre de formation, ont été blessés ou n'ont pas franchi le cap. Ceux-là sont retournés vers le sport amateur ou ont abandonné le football. « Avions-nous le sentiment de passer à côté de notre adolescence ? Un peu, surtout lorsque l'on voyait des amis qui n'étaient pas dans le foot, explique Florian Ayé. Nous avions moins de temps libre qu'eux, moins de moments avec nos familles. Avec la pression et l'exigence que nous subissions, nous étions presque déjà confrontés à un monde d'adultes. Nous ne vivions pas la même adolescence mais nous savions qu'il fallait des sacrifices pour atteindre nos objectifs. C'était la vie que nous avions choisie. » « À Clairefontaine, l'idée que je passais à côté d'une partie de ma vie d'ado ne m'effleurait pas, confie Khamis Digol. Nous étions encore petits et l'ambiance était super cool, alors nous ne pensions pas à ce genre de choses. C'est arrivé plus tard, lorsque j'ai rejoint un centre de formation. Là on commence à se dire que ça fait beaucoup, surtout les dernières années. Mais c'est un choix et il faut l'assumer, c'est tout. » « Je n'ai pas de regrets parce que je voulais devenir footballeur depuis que je suis tout petit, affirme Yoann Vardin. On m'a toujours dit que pour réussir dans ce domaine il fallait faire des sacrifices. Ce qui marque le plus ? Sans doute la séparation avec la famille. Partir à 12 ans de chez soi, ce n'est pas rien, tout le monde n'est pas capable de le supporter. C'est quand même dur de se retrouver loin de ses parents à cet âge-là. » « Ce qui manquait le plus c'étaient les sorties entre copains, avance pour sa part Khamis Digol. Quand des amis t'appellent pour te demander si tu reviens le week-end, tu leur réponds que ce n'est pas possible parce qu'il y a des matchs… Être enfermé dans un centre de formation sans pouvoir beaucoup sortir n'était pas non plus facile. » « Nous avons fait beaucoup de sacrifices mais le foot était toute notre vie, estime Arnaud Nordin. Je n'ai pas le sentiment d'avoir gâché mon adolescence, je me suis privé de certaines choses mais c'était pour une passion que j'aime plus que tout. » De tels sentiments ont aussi effleuré Kylian. Comme il le confiera lors d'une interview en 2018 : « Si je parlais de sacrifices aujourd'hui, les gens se diront que c'est un peu osé, que tout m'est arrivé sur un plateau. Mais bien sûr que j'ai dû travailler. J'ai eu des périodes où c'était délicat, très délicat même[1]. »

La plupart des anciens de la promo 1998 ont gardé le contact entre eux, mais cela s'est révélé plus difficile avec Kylian. Au fil des saisons, certains l'ont croisé sur un terrain de foot. Ce fut le cas de son ancien coturne, Khamis Digol, en mars 2015 à l'occasion d'une rencontre de la Coupe Gambardella. Khamis jouait avec l'équipe U17 de l'AJ Auxerre et Kylian avec celle de Monaco. Ce jour-là, ce fut l'équipe de Khamis qui le remporta 3-1. « On a discuté ensemble et on a rigolé, se rappelle Khamis. Mais sur le terrain il n'était plus du tout le même qu'à l'époque de Clairefontaine. Il commençait déjà à se rapprocher de son niveau actuel. » Arnaud Nordin, quant à lui, l'a affronté dans le match de Ligue 1 Monaco-Saint-Étienne en mai 2017. Les deux anciens camarades de l'INF débutèrent tous les deux la rencontre comme titulaires. Monaco le remporta 2-0 avec un but de Mbappé. « Nous avions eu le temps de passer un moment ensemble, se rappelle Arnaud. Il n'avait pas changé : toujours aussi drôle et la tête sur les épaules. Il avait juste un peu plus de biceps… » Alors qu'ils évoluaient tous les deux sous les couleurs du PSG, Kylian n'a revu sa copine Anissa Lahmari qu'à une

1. Bondy Blog, 17 octobre 2018.

seule occasion. Lors de la saison 2018-2019, il était venu voir jouer les féminines en Ligue des champions. Se rendant au vestiaire des joueuses pour les féliciter, il tomba nez à nez avec Anissa. La conversation dura quelques minutes. « Quand je l'entendais parler, cela me faisait rire, confie-t-elle. Parce que c'était un Kylian qui avait pris une autre dimension, mais pour moi il restera toujours celui avec qui je partageais des bons moments à Clairefontaine. Il a grandi mais il a gardé son grain de folie. » Ceux qui n'ont pas eu l'occasion de le revoir continuent de suivre ses performances de loin. « Je regarde tous les matchs de Kylian avec les Bleus, s'enthousiasme Jason Tré. C'est magique pour lui. J'ai des frissons quand je le vois avec l'équipe de France : nous en rêvions ensemble quand nous étions gamins et maintenant c'est lui qui joue avec eux. » « Je ne l'ai jamais revu depuis Clairefontaine, indique Yoann Vardin, qui était en 2018 en contrat stagiaire pro à Troyes. Si je le revoyais, est-ce que ce serait comme avant? Je ne sais pas... Cela me ferait plaisir de le revoir et je pense que lui aussi. Mais j'ignore comment cela se passerait... » « J'ai gardé contact avec lui durant un moment lorsqu'il était en équipe jeunes à Monaco, explique son pote Jason Tré. Le temps a passé, chacun a évolué de son côté et les contacts se sont perdus. » « Si je le recroisais aujourd'hui, je crois que je ne le trouverais pas beaucoup changé, avance Khamis Digol. Quand il est filmé par les caméras en train de rigoler avec Neymar, il est comme avant.

C'est sûr qu'il a davantage de maturité mais il a gardé son côté chambreur. » Ceux qui l'ont connu à l'INF savent que leur route n'est pas la même que celle de Kylian. « Je ne me compare pas aux autres, je ne me dis pas que je suis en retard par rapport à tel ou tel joueur, explique Florian Ayé. Mon objectif est d'aller le plus loin possible, pas de faire mieux qu'Untel ou Untel. » « Voir Kylian champion du monde est plus une motivation qu'autre chose, affirme Khamis Digol. Des Mbappé il n'y en a qu'un. Et puis nous ne sommes pas à plaindre… »

Les anciens de la promo 1998 se sont retrouvés à l'occasion de deux réunions amicales. La première se tint lors des vacances de Noël 2017. Kylian n'est pas venu. Lors de la suivante, à l'été 2018, il se trouvait en Russie pour la Coupe du monde. Les deux fois, l'ambiance fut excellente. Tous étaient très heureux de se retrouver et de se remémorer leurs souvenirs. Ils n'ont pas manqué d'organiser une partie de foot en salle, aurait-il pu en être autrement ? Lors de la soirée, alors qu'ils dînaient au restaurant, un poste de télé à côté de leur table a diffusé une pub pour BeIn Sports dans laquelle Kylian apparut en gros plan. Tous les anciens de « Clairf » ont éclaté de rire.

CHAPITRE 5

LE CHOIX DU PRINCE

Durant les deux ans qu'il a passés à l'INF, Kylian Mbappé reçut de multiples propositions de clubs : le PSG, Rennes, Sochaux, Bordeaux... Yannick Stopyra, l'ex-international français devenu coordinateur général des équipes de jeunes aux Girondins, s'était déplacé à Clairefontaine pour assister à un match de la promo 1998. Impressionné par la technique de dribble de Kylian, il entra en contact avec ses parents[1]. Wilfrid Mbappé et Kylian se rendirent même à Bordeaux pour « visiter les installations », selon l'expression consacrée. Des discussions se prolongèrent durant plusieurs mois avant que le refus ne soit formulé. Aussi étonnant que cela puisse paraître, la piste la plus aboutie resta longtemps celle qui le menait à Caen. Lorsqu'il était encore à l'INF, un accord de principe avait été trouvé avec le Stade Malherbe. Si le club normand n'est pas le

1. *Le Parisien*, 30 novembre 2018.

prétendant qui offrait le plus de perspectives sportives, il avait d'autres atouts. Les parents de Kylian avaient un objectif précis : trouver au sein des centres de formation un éducateur qui serait réellement capable de cadrer leur fils tout en poursuivant sa formation footballistique. Or, sur ce point, les dirigeants caennais avaient su apporter des garanties. Les responsables du recrutement des jeunes du Stade Malherbe, Laurent Glaize et David Lasry, avaient maintenu un contact régulier avec la famille Mbappé. Ces deux dernières années, ils étaient venus voir Kylian deux fois par mois à Bondy et entretenaient de très bons rapports avec ses parents[1]. Malgré les offres de recrutement de clubs bien plus prestigieux, Wilfrid et Fayza Mbappé auraient été convaincus par la proposition normande. Ils avaient rencontré le manager général du club, Franck Dumas, qui aurait levé leurs derniers doutes. Dans le protocole d'accord qui leur a été proposé, il était stipulé que leur fils jouerait avec l'équipe première dès l'âge de 16 ans[2]. Les parents de Kylian auraient été d'accord pour parapher le document dès à présent mais le règlement de l'époque interdisait à Caen de faire signer un joueur aussi jeune si celui-ci habitait à plus de cinquante kilomètres[3]. Le club demanda alors une dérogation à la Fédération mais celle-ci lui a été

1. *Ouest France*, 16 mars 2017.
2. *Ibid.*
3. *Ibid.*

refusée. Un aléa sportif vint rompre la perspective de voir Kylian rejoindre la Normandie : au printemps 2012, le SM Caen fut relégué en deuxième division. Lors de la saison suivante, pris à la gorge pour des questions budgétaires, les dirigeants renoncèrent à faire signer Mbappé, dont le contrat prévoyait une prime à la signature de 120 000 euros[1]. Alors que la famille de Kylian avait accepté toutes les conditions, les deux recruteurs durent contacter les parents pour leur annoncer que l'accord tombait à l'eau.

L'intérêt pour Kylian ne se limitait pas à l'Hexagone : des clubs anglais avaient également un œil sur lui. Chelsea fut le premier à entrer en lice. L'un des recruteurs, Serge Daniel Boga, avait entendu parler de lui par l'intermédiaire de l'un de ses contacts qui travaillaient chez Nike. Boga avait été voir Kylian jouer avec son club de Bondy et avait été impressionné par ses capacités. Il a aussitôt prévenu sa direction. En 2012, Kylian effectua un test dans le club londonien. Il se rendit dans la capitale britannique avec ses parents, son oncle Pierre et son frère Jirès. Kylian passa une semaine sur place à s'entraîner avec l'équipe jeunes, participant à au moins un match, et se livra même à une séance photos avec l'attaquant Didier Drogba ou le Français Florent Malouda. Serge Daniel Boga aurait alors suggéré que Kylian revienne pour un second essai. « Il avait des qualités, comme aujourd'hui, relate

1. « L'Équipe Enquête », La Chaîne L'Équipe, 6 novembre 2017.

Boga[1]. Il a joué contre Charlton et ils ont gagné 7-0. Après une semaine à Chelsea, nous sommes allés au bureau pour leur dire : "Écoutez, nous avons apprécié ce que nous avons vu, mais nous allons vous inviter pour nouvel essai et nous verrons après." » La mère de Kylian aurait dit en français à Jim Fraser, l'un des responsables de la cellule recrutement du centre de formation de Chelsea : « Écoutez, mon fils ne reviendra pas. Si vous le voulez, vous devez le prendre maintenant. Sinon, vous reviendrez l'acheter dans cinq ans pour 50 millions d'euros[2]. » La famille opta finalement pour rester en France. Pourquoi les recruteurs de Chelsea n'avaient-ils pas été convaincus à l'issue de ce premier essai ? À cause du manque de repli défensif de Kylian. « Défensivement il n'était pas encore au point, affirme Boga[3]. Lorsqu'il était balle au pied il était incroyable. Mais lorsqu'il n'avait pas la balle, il ne travaillait pas beaucoup. »

En décembre 2012, la famille Mbappé fit un déplacement à Madrid pour rencontrer les dirigeants du Real. L'intérêt du club espagnol pour Kylian est né des fréquentes visites à Clairefontaine de Zinedine Zidane, qui à l'époque passait son diplôme d'entraîneur en France tout en étant directeur sportif du club madrilène. L'ancien n° 10 des Bleus avait pu apprécier par

1. Site anglais Goal.com, 13 septembre 2018.
2. *Ibid.*
3. *Ibid.*

lui-même le potentiel du jeune Mbappé. L'invitation a ensuite été formulée par le responsable du recrutement des équipes jeunes, qui avait téléphoné aux parents. À leur arrivée, un chauffeur vint même les réceptionner à l'aéroport. Le premier jour, la famille fut invitée à voir un match du Real contre l'Espanyol Barcelone. La rencontre s'acheva sur un score de 2-2, mais Kylian eut la chance de voir son idole, Cristiano Ronaldo, marquer le premier but madrilène. À l'issue du match, il eut même le privilège de se faire prendre en photo avec le footballeur dont les posters tapissaient sa chambre d'enfant. Le lendemain, Kylian et les siens visitèrent le centre de formation avec Zidane comme guide. Durant les jours suivants, Kylian participa aux entraînements des jeunes du club. S'il rêvait de jouer au Real Madrid depuis son plus jeune âge, rejoindre ce club dès 14 ans impliquait un changement de vie sans doute un peu trop ardu. L'offre madrilène n'aboutit donc pas, sûrement au grand soulagement des instances du football français. « La Fédération voit d'un mauvais œil quand ses pépites partent à l'étranger si tôt, explique le journaliste du *Monde* Rémi Dupré. Cela aurait été un symbole désastreux pour elle. » Quand il rentra de son séjour à Madrid, Kylian mit très peu de ses camarades de Clairefontaine dans la confidence. « Pourquoi Kylian n'en a parlé qu'à peu de personnes ? Parce qu'il ne racontait pas beaucoup de choses », indique son coturne Khamis Digol. Cela n'empêcha pas Kylian de montrer à certains de ses copains les photos qu'il avait prises là-bas avec son iPad, notamment le fameux cliché au côté de Cristiano Ronaldo. « Kylian en parlait de façon très calme, sans avoir la grosse tête », se souvient Arnaud Nordin.

Un autre club était depuis longtemps dans la course pour recruter le jeune prodige : l'AS Monaco. Le club de la Principauté réalisait justement cet été-là des transferts de haute volée pour son équipe première. La perspective d'attirer celui qui était considéré comme la potentielle future star du football français prenait tout son sens. Lorsque Souleymane Camara, le responsable du recrutement monégasque de l'époque, était venu voir un match à Clairefontaine, Kylian avait brillé sur le terrain. Par le passé, des contacts avaient déjà été établis avec sa famille lorsque l'ASM suivait Jirès Kembo. Les discussions ont donc été facilitées. Durant les négociations, les parents de Kylian demandèrent des garanties sur le futur temps de jeu de leur fils. Le 3 juillet 2013, Kylian signa un contrat aspirant de trois ans avec l'ASM.

CHAPITRE 6

UN JEUNE MONÉGASQUE QUI NE PASSE PAS INAPERÇU

Kylian rejoignit donc l'AS Monaco à l'âge de 14 ans au début de l'été 2013. Si l'équipe professionnelle de l'ASM avait évolué en Ligue 2 les deux saisons précédentes, le club avait désormais l'ambition de retrouver un prestige digne de son glorieux passé. En décembre 2011, après la décision de la Principauté d'ouvrir l'actionnariat à un investisseur étranger, le milliardaire russe Dmitri Rybolovlev avait pris le contrôle du club. Dès lors, celui-ci avait recruté de nombreux joueurs susceptibles de faire remonter au plus vite l'équipe en Ligue 1, ce qui sera fait à la fin de la saison 2012-2013. Juste après cette accession, Monaco se donna les moyens de jouer les premiers rôles au sein de l'élite en investissant des sommes très importantes : le club recruta l'espoir colombien James Rodríguez, l'international portugais João Moutinho, le défenseur du Real Madrid Ricardo Carvalho ainsi que les internationaux français Éric Abidal et Jérémy

Toulalan. Mieux : le club s'offrit pour 60 millions d'euros[1] les services de la star colombienne Radamel Falcao, pourtant annoncée dans les meilleures écuries européennes. Si Kylian Mbappé était encore très loin des vedettes de l'équipe première, il n'était pas non plus un joueur lambda au moment de rejoindre le centre de formation. Pour l'occasion, *Le Parisien* lui consacra un article, avec en titre : « Kylian, 14 ans, séduit les plus grands d'Europe. » Sur la photo du journal, un Kylian prépubère brandissait fièrement un maillot monégasque floqué à son nom. L'article énumérait ses états de service : sa formation à l'INF, l'intérêt de clubs comme le PSG ou Manchester City, le stage au Real Madrid qui en aurait fait « l'une de ses priorités ». Déclarant à l'auteur de l'article, le journaliste Gilles Tournoux, qu'il ambitionnait un jour de devenir Ballon d'or, Kylian eut cette phrase : « Mieux vaut viser la lune, comme ça, si tu échoues, tu retombes sur un nuage. Je vais essayer de faire en sorte que l'on n'oublie pas mon nom[2]. »

Le jeune garçon obtint une prime à la signature estimée à 300 000 euros[3]. Il touchait une rémunération similaire à celle de ses camarades du centre de formation, 700 euros par mois[4], mais son sponsoring avec Nike lui offrait des avantages que les autres n'avaient

1. *L'Express*, 28 mai 2013.
2. *Le Parisien*, 16 juillet 2013.
3. « Kylian Mbappé : les secrets d'un surdoué », M6, 20 novembre 2018.
4. *Ibid.*

pas. Sa mère confia un jour à l'un de ses camarades : « Nous n'avons pas besoin d'acheter des vêtements à Kylian car il en reçoit gratuitement par son sponsor. » Kylian n'était pas blasé pour autant. L'agent Bruno Satin l'a croisé à l'époque alors qu'il se rendait au siège de Nike, à Saint-Ouen-l'Aumône. Kylian possédait une carte qui lui permettait de retirer des équipements, avec une dotation annuelle. « Il était tout excité, se souvient l'agent de joueurs. Il était comme un gamin devant un sapin de Noël. »

Lorsqu'il arriva au sein de la structure monégasque, Kylian avait été précédé par sa réputation. Les articles dont il avait fait l'objet dans *L'Équipe* ou *Le Parisien* ne lui permettaient pas de passer incognito. « Nous connaissions déjà son nom, tout le monde savait qu'il avait été reçu au Real Madrid », explique Florian Andreani, gardien de but au centre de formation qui jouera avec Kylian en U19. « Nous savions que des grands clubs étaient sur lui, c'était un peu une future star qui arrivait », confirme Irvin Cardona, joueur de la génération 1997. Malgré ses 14 ans, Kylian fut surclassé en U17. Beaucoup des ados du centre venaient assister aux entraînements pour l'observer balle au pied. « Nous étions pressés de voir comment il jouait, de savoir si tout ce qui se disait sur lui était vrai », atteste Florian Andreani. L'opinion fut assez unanime : le jeune Bondynois avait beau se montrer habile, il ne semblait pas totalement à la hauteur de tout ce qui avait été rapporté à son sujet. « C'est vrai que l'on s'attendait à ce qu'il soit vraiment impressionnant, avance Irvin Cardona. On sentait qu'il avait beaucoup de technique mais lors de ses débuts en catégorie jeunes, il n'était pas forcément au-dessus de nous. » Si la plupart des jeunes footballeurs arrivent inconnus dans les centres de formation, Kylian n'était pas non plus le premier à avoir été annoncé comme une pépite promise à un brillant avenir. D'autres avant lui avaient fait l'objet d'une petite médiatisation dès leur plus jeune âge. La plupart n'ont pas confirmé les espoirs placés en eux, loin de là. Pour Kylian, l'histoire sera différente : quelques mois plus tard, il mettra tout le monde d'accord par ses performances sur le terrain.

Le centre de formation monégasque est basé à La Turbie. Le matin était consacré aux cours et l'après-midi aux entraînements. Une relative bonne ambiance régnait au sein de l'internat : pas de « grosses embrouilles » entre les pensionnaires, seulement des accrochages ponctuels. À l'heure des repas, les plus âgés vannaient souvent les plus jeunes dans une atmosphère chahuteuse mais cela restait bon enfant. Comme n'importe quel nouveau venu auréolé d'un prestige précoce, Kylian faisait l'objet de petites jalousies. Quelques-uns parmi ses camarades pouvaient se montrer peu avenants, mais la plupart préféraient l'interroger sur ce qu'il avait vu lors de son séjour à Madrid ou ce que lui avaient dit Zinedine Zidane et Cristiano Ronaldo. « Il était apprécié par tout le monde, même des surveillants, témoigne Irvin Cardona. Ce n'était pas un garçon qui foutait le bordel. » Kylian trouva vite ses marques. Comme les autres ados, lorsqu'il était à l'internat, Kylian passait l'essentiel de son temps libre à jouer à la PlayStation. Les pensionnaires organisaient souvent des tournois Fifa. Kylian se débrouillait plutôt bien manette en main. Lorsqu'il remportait une partie, il ne manquait pas de le faire savoir à tout le monde. « Quand il gagnait, on l'entendait durant des jours », se rappelle Florian Andreani. Il en est de même pour les petits jeux à cinq contre cinq à l'entraînement : dès que Kylian sortait vainqueur, cela ne passait pas inaperçu. Il pouvait en parler durant tout le reste de la semaine. Comme à l'INF, il chambrait beaucoup. « Il était vraiment très vanneur », confirme son camarade Ibrahima Diallo. « Au début, Kylian était un garçon réservé qui n'envoyait pas beaucoup de vannes, se souvient Irvin Cardona. Une fois qu'il connaissait mieux les gens, il s'est lâché. Il s'est mis à taquiner tout le monde, il n'avait peur de personne. » Kylian se montrait très sûr de lui. Face à ses camarades, il ne faisait pas mystère de ses ambitions : il voulait devenir l'un des meilleurs joueurs et l'affirmait sans ambages. Parfois, il évoquait même sa volonté de gagner la Coupe du monde. Son attitude pouvait parfois agacer les plus âgés du centre, qui acceptaient difficilement qu'un gamin plus jeune qu'eux se montre aussi arrogant.

Pour le suivi scolaire, des professeurs venaient donner des cours aux apprentis footballeurs dans les locaux de l'ASM. Les rapports entre profs et élèves n'étaient pas ceux d'un établissement traditionnel. « Les cours partaient parfois un peu en vrille, explique l'un des anciens du centre. Certains élèves allaient même jusqu'à vanner les enseignants. Nous pouvions le faire avec certains, moins avec d'autres… » « L'école c'était un peu la corvée pour tout le monde, explique Irvin Cardona. Nous avions tous la tête au foot. » Lorsqu'il faisait preuve d'un peu trop d'assurance, les enseignants n'hésitaient pas à remettre Kylian à sa place. Certains lui disaient : « J'en ai vu passer un paquet de jeunes de ton âge qui prétendaient devenir de grands footballeurs mais qui n'ont jamais percé. » Malgré leurs tentatives de le renvoyer sur terre, Kylian persistait dans ses rêves de grandeur. « Il n'y a jamais eu un moment où nous l'avons vu douter », certifie Florian Andreani.

Lorsqu'il était sur un terrain, Kylian n'avait pas perdu son penchant pour les dribbles en solitaire. À l'entraînement, il pouvait provoquer une pointe d'agacements quand il conservait un peu trop le ballon au lieu de faire une passe à un coéquipier démarqué. Était-il un jeune comme les autres aux yeux du club ? « Dans un centre de formation, un joueur important est toujours mis en avant par les coachs ou par l'encadrement, explique Ibrahima Diallo. Le club espérait beaucoup de lui, donc on sentait que les gens ne se comportaient pas de la même façon avec lui. Kylian avait peut-être droit à davantage de liberté que certains.

Il pouvait par exemple se permettre de taquiner un surveillant ou s'amuser un peu plus que d'autres à l'entraînement. Mais ce n'était pas choquant non plus, cela ne provoquait pas de malaise. » À son arrivée à Monaco, Kylian est resté quelque temps à l'internat, puis il est allé s'installer avec ses parents lorsque ceux-ci ont pris un appartement en ville. De fait, cela a entraîné une légère disparité entre lui et ses camarades. Lorsqu'ils n'avaient pas d'entraînements ou d'activités scolaires, les jeunes du centre de formation sortaient souvent ensemble. Ils se rendaient à Nice pour faire les magasins ou aller au cinéma puis rentraient avant le couvre-feu de 19 heures. À de rares occasions, lors de veilles de jours fériés, les adolescents obtenaient même la permission de sortir le soir mais seulement jusqu'à une heure très raisonnable. Kylian ne participait pas à ces sorties collectives. Son temps libre, il le passait plutôt avec ses parents. « Même lors des saisons suivantes, après les matchs, il ne semblait pas très motivé par l'idée de sortir, se souvient le journaliste de *Nice-Matin* Fabien Pigalle, qui a suivi les équipes jeunes de l'ASM. Il était un peu plus jeune que les autres, et à cet âge cela compte. Son rythme de vie, c'était : entraînement, PlayStation et dodo. » Le fait d'avoir ses parents auprès de lui était une différence essentielle. La très grande majorité des jeunes d'un centre de formation ne voient les leurs que lors des vacances. « Nous n'avions pas la vie d'un adolescent normal, confie Ibrahima Diallo. Nous étions éloignés de nos familles, nous avions des responsabilités, nous devions obtenir de bons résultats. Nous ne pouvions pas nous comporter comme des enfants de notre âge, sauf à certains moments de liberté où nous redevenions des gamins. » « Il y a des statistiques qui ont été menées en ce sens : les joueurs qui grandissent dans le football en vivant à moins de vingt kilomètres de leur famille ont un taux de réussite bien plus important, soutient l'agent Bruno Satin. Ce n'est un secret pour personne… » La présence des parents de Kylian à Monaco n'était pas le fruit du hasard. Lorsque celui-ci avait signé à l'ASM, Wilfrid Mbappé s'était octroyé une année sabbatique pour s'installer en Principauté afin de suivre l'évolution de son fils. La saison suivante, la mère et le petit frère de Kylian l'ont rejoint. « Sa mère est venue à Monaco parce que son fils n'était pas bien, affirme un témoin. Il fallait reconstituer une cellule familiale pour les besoins de la carrière de Kylian. » Car si Kylian offrait un visage souriant et chambrait sans cesse ses camarades, il vivait difficilement l'éloignement, et les coups de blues étaient fréquents. Cela ne s'est pas arrangé lorsque les relations avec son entraîneur en U17, Bruno Irles, sont devenues tendues. Auprès des jeunes du centre de formation, le coach avait la réputation d'être « strict » et « très exigeant ». Il avait une idée précise de la manière dont ses équipes devaient jouer et goûtait peu que ses joueurs dérogent aux consignes. Kylian, lui, aimait jouer à l'instinct et prenait de nombreuses libertés balle au pied. « Sur le terrain il y avait parfois des petites piques mais Bruno Irles était comme ça avec tout le monde, explique Irvin Cardona. Il n'avait pas cette attitude seulement avec Kylian, avec moi aussi cela arrivait. » Sous la houlette de Bruno Irles, Kylian était rarement convoqué avec l'équipe pour les matchs du championnat U17, et jouait avec les réservistes en division d'honneur de sa catégorie d'âge. Dans une note interne au club, Bruno Irles nota à son sujet : « très bonne technique générale des deux pieds », « intelligent dans le jeu », « capable de bien jouer avec ses partenaires », « plutôt rapide », « bonne qualité de dribble même s'ils ralentissent parfois son jeu[1] ». Moins glorieux, il écrivit aussi : « pas de jeu de tête », « il ne va pas dans le duel où il se fait systématiquement bouger », « à l'aise devant le but mais n'est pas efficace aujourd'hui par manque d'agressivité offensive[2] ». Mais le coach affirmait surtout : « Beaucoup de difficultés avec l'autorité, les règles et la discipline, gros manque d'humilité (qui plus est à son âge). Il ne se fait pas mal sur un terrain et n'accepte pas les remarques à son égard. L'absence d'objectivité de ses proches et de lui-même le freine dans sa progression[3]. » Bruno Irles appréciait l'humilité chez les joueurs, et ce n'était assurément pas la première qualité de Kylian. À ses copains, celui-ci rappelait que s'il n'avait pas

1. *Ibid.*
2. *Ibid.*
3. *Ibid.*

rejoint le Real Madrid c'était parce qu'il souhaitait avoir du temps de jeu. Il n'avait pas fait mystère qu'il avait choisi Monaco pour jouer en pro le plus vite possible, ce qui semblait bien plus compliqué à Madrid. « Il y a toujours des frictions avec les entraîneurs de jeunes qui veulent leur faire entrer dans la tête certains préceptes de jeu collectif, avance l'agent Bruno Satin. Évidemment que tous les gamins veulent avant tout dribbler et marquer des buts. Mais tous n'ont pas le talent de Kylian Mbappé… » Sollicité pour cet ouvrage, Bruno Irles a fait savoir qu'il ne souhaitait plus s'exprimer sur le sujet. Par le passé, il avait témoigné à propos de son expérience avec Kylian Mbappé : « Lors des premières séances d'entraînement, j'ai perçu de belles qualités chez lui. Il montrait d'emblée un potentiel offensif très intéressant dans sa percussion et son relâchement technique avec le ballon. J'ai aussi vite remarqué des carences dans le domaine défensif, un secteur où il ne s'investissait pas du tout. Mais il n'avait pas encore 15 ans et je comptais sur cette saison pour le faire progresser. Je pensais avoir du temps, c'était sa première année en championnat de France U17[1]. » Et d'ajouter concernant sa sanction de le faire jouer en division d'honneur : « Je m'étais dit que c'était une bonne idée, car cela lui permettait d'avoir du temps de jeu et de se retrouver confronté à un football moins technique mais plus musclé. Je me suis trompé, cela

1. Luca Caioli et Cyril Colot, *Le Petit Prince, Mbappé*, Marabout, 2018.

s'est très mal passé[1]. » En effet : lors d'un match de division d'honneur, alors que Bruno Irles ordonnait à Kylian de défendre, ce dernier lui répondit par un geste de la main pour signifier son exaspération[2]. Wilfrid Mbappé, qui assistait aux séances d'entraînement, avait du mal à accepter le sort réservé à son fils. Entre la famille Mbappé et Bruno Irles, le conflit s'est vite envenimé et les échanges houleux se multiplièrent. Une réunion de conciliation fut organisée avec les dirigeants du club, Bruno Irles et les parents de Kylian. À l'issue des échanges, la direction du club aurait interdit à Bruno Irles de faire jouer Kylian en division d'honneur sans pour autant l'obliger à le faire jouer avec l'équipe première des U17[3]. Cette réunion marqua un clivage très fort sur la question Mbappé entre la direction du club et l'entraîneur des jeunes : « On m'a parlé d'acharnement aux entraînements, j'ai rétorqué qu'un formateur devait être capable de bousculer parfois un joueur quand celui-ci n'appliquait pas les consignes ou qu'il ne faisait pas les efforts pour ses partenaires, soutint Bruno Irles[4]. C'était le cas de Kylian et, comme je n'avais pas le droit de l'envoyer avec les amateurs, il fallait donc que je trouve d'autres moyens de le piquer. Alors oui, parfois je lui faisais des remarques comme "Arrête de jouer ta star" ou "Ici tu n'es pas au

1. *Ibid.*
2. *Ibid.*
3. « L'Équipe Enquête », La Chaîne L'Équipe, 6 novembre 2017.
4. Luca Caioli et Cyril Colot, *Le Petit Prince, Mbappé*, Marabout, 2018.

Real Madrid alors bouge-toi un peu le cul". Mon seul acharnement a été de maintenir mon point de vue et de mettre Kylian sur un pied d'égalité avec les autres joueurs[1]. » Durant la fin de la saison, Kylian préféra s'entraîner seul plutôt que d'obéir aux injonctions de son entraîneur lors des séances[2]. Les tensions montèrent encore d'un cran le 21 avril 2014, alors que les jeunes Monégasques participaient à un tournoi en Vendée. Au cours d'un match des U17 face à leurs homologues de Bordeaux, Bruno Irles aurait recadré Kylian sur un déplacement et celui-ci lui aurait répondu par un geste que son coach a interprété comme signifiant : « Va te faire voir[3]. » L'entraîneur le sortit immédiatement. Peu après, Bruno Irles et l'oncle de Kylian, Pierre Mbappé, manquèrent de peu d'en venir aux mains[4]. Le coach avertit la direction du club qu'il excluait Kylian du groupe jusqu'à nouvel ordre. Celui-ci s'entraîna par la suite avec les U19. À la fin de la saison, Bruno Irles fut envoyé par ses dirigeants dans le club partenaire d'Arles-Avignon. Au sein des jeunes du centre de formation, la rumeur courut que le coach serait parti en raison du problème avec Kylian Mbappé, mais nul n'en avait la preuve. « Nous savions que Kylian pesait plus lourd que les autres et que le club misait davantage sur lui, explique son camarade Ibrahima Diallo. Mais

1. Ibid.
2. « L'Équipe Enquête », La Chaîne L'Équipe, 6 novembre 2017.
3. Luca Caioli et Cyril Colot, *Le Petit Prince, Mbappé*, Marabout, 2018.
4. « L'Équipe Enquête », La Chaîne L'Équipe, 6 novembre 2017.

dans son comportement quotidien, il était un jeune comme tout le monde. Il était intégré dans le groupe. »

Lors de la saison 2014-2015, Mbappé retrouva les U17, désormais entraînés par Manuel Dos Santos. Évoluant de nouveau avec l'équipe première de cette catégorie d'âge, il entama le championnat avec succès. Le 31 août, il marqua un doublé face à Nice et fut de nouveau buteur lors de la journée suivante contre Sète. Il fut vite surclassé en U19 où il se montra aussi efficace : en septembre, il marqua contre l'AS Furiani-Agliani. Il fera des allers-retours entre les U17 et les U19 tout au long de la saison, faisant trembler les filets aussi bien avec les uns qu'avec les autres. Les U17 de Monaco terminèrent leur championnat avec la meilleure attaque. Les parents de Kylian assistaient à tous ses matchs mais aussi à la plupart de ses entraînements. Lorsque l'équipe remportait une victoire, Wilfrid et Fayza Mbappé félicitaient tous les joueurs, pas seulement leur fils. « Kylian était très encadré, relate Irvin Cardona. Ses parents le remettaient souvent en place lorsqu'il faisait un mauvais match. Avoir des parents qui savent ce qu'est le sport de haut niveau est très important pour un joueur, c'est même essentiel. Des parents qui ne comprennent pas grand-chose au foot diront toujours à leur fils : “Tu es le meilleur, tu es le plus beau…” Ceux qui connaissent le sujet lui diront : “Non, ce n'est pas bien, tu as fait ci ou tu as fait ça.” Chez les jeunes du centre, il n'y avait pas beaucoup de parents qui connaissaient bien le foot.

J'ai eu la chance que ce soit le cas pour moi avec mon père. » « Nous avions surtout l'habitude de voir les pères des jeunes du centre, mais pour Kylian c'était davantage sa mère qui était présente », se souvient Ibrahima Diallo. « Les parents de Kylian étaient très conscients du niveau exceptionnel de leur fils », avance le journaliste Fabien Pigalle.

CHAPITRE 7

L'ENVOL

Dès le début de la saison suivante, celle de 2015-2016, Kylian ne redescendit plus du groupe des U19. Malgré son talent, il n'en demeurait pas moins « le petit » pour nombre de ses coéquipiers. Pour le bizuter, c'est lui que l'on envoyait chercher les sacs à ballons. Il ne s'en ouvrit qu'à sa famille, mais il n'était pas toujours facile pour lui de cohabiter avec des garçons de deux ans de plus à un âge où cela comptait encore. Cela ne l'empêchait pas d'être relativement bien intégré et nul ne remettait en cause son apport sur le terrain. Lors des quatre premières journées de leur championnat contre Toulouse, Arles-Avignon, Bastia et Ajaccio, il marqua un doublé à chaque match. Avec son partenaire en attaque, Irvin Cardona, ils formaient un duo offensif de premier ordre. « Lorsque nous jouions ensemble Kylian et moi, on se complétait parfaitement, témoigne Irvin. Nous avons créé des liens très rapidement et on se cherchait beaucoup sur le terrain. Ce qui faisait notre force, c'est que je savais ce qu'il allait faire lorsqu'il avait le ballon et *vice versa.* » Six week-ends de suite, jusqu'à fin septembre, l'équipe remporta tous ses matchs, parfois sur des scores fleuves. Durant cette saison, non seulement Kylian enchaînait les buts, mais il assurait aussi des passes décisives. Il n'avait pas encore 17 ans mais son niveau semblait bien supérieur à celui du reste de l'effectif. « Il allait plus vite que tout le monde, se souvient le journaliste de *Nice-Matin* Fabien Pigalle. Il possédait des capacités d'appels de balle, de course et de vitesse pure surprenantes. Il paraissait encore assez gringalet mais il était quand même le meilleur. » « C'est à cette saison-là qu'il a montré qu'il était au-dessus », considère son coéquipier Irvin Cardona. Kylian n'en avait pas pour autant abandonné sa conception personnelle du football. Lors des entraînements, il se montrait toujours très dribbleur, donnant l'impression de chercher davantage à prendre du plaisir balle au pied plus qu'à ne penser qu'à marquer. « C'est seulement une fois qu'il commencera à jouer avec les pros qu'il semblera se dire qu'il devait avoir des statistiques », estime Ibrahima Diallo. « Durant cette période, l'équipe première de l'ASM manquait un peu de buteurs, explique le journaliste Fabien Pigalle. J'ai glissé dans un article qu'avec les U19, Mbappé avait des stats intéressantes : 10 buts en 7 matchs. » En octobre, Kylian fut appelé en CFA, le championnat équivalent de la quatrième division dans laquelle évolue l'équipe réserve du groupe pro monégasque. D'abord comme remplaçant, puis comme titulaire. Il marqua lors de deux matchs consécutifs, contre Pau et Mont-de-Marsan. Au total, Kylian jouera cinq matchs avec la réserve. « Mbappé n'a finalement que très peu joué avec la CFA, précise le journaliste Fabien Pigalle. Très vite, tout le monde a vu à l'entraînement qu'il faisait des choses que les autres ne faisaient pas et qu'il n'était pas fait pour la réserve. » En novembre, lors de la trêve internationale, de nombreux joueurs de l'équipe première de l'ASM rejoignirent leur sélection respective. L'entraîneur, Leonardo Jardim, ne disposait alors que d'un effectif réduit. C'est durant cette période que Kylian fut pour la première fois convié à participer aux entraînements des pros. Certains au sein du club estimaient que sa place était désormais avec l'équipe professionnelle, mais Jardim ne semblait pas tout à fait convaincu sur ce point. Celui-ci n'avait d'ailleurs pas été prévenu de la présence de Kylian au sein de son groupe. « Il n'était pas prévu que je m'entraîne avec les pros, mais il manquait finalement un joueur et je suis monté avec eux, expliquera Mbappé. À la fin de la première séance, le coach est venu me voir et m'a demandé si j'étais un nouveau. Je lui ai répondu que j'étais là depuis trois ans. Il m'a dit de revenir le lendemain et m'a demandé les coordonnées de mon père[1]. » Quant aux autres joueurs de l'effectif pro, ils n'étaient pas non plus au fait de qui pouvait bien être ce gamin

1. *L'Équipe*, 26 mars 2016.

qui s'entraînait avec eux. « Au début, les joueurs me demandaient si j'étais à l'essai, dira Kylian. Quand je leur ai dit que j'avais 16 ans, ils étaient un peu choqués. Ils pensaient que j'en avais trois de plus[1]. » Le 29 novembre, le coach décida tout de même d'emmener Mbappé avec son groupe à Marseille pour le match contre l'OM, mais le jeune attaquant assista à la rencontre depuis les tribunes du Vélodrome. Le 2 décembre, Kylian figurait sur la feuille de match pour la rencontre de la quatorzième journée de Ligue 1 Caen-Monaco. Il entra en jeu à la 88e minute pour remplacer Fábio Coentrão. La rencontre s'acheva sur un score de 1-1. Avec seulement quelques minutes de présence sur le terrain, il serait très exagéré de prétendre qu'il marqua les esprits. Il n'en demeure pas moins qu'à 16 ans et 11 mois, il devint ce soir-là le plus jeune footballeur à avoir joué un match professionnel avec l'ASM. À partir de ce jour, il effectuera des allers-retours entre le groupe professionnel et celui des jeunes. Au sein des U19, il avait désormais changé de statut et il le savait. Quelques-uns de ses coéquipiers ne manquèrent pas de trouver que l'assurance qu'il affichait frisait la prétention, mais la plupart estimaient qu'il avait seulement conservé le même caractère ambitieux qu'auparavant. « Penser que l'on est plus fort que les autres, si on le montre sur le terrain et qu'on l'assume, c'est davantage de la confiance en soi que de la

1. *Ibid.*

prétention, tranche Ibrahima Diallo. Dans son esprit, Kylian considérait qu'il était le meilleur, il ne se voyait inférieur à personne. » Sa relation avec les autres jeunes était la même qu'auparavant : à l'entraînement, il les chambrait et se laissait chambrer en retour. Mais Kylian se montrait plus exigeant envers lui-même : quand il ratait une frappe, il s'en voulait. Lorsque d'autres en manquaient sur un geste similaire, cela leur semblait moins grave. Kylian avait le sentiment de stagner quand il retournait avec les jeunes. Il voulait évoluer avec les pros, seulement avec les pros. Le 10 décembre, il joua pour la première fois en Coupe d'Europe lors du dernier match de poule de la Ligue Europa face à Tottenham. Entré à la 55e minute, il passa presque une mi-temps sur le terrain mais ne put éviter la lourde défaite de son équipe 4-1. Il fut quand même l'auteur de la passe décisive sur le seul but monégasque. Des journalistes commencèrent à s'intéresser au jeune prodige mais la direction du club refusait pour l'instant les demandes d'interviews. En championnat, Mbappé marqua son premier but contre Troyes le 20 février. Une dizaine de minutes après être entré sur le terrain, en remplacement du Brésilien Vágner Love, dans les arrêts de jeu, il reprit du pied gauche un centre de Hélder Costa avant de trouver le chemin du but. Félicité par tous ses partenaires, Kylian leva les bras et courut sur le terrain mais sa joie apparut mesurée. Le speaker cria son nom au micro mais le Stade Louis-II à moitié vide ne le scanda pas. Kylian devint cette fois le plus jeune buteur de l'histoire de l'AS Monaco, un record détenu jusqu'alors par Thierry Henry depuis avril 1995. « Thierry Henry a marqué l'histoire de son empreinte. Moi, je n'ai mis qu'un but, je n'ai encore rien fait, affirma-t-il. Donc je ne pense pas que ce soit le bon moment pour nous comparer. De toute façon, chacun écrit sa propre histoire. Lui l'a bien écrite. J'espère le faire moi aussi[1]. » Une telle prudence dans son propos ne relevait pas seulement des éléments de langage. Si Kylian Mbappé était alors un jeune joueur à très fort potentiel, il était loin d'être le premier dans ce cas. À 15 ans et 10 mois, lorsqu'il joua son premier match officiel avec Saint-Étienne, Laurent Paganelli fut en son temps un petit prince promis au plus haut trône du football, mais il devra pourtant bien davantage sa renommée à son rôle d'intervieweur pour Canal+ qu'à ses exploits sur le terrain. Laurent Roussey, lui, fut le plus jeune footballeur à marquer en Ligue 1, à 16 ans, 3 mois et 26 jours, le 21 avril 1978, mais des problèmes physiques à répétition l'empêchèrent de poursuivre sa carrière au plus haut niveau. « Mon record ? Il tient toujours, oui, je l'apprends par la presse, affirme l'intéressé quand il est interrogé sur le sujet. Mais j'aurais préféré être moins précoce et jouer quinze ans en pro[2]. » Le 28 février, en championnat contre Nantes, Mbappé fut titulaire pour la première fois avec l'équipe

1. *Le Monde*, 5 mai 2016.
2. *France Football*, 10 décembre 2015.

monégasque, placé sur l'aile droite de l'attaque. Le match s'achèvera sur un score de 0-0 et ne restera pas dans les annales. Mais pour ceux qui ont assisté à la rencontre, quelque chose frappa d'emblée les esprits : balle au pied, Kylian courait vite. Très vite.

Au sein de l'ASM, le cas Mbappé était devenu sujet de préoccupation. L'échéance de son contrat d'aspirant approchait : si Kylian ne signait pas un contrat professionnel avec Monaco, il se retrouverait libre de rejoindre le club de son choix à la fin de la saison. « L'enjeu des négociations était à tout prix de ne pas perdre cette pépite, expose le journaliste Fabien Pigalle. À ce moment-là, il pouvait s'engager avec n'importe quel club gratuitement. » Plusieurs écuries européennes qui avaient suivi ses performances avec les U19 étaient déjà sur les rangs. Les médias citaient les noms de Liverpool, du Bayern de Munich, du Real Madrid, de Manchester United et du Paris Saint-Germain. L'entraîneur d'Arsenal, Arsène Wenger, qui en aurait fait l'une de ses priorités, aurait lui-même fait le déplacement pour rencontrer les parents de Kylian afin de les convaincre de l'intérêt de leur fils à rejoindre le club londonien[1]. Des discussions étaient menées en parallèle avec le PSG, par l'intermédiaire d'Olivier Létang, le directeur sportif du club de la capitale. Ces contacts étaient d'autant pris au sérieux que les discussions se révélaient tendues entre la famille de Kylian et le club

1. « L'Équipe Enquête », La Chaîne L'Équipe, 6 novembre 2017.

monégasque. « Ses parents avaient tellement conscience du talent de leur fils et étaient tellement tournés vers ses objectifs qu'ils ont été très patients, analyse le journaliste Fabien Pigalle. Cet élément donnait du fil à retordre aux dirigeants de l'ASM. Ses parents savaient que de toute façon leur fils allait réussir et comme le temps jouait pour eux, ils s'en servaient magnifiquement bien. Ils ne paniquaient pas sous la pression, ils étaient plutôt du genre à dicter le tempo. » Une fois la piste Arsenal écartée, seuls restaient en lice Paris et Monaco. Un élément joua cependant en défaveur du club de la capitale : le clan Mbappé semblait convaincu que Kylian ne bénéficierait que d'un faible temps de jeu avec l'équipe première s'il rejoignait le PSG. Plus que l'aspect financier, c'est cette question qui fit pencher la balance du côté de l'ASM. Pour enfoncer le clou, Luis Campos, le directeur technique de Monaco qui gérait les négociations pour le club de la Principauté, plaida auprès de la mère de Kylian que, en raison de son jeune âge, son fils n'avait pas encore le statut pour s'imposer dans un vestiaire comme celui du PSG où pullulaient les stars internationales aux ego boursouflés. Si l'effectif de Monaco comptait quelques noms ronflants, la plupart des joueurs de l'équipe étaient des espoirs auprès desquels il lui serait plus facile d'évoluer. L'argument, qui sera répété à Wilfrid Mbappé, aurait eu du poids dans la décision de prolonger l'expérience monégasque. Le 6 mars 2016, à l'âge de 17 ans, Kylian signa son premier contrat professionnel avec l'AS Monaco. Celui-ci comprendrait une prime à la signature de 3 millions d'euros, un salaire évolutif fixé à 85 000 euros par mois lors de la première année, 100 000 euros mensuels la deuxième et 120 000 la troisième[1].

Si Kylian s'était toujours montré très sûr de lui depuis qu'il était arrivé à Monaco, passer chez les professionnels ne l'a pas transformé pour autant. Il était le même qu'avant : convaincu d'avoir un grand avenir mais pas plus arrogant qu'il ne l'était déjà. À ses yeux, son évolution suivait son cours normal, rien de plus. Habituellement, jusqu'à leur majorité, les joueurs du centre de formation séjournaient à l'internat puis partaient s'installer en appartement. Quelque chose surprendra ses anciens camarades du centre : avoir signé en pro n'empêchait pas Kylian de revenir pour de courtes périodes à l'internat, alors qu'il avait désormais largement les moyens de s'offrir un logement. Lorsque l'un de ses copains du centre lui en demanda la raison, Kylian répondit : « À l'internat j'ai tout ce dont j'ai besoin : j'ai Internet, je peux jouer à la Play, on me fournit les repas et je peux être tranquille ! Je n'ai pas besoin de plus… » En mars, lors du match de championnat à fort enjeu contre le PSG, Mbappé fut de nouveau titulaire, participant à la victoire des siens 2-0. Outre sa présence au sein du groupe pro, Kylian n'avait pas totalement abandonné ses coéquipiers des U19 : il

1. *Ibid.*

fut l'une des pièces maîtresses de l'équipe des jeunes monégasques dans le parcours en Coupe Gambardella et participa même à quelques rencontres en Youth League. « La première fois que je l'ai interviewé, c'était à l'occasion de la Gambardella, se rappelle le journaliste de *Nice-Matin* Fabien Pigalle. Il était ravi de vivre cette aventure avec ses potes de sa génération qu'il avait dû quitter parce qu'il grandissait plus vite que les autres. » « Il était revenu avec nous pour nous faire gagner, ça c'est sûr », glisse Ibrahima Diallo. Lorsqu'il abandonna provisoirement l'équipe première pour revenir dans le groupe des U19 à l'occasion de la demi-finale de Gambardella contre Brest, le 24 avril, Kylian sembla pourtant avoir un peu de mal à retrouver ses marques. Ce sera de courte durée : il marqua le premier but à la 43e minute, son comparse Irvin Cardona se chargeant de doubler la mise durant la seconde mi-temps. Les jeunes Monégasques se qualifièrent ainsi pour la finale, contre Lens, le 21 mai au Stade de France. La rencontre de Gambardella était organisée en ouverture de la finale de la Coupe de France des pros, dont l'affiche prestigieuse opposait cette année-là l'OM et le PSG. Les spectateurs n'étaient pas venus en masse pour les U19 ? Qu'importe, pour Kylian et les siens, il s'agissait de l'un des matchs les plus importants de leur début de carrière. Dans le vestiaire, Kylian répétait en boucle : « On va gagner et je vais marquer ! » Il faisait mine de rigoler en le disant mais tout le monde savait qu'il le pensait vraiment. Kylian était-il impressionné de jouer pour la première fois au Stade de France ? En tout cas, il n'en montrait rien. Moment cocasse : juste avant la rencontre, le journaliste de France Télévisions Daniel Lauclair l'interviewa en direct en étant convaincu qu'il s'adressait au joueur de Lens Taylor Moore. Alors qu'en régie Lauclair était averti qu'il s'agissait de Kylian Mbappé, ce dernier sourit de la bévue. Malgré la correction sur le nom, et le fait que Kylian portait un maillot rouge et blanc, le journaliste poursuivit sa méprise en continuant de le prendre pour un jeune Lensois. Lorsque Lauclair lui lança : « C'est le moment de montrer que cette formation lensoise est très forte », Kylian se contenta de le corriger en répétant « formation monégasque » avant de répondre très à l'aise : « C'est un honneur pour nous d'être ici et nous allons tout faire pour apporter la victoire finale. » Sa prédiction se réalisera : il marqua un doublé et offrira une passe décisive à Irvin Cardona. « La passe que Kylian me fait sur mon but restera mon meilleur souvenir avec lui », confie Irvin. Le match s'acheva sur le score de 3-0. Au coup de sifflet final, ce fut une intense joie collective qui s'empara du groupe monégasque. « Tout le parcours de cette compétition a été magique, s'enthousiasme Irvin Cardona. Nous avions une équipe très soudée et nous connaissions nos forces. » Les joueurs et l'encadrement célébrèrent leur victoire dans un établissement parisien sans prétention. Kylian, lui, dîna avec ses parents, puis rejoignit ses coéquipiers au restaurant. « Ça dragouillait un peu dans le coin bar, se souvient un témoin.

Kylian était très à l'aise et assez espiègle dans sa manière d'aborder les filles. Pas un gros dragueur mais un petit malicieux. À l'époque, les gens en dehors du foot ne savaient pas qui il était... » « Après le dîner nous avons bu un verre dans l'établissement, il y avait un peu de musique, mais c'était très soft, indique Irvin Cardona. Je n'ai pas souvenir qu'il y avait beaucoup de filles... » Les joueurs rentrèrent à l'hôtel à une heure raisonnable car ils avaient un train le lendemain matin pour regagner Monaco. « J'ai félicité Kylian sur Twitter lorsqu'il a remporté la Gambardella, se souvient Clara Noiran qu'il avait connue à Clairefontaine. Il m'a répondu : "T'inquiète, ce n'est que le début." Il était très sûr de lui mais pas comme quelqu'un qui aurait attrapé la grosse tête. Il donnait seulement le sentiment qu'il savait où il voulait aller. »

En parallèle de ses prestations sous le maillot monégasque avec les pros ou les U19, Kylian Mbappé a aussi connu ses débuts d'internationaux en équipe jeunes. En septembre 2014, il avait été sélectionné pour la première fois en équipe de France des moins de 17 ans. Kylian était loin d'être dans les petits papiers de Jean-Claude Giuntini, le sélectionneur de cette catégorie d'âge, qui à l'époque n'aurait apprécié ni son rapport au jeu, ni son comportement. Il lui reprochait une implication beaucoup trop intermittente et une attitude individualiste[1]. En mai 2015, Kylian n'avait

1. *Ibid.*

d'ailleurs pas été sélectionné pour le championnat d'Europe des U17, remporté par l'équipe de France. « Je l'ai appelé deux fois en U17 et c'était trop tôt, il fallait le préserver, il n'avait pas tous les atouts, pas le potentiel physique pour enchaîner les matchs au niveau international[1] », plaidera plus tard Jean-Claude Giuntini. Kylian Mbappé n'a pas non plus été sélectionné avec les U18 l'année suivante. En mars 2016, il sera finalement surclassé en U19 par le sélectionneur de cette catégorie d'âge, Ludovic Batelli. Ce dernier lui passa un coup de téléphone pour lui demander s'il était intéressé, Kylian répondit : « J'arrive tout de suite en courant si vous m'appelez[2]. » Il s'intégra très facilement dans ce groupe de garçons, qui évoluaient ensemble depuis trois ans. « Kylian est un vrai compétiteur, il était là pour gagner », confie son coéquipier chez les Bleus U19 Florian Ayé qu'il connaissait depuis Clairefontaine. Mbappé joua son premier match avec la sélection de Ludovic Batelli le 23 mars, contre le Monténégro dans le cadre du tournoi Tour Elite. La rencontre s'acheva par une victoire des Français sur un score de 1-0. Le lendemain, contre le Danemark, Kylian marqua son premier but en Bleu, participant ainsi à la victoire 4-0. Deux jours plus tard, contre la Serbie, Kylian marqua l'unique but tricolore, offrant la victoire à son équipe et par la même occasion une

1. *20 Minutes*, 15 mars 2017.
2. « Kylian Mbappé : les secrets d'un surdoué », M6, 20 novembre 2018.

qualification pour l'Euro l'été suivant. Du 11 au 24 juillet, les U19 français se retrouvèrent ainsi en Allemagne pour disputer la compétition que leurs aînés de l'équipe de France A avaient perdue en finale contre le Portugal deux semaines plus tôt. Lorsqu'un journaliste demanda à Kylian ce qu'il ressentait pour cette première participation à une compétition internationale, il répondit : « C'est une fierté. On est toujours fier de représenter son pays. J'ai envie d'apporter le maximum. Je pars du principe que ce n'est qu'un début, mais c'est vrai que j'ai toujours souhaité porter ce maillot, c'est quelque chose que je voulais depuis tout petit. Ça me plaît, c'est ma passion. Mais je sais que pour progresser, tout passera par le travail[1]. » En phase de poule, les Bleuets perdirent d'abord contre l'Angleterre (1-2), puis le remportèrent contre la Croatie (2-0) avec un but de Mbappé, avant d'écraser les Pays-Bas (5-1) avec deux nouveaux buts du jeune Monégasque. Sur ce dernier match de poule, malgré son doublé, Kylian n'était pourtant pas le joueur le plus en vue : son coéquipier Jean-Kévin Augustin avait inscrit un triplé ! En demi-finales, la France punit le Portugal 3-1, avec un nouveau doublé et une passe décisive de Mbappé. « Kylian était vraiment super fort, s'enthousiasme son coéquipier Florian Ayé. Il avait une facilité impressionnante. Il était énorme ! » Après l'un de ses buts contre le Portugal, Kylian reprit la célébration

1. *France Football*, 12 juillet 2016.

avec laquelle Cristiano Ronaldo ponctuait chacun des siens, poussant un cri en levant les avant-bras. En finale, la France remporta la victoire 4-0 contre l'Italie. Cette fois, Kylian ne marqua pas mais réalisa tout de même un grand match, avec notamment un coup du sombrero qui marqua les esprits. Le Parisien Jean-Kévin Augustin termina meilleur buteur de l'équipe lors de la compétition avec six buts, seulement un de plus que Kylian. « L'image que je retiendrai ? La domination que nous avions affichée face à l'Italie et la confiance que nous avions en nous tout au long de la compétition, estime Florian Ayé. Et puis surtout la joie au coup de sifflet final. C'était magnifique ! » Contrairement à ses coéquipiers, Kylian n'exulta pas sur la pelouse. « Toute ma joie, je l'ai intériorisée, expliquera-t-il. Au fond, j'étais heureux, mais j'estimais que ce n'était pas la peine de le crier sur tous les toits. En plus, dans ces moments-là, il faut savoir respecter l'adversaire[1]. » Le soir de la victoire finale, tous ses coéquipiers voulaient sortir pour fêter l'événement. Kylian, lui, préféra rentrer à l'hôtel pour récupérer physiquement. Bien qu'âgé de deux ans de moins que la plupart des joueurs du groupe, il faisait preuve d'une grande maturité dans sa gestion de la récupération. Il possédait déjà une vision précise du travail à accomplir pour continuer à progresser. Au cours de la compétition, alors qu'il était interviewé par des journalistes de

1. Planete-ASM, 27 juillet 2016.

La Chaîne L'Équipe, il fit ce commentaire : « Nous, les dribbleurs, nous avons tous joué perso quand nous étions plus jeunes. C'est de cette façon que l'on perfectionne ses dribbles. À l'entraînement des jeunes à l'AS Monaco, certains disaient de moi : "C'est qui celui-là ? Il ne fait jamais de passe..." Mais c'est juste que je travaillais mes dribbles[1]. » Sur le marché des transferts, Kylian recommençait à attirer les convoitises. Manchester City aurait proposé 40 millions d'euros[2] à Monaco pour le recruter mais la perspective de partir à l'étranger n'était pas d'actualité. Juste après l'Euro, Kylian rejoignit l'effectif monégasque sans prendre les vacances auxquelles il avait droit. « Le football est un sport très compliqué parce qu'il y a beaucoup d'étapes à franchir avant d'arriver à la finalité, affirmera-t-il. Ce que je regrette c'est que de nos jours on ne nous montre que la finalité des joueurs, lorsqu'ils arrivent au bout, mais on ne nous montre pas vraiment tout ce qu'ils ont dû faire avant d'y arriver, ce par quoi il faut passer[3]. »

1. « L'Équipe Enquête », La Chaîne L'Équipe, 6 novembre 2017.
2. *L'Équipe*, 31 août 2016.
3. Bondy Blog, 17 octobre 2018.

CHAPITRE 8

L'ASCENSION

Si Mbappé était un footballeur qui aiguisait les curiosités, Kylian n'en restait pas moins un jeune garçon de 17 ans. Ses parents restaient très protecteurs envers lui : il sortait très peu, se couchait tôt et adoptait une alimentation saine. En septembre 2016, il décrocha son baccalauréat STMG (sciences et technologies du management et de la gestion), au rattrapage avec 19 points de retard. Sujet de philo : « Pouvons-nous toujours justifier nos croyances ? » Obtenir ce diplôme ne fut pas une formalité pour Kylian : il n'avait jamais été un acharné du travail scolaire et avec sa montée en puissance de la saison précédente, le football était plus que jamais son unique obsession. Il était tellement convaincu de réussir sa carrière sportive que le bac était loin de ses priorités. Ses parents ont tout de même souhaité qu'il aille jusqu'au bout et ses professeurs du centre de formation n'ont cessé de le pousser à travailler pour l'examen. Malgré tout, Kylian a révisé ses matières. « J'avais besoin de ce diplôme pour mes projets d'après-carrière, dont celui de devenir entraîneur, expliquera-t-il. Mon père et mon oncle m'ont montré la voie à suivre et ce métier m'a toujours fasciné. Je suis un amoureux du terrain et j'aimerais ne jamais le quitter[1]. » Si le bac STMG pourrait paraître comme un examen « sur mesure » pour des élèves d'un centre de formation, combien de jeunes footballeurs dont la carrière commençait sur de bons rails ont-ils été jusqu'au bout ?

Cette saison, Kylian débuta comme un élément à part entière du groupe professionnel de l'ASM. Il cohabitait au quotidien avec des pointures comme Radamel Falcao, Fabinho, Kamil Glik ou Bernardo Silva. L'effectif avait une moyenne d'âge assez jeune, mais comptait aussi des vieux briscards comme Andrea Raggi ou Danijel Subašić. Si Kylian s'entendait bien avec certains joueurs confirmés, comme Benjamin Mendy qui le surnommera « Razmoket » en référence au dessin animé, il retrouva dans le groupe Irvin Cardona, son complice en attaque chez les U19. « La Gambardella a été un tournant, explique Irvin. Kylian avait déjà signé pro et moi j'ai signé une semaine après la finale. On s'est donc retrouvé ensemble. » Les deux garçons n'avaient cependant plus du tout le même statut qu'au sein de leur ancienne équipe. « Cela aurait été bien pour nous que nous redevenions le même

1. *Le Parisien*, 7 janvier 2017.

duo d'attaque que chez les jeunes, mais en face il y avait des attaquants stars comme Falcao, alors nous savions que ce serait très compliqué », admet Irvin. Compliqué ou pas, la saison débuta sous de bons augures pour Kylian. Le 12 août, pour la première journée de championnat face à Guingamp, il fut aligné comme titulaire à la pointe de l'attaque. Durant le match, il avait beau être à bloc sur toutes les actions, Guingamp menait au score. Quelques minutes avant la mi-temps, Kylian fut victime d'un choc avec le défenseur breton Christophe Kerbrat, l'enfant du pays. Les têtes des deux joueurs entrèrent en collision alors qu'ils tentaient de prendre le ballon en extension. Blessé, Kylian dut quitter le terrain. Il fut emmené à l'hôpital, où il passera une nuit en observation. Diagnostic : commotion cérébrale. Contraint de rester éloigné des terrains plusieurs semaines, il vécut difficilement la situation. Sans lui, l'équipe monégasque faisait carton plein : 3-1 contre le PSG, 4-1 contre Lille, 3-0 contre Rennes… À son retour après son rétablissement, les choses ne se passèrent pas comme il l'avait imaginé. Lors des journées de championnat suivantes, il ne figurait pas sur la feuille de match. Officiellement, le coach Leonardo Jardim ne voulait pas précipiter son retour dans la compétition pour ne prendre aucun risque. Kylian fit son retour sur un terrain le 10 septembre, mais seulement en CFA. Pour le match suivant, il s'attendait à reprendre avec l'équipe première lors de son match de la Ligue des champions contre Tottenham. Le jour de la rencontre, il n'était pas sur la feuille de match. Il le vécut comme une humiliation. Lors des journées de championnat qui suivirent, il réintégra le groupe pro mais seulement comme remplaçant. L'équipe de l'ASM était en pleine réussite, elle n'avait pas besoin de faire appel à un espoir, les joueurs confirmés assuraient le boulot. Kylian ne joua pas contre Nice ni contre Angers. Il resta assis sur le banc jusqu'au coup de sifflet final en ravalant sa frustration. Le coach le fera rentrer une dizaine de minutes contre le Bayer Leverkusen en Ligue des champions, puis une dizaine d'autres contre Metz en championnat. Ne jouant presque pas avec l'équipe première jusqu'à la fin octobre, il fut parfois mis au service de la réserve. « Le faire signer pro avait été très compliqué, rappelle le journaliste Fabien Pigalle. Juste après, on a eu l'impression que le coach le lui faisait un peu payer. » Kylian vivait cette forme de mise à l'écart comme une profonde injustice. Lorsqu'il avait appris qu'il ne serait pas du match contre Tottenham, il n'avait pu retenir ses larmes. Un mois plus tard, Wilfrid Mbappé donna une interview à *L'Équipe* pour se plaindre du traitement réservé à son fils : « Sans être prétentieux, on ne comprend pas la gestion illisible de Kylian, au regard des promesses de la direction qui étaient tout simplement de le faire jouer, d'entrer dans la rotation. Sinon, il ne serait pas resté. Il devait faire partie d'un projet et, aujourd'hui, on est loin de ce qui avait été annoncé. Même s'il a accompli un super Euro, on ne s'attendait pas à ce qu'il devienne titulaire, on n'est pas bêtes ! Mais on n'imaginait pas qu'il devienne le sixième attaquant. Si c'était pour ça, autant aller de suite dans un gros club[1]. » Et d'ajouter : « La situation ne rend pas Kylian heureux. Certains diront qu'il n'a que 17 ans, qu'il faut se calmer, mais ce n'est pas de l'impatience, car le club lui-même a dit qu'il allait jouer. Comme il en a besoin à son âge, il y aura une vraie réflexion à mener au mercato d'hiver[2]. » Cette menace par voie de presse était limpide : soit Kylian jouait, soit il fera valoir ses velléités de départ. « En gros il leur a dit : “Votre poule aux œufs d'or va aller voir ailleurs”, résume un journaliste. L'un des traits de la famille Mbappé est de savoir où sont ses intérêts et de mettre la pression en ce sens. » Si Wilfrid Mbappé a tapé ainsi du poing sur la table, c'est que son fils souffrait de plus en plus de la situation. Le lendemain de cette déclaration, l'ASM rencontrait Toulouse en championnat. Kylian était sur le banc et Jardim ne le fera pas rentrer de toute la rencontre. Monaco s'inclinera 1-3. Quelques jours plus tard, Mbappé est envoyé en CFA pour une rencontre face au Pontet. Kylian marqua deux buts et offrit la victoire 3-1 à la réserve. Une semaine plus tard, il rejoua enfin comme titulaire avec l'équipe première face à Montpellier. Au cours de la rencontre,

1. *L'Équipe*, 13 octobre 2016.
2. *Ibid.*

il obtint un penalty, marqua un but et délivra une passe décisive. Un retour gagnant, comme on dit… Après le match, il déclara à la presse : « Tant que je suis sur le terrain, tout va bien. Aujourd'hui, [le coach] m'a donné ma chance. Je pense l'avoir bien saisie. Quand je ne joue pas, c'est frustrant parce que je suis un compétiteur. Mais il ne faut pas oublier que je suis dans une grande équipe, avec de grands joueurs qui ont beaucoup d'expérience au haut niveau. Moi, je suis là pour apprendre. C'est vrai que je veux toujours jouer. Mais il faut savoir aussi être lucide parfois[1]. » À partir de ce jour, Mbappé restera un élément permanent du groupe pro, sans pour autant être titulaire à chaque rencontre. « Un joueur peut dire à peu près ce qu'il veut dès lors qu'il claque deux buts durant le week-end, estime le journaliste Fabien Pigalle. C'est la règle de base du foot. D'autres peuvent lancer des piques par voie médiatique sauf qu'ils ne parviennent pas à faire basculer un match quand ils entrent en jeu. C'est ce qui différencie Kylian : il ne peut pas être pris en défaut. » Après la sortie de son père dans la presse, un joueur normal aurait pu trébucher sous la pression. Malgré la période qu'il venait de traverser, Mbappé n'avait pas été un seul instant handicapé par le doute. « Il y a toujours des situations où un jeune joueur touche le poteau en ratant de peu le but qui aurait compté plus que d'autres, poursuit Fabien Pigalle.

1. Planete-ASM, 22 octobre 2016.

Mbappé, lui, validait toutes les étapes. Quand il se présentait face au but, le ballon allait au fond. Quand il se retrouvait face à un adversaire plus fort, il lui faisait la misère durant 90 minutes. Dès qu'il a eu sa petite chance en pro, il a fait zéro faute à la dictée. » Au cours des 17 journées qui suivront, il en jouera 16 et sera titulaire à 7 reprises. « Normalement avec un joueur de cet âge-là, un entraîneur surfe sur la vague de la jeunesse et dès que la machine commence à se gripper, il dit au joueur : "Écoute gamin, redescends pour un temps en catégorie inférieure, ça te musclera un peu et tu reviendras pour jouer quelques minutes par-ci par-là", résume Fabien Pigalle. Mais Kylian Mbappé n'a jamais donné l'occasion à Jardim de lui dire ça. Il a su saisir sa chance au point qu'il n'était plus possible de l'enlever de l'équipe. » Le 14 décembre, face à Rennes en Coupe de la Ligue, Kylian inscrit son premier triplé en pro. Il est interviewé le dimanche suivant dans l'émission de TF1 « Téléfoot ». À un journaliste qui lui demandait s'il aimerait que le montant de son futur transfert batte le record de celui de l'ancien Monégasque Anthony Martial, parti l'été 2015 à Manchester United pour 80 millions d'euros, Kylian répondit : « Cela ferait évidemment plaisir, mais le montant d'un transfert n'est pas quelque chose qui m'anime tous les matins. Je me lève pour être meilleur qu'hier, pour gagner des titres, parce que c'est comme ça que l'on reste dans l'histoire. Et comme j'ai envie de marquer mon histoire, je veux gagner des titres avec Monaco[1]. » Le 1er février, l'ASM rencontrait Chambly en seizièmes de finale de la Coupe de France. Mbappé débuta la rencontre sur le banc. Sur le terrain, alors que Monaco menait largement, contre toute attente Chambly commença à imposer son jeu et remonta au score au point de donner des frayeurs aux Monégasques. « C'est Mbappé qui fait basculer le match lors de son entrée en jeu, se souvient Philippe Grand, chef des sports au *Courrier picard* qui se tenait ce jour-là dans la tribune presse. Avec les autres journalistes, nous nous sommes dit : "Mais c'est qui ce gars-là ?" Nous connaissions son nom, mais le voir jouer comme ça lui donnait une autre dimension. » Le match se poursuivra en prolongations et s'achèvera sur le score de 4-5 pour Monaco, avec un but de Kylian. Le 11 février, Mbappé réussit un nouveau triplé en championnat contre le FC Metz. Le 5 mars, il réalisa un doublé contre Nantes. Le lendemain, le quotidien *L'Équipe* lui consacrait sa une avec le titre : « Le Magicien ». Non seulement Monaco faisait la course en tête du championnat, en devançant le PSG, mais le club de la Principauté était toujours en lice en Coupe d'Europe. Au cours d'une prestation impressionnante, Mbappé marqua pour la première fois en Ligue des champions lors du match aller du huitième de finale contre Manchester City. Le lendemain, *L'Équipe* titrait cette fois : « La fusée Mbappé ».

1. « Téléfoot », TF1, 18 décembre 2016.

Ce soir-là, devant sa télé, son pote de Clairefontaine Jason Tré n'en revenait pas. « Je me disais que ce n'était pas possible, explique celui qui était alors en centre de formation à Caen. Je savais qu'il était fort mais réussir aussi vite à cet âge-là je ne pensais pas que c'était possible. Il faisait les mêmes gestes qu'à Clairefontaine sauf que cette fois c'était en Champions League. » « Par rapport à l'époque où il évoluait en U19, ce qui avait changé c'était son volume physique, note le journaliste Fabien Pigalle. Dans les duels, il était devenu beaucoup plus difficile à bouger. Chez les jeunes il se faisait un peu plus bousculer… » Sa prestation face à City n'est pas passée inaperçue, y compris outre-Manche. Dans le *Telegraph*, on peut lire : « La première période de Mbappé laisse entrevoir que le prochain grand talent français, c'est lui[1]. » Kylian brille mais il n'est pour l'heure qu'un espoir et il le sait : « Les phénomènes ce sont Cristiano Ronaldo, Messi, Neymar… Pas moi[2] ! » Monaco battit ensuite Bordeaux 2-1, confortant sa première place au classement de Ligue 1, six points devant le PSG. Lors de cette rencontre, Mbappé marqua son dixième but en Ligue 1. Il ne sortira plus du 11 titulaire de l'ASM. Durant cette période, les journalistes commencèrent à interroger le sélectionneur Didier Deschamps sur une éventuelle convocation en Bleu du jeune attaquant

1. Cité dans *Le Monde*, 22 février 2017.
2. *Le Monde*, 22 février 2017.

monégasque. « Ne brûlons pas les étapes[1] », répondit seulement Deschamps. Ce qui fut une erreur d'appréciation de sa part : depuis qu'il a touché son premier ballon, Kylian n'a cessé de brûler les étapes…

Si le jeune Bondynois était à ce point remarqué par les médias, ce n'était pas seulement en raison de ses performances sur le terrain. Mbappé faisait l'unanimité aux yeux des observateurs, non seulement pour son talent balle au pied, mais aussi pour son attitude et sa manière de s'exprimer qui détonnaient dans le milieu. « Il y avait une très grande différence entre lui et les autres jeunes footballeurs, estime le journaliste Fabien Pigalle. Dès ses premières interviews il se montrait très à l'aise, alors que les autres avaient plutôt tendance à chercher leurs mots ou à réciter des formules préformatées. Mbappé, lui, avait ses idées et ses propres constructions de phrases. » « Il donnait la même impression à tout le monde : quelqu'un de très doué sportivement et de très structuré dans son discours, renchérit le journaliste du *Parisien* Frédéric Gouaillard. J'avais déjà vu des jeunes footballeurs capables de tenir des propos raisonnés et de développer un argumentaire, mais ce qui détonnait chez lui c'est qu'il ne cachait pas son ambition débordante. D'habitude les footballeurs de son âge marchent un peu sur des œufs, pas lui. Dès qu'il est arrivé sur la scène nationale, il parlait

1. *L'Équipe*, 7 mars 2017.

déjà de tout gagner, d'aller le plus haut possible et de remporter le plus de trophées. Ça, je ne l'avais jamais vu. » « Qu'on le veuille ou non, il est quand même à part, considère le journaliste de *L'Équipe* Arnaud Hermant. À son âge les joueurs sont rarement aussi à l'aise, que ce soit en étant performant sur le terrain ou dans leur communication. Il est largement au-dessus des autres. » « Au-delà de ses qualités de jeu, il possède une capacité d'analyse et un recul très précoces par rapport aux autres joueurs », avance l'agent Bruno Satin. « Il est tout simplement plus intelligent, considère le chef des sports du *Courrier picard* Philippe Grand. Il a été bien éduqué, bien entouré au niveau familial, ce qui en fait un garçon à l'aise dans ses baskets et dans sa tête. » Même le peu complaisant consultant de RMC Daniel Riolo se montre dithyrambique. « Tous les gens qui suivaient le foot étaient impressionnés par Mbappé, affirme-t-il en 2018. Ce n'était pas seulement qu'il donnait l'impression d'être plus âgé : il avait l'air heureux, alors que l'attitude générale des footballeurs était de se montrer renfermé, de se la raconter un peu et de faire une tête de tueur sur les photos. Et puis il s'exprimait de façon intelligible avec un discours posé et des phrases qui avaient du sens, ce qui changeait de ceux qui casaient un "voilà" tous les trois mots… Tout ça faisait de lui une sorte d'ovni. »

Au match retour de la Ligue des champions contre Manchester City, Monaco réussit l'exploit d'arracher sa qualification pour les quarts de finale. Les

Monégasques s'étaient inclinés 3-5 à l'aller, ils rattrapèrent leurs deux buts de retard en s'imposant 3-1. Mbappé a ouvert le score dès la 8e minute et a largement participé à l'action qui emmène le deuxième but. Si le Stade Louis-II n'a pas la réputation d'être le plus bouillant de Ligue 1, ce soir-là, ce fut une petite folie qui s'empara des tribunes. Dans la zone mixte, Kylian se présenta en costume face aux journalistes. Il semblait heureux mais pas euphorique. Une phrase résumait son propos : « Ce n'est que le début ! » Le lendemain, Didier Deschamps présentait sa liste des sélectionnés en équipe de France dans l'optique du match de qualification pour la Coupe du monde contre le Luxembourg. Kylian en faisait partie. En championnat, il continuait d'enchaîner, marquant notamment un doublé contre Caen. Le 12 avril, ce fut de nouveau deux buts qu'il inscrivit contre le Borussia Dortmund en quarts de finale aller de la Ligue des champions. C'est lors de cette rencontre qu'il mima pour la première fois sa célébration avec les bras croisés qui lui collera à la peau. « Peu de temps après, j'avais marqué avec mon club de Rodez en célébrant mon but de la même façon que lui, relate la joueuse Clara Noiran. Je lui avais envoyé la photo et il était tout content qu'on reproduise sa célébration. Maintenant tout le monde le fait… » Au match retour contre Dortmund, il marqua encore, devenant ainsi à la fois le plus jeune joueur à inscrire cinq buts en Ligue des champions mais aussi le premier à marquer lors de chacune de ses quatre rencontres à élimination directe dans cette compétition. En demi-finales, face à la Juventus, la marche était sans doute un peu trop haute. L'ASM s'inclina 0-2 au match aller à domicile. Mbappé ne trouva pas le chemin des filets mais il s'est battu comme un beau diable. À l'issue de la rencontre, le gardien turinois, Gigi Buffon, aura un petit geste de réconfort envers lui. Buffon avait débuté sa carrière en 1995, trois ans avant la naissance de Kylian. Ces deux-là ignorent encore qu'ils joueront ensemble au PSG deux saisons plus tard. Au match retour, la Juve le remporta 2-1. Mbappé marqua le seul but monégasque alors que les Italiens menaient 2-0. Un but qui ne changeait rien sur le plan de la qualification mais un but contre un gardien qui comptait encore parmi les meilleurs à son poste. Buffon n'en avait plus encaissé depuis 690 minutes en Ligue des champions, et c'était Mbappé qui mettait fin à son invincibilité. « Mon but face à Buffon ? Il ne sert à rien… On est éliminé, c'est assez anecdotique[1] », lâcha pourtant Kylian à l'issue de la rencontre. Cette défaite fut sans doute la première déconvenue de sa jeune carrière. « Il vivait déjà une année exceptionnelle : en tête du championnat, demi-finaliste de la Ligue des champions… », relativise le journaliste Fabien Pigalle. Une autre défaite le marquera davantage. Le 1er avril, lors de la finale de la Coupe de la Ligue contre le PSG, Monaco s'inclina 1-4. Mbappé passa à côté de

1. *Le Monde*, 10 mai 2017.

son match. Leonardo Jardim lui remonta les bretelles en l'accusant de ne pas assez défendre et lui reprochant même une certaine suffisance dans son attitude. Contrairement à la défaite contre la Juventus, où l'équipe était plus forte et Mbappé avait marqué, cette fois il donna l'impression de ne pas avoir fait ce qu'il aurait dû. Dans le vestiaire, Kylian était atteint. À sa sortie, il affichait le visage des mauvais jours. « C'était un match un peu compliqué, nous nous sommes fait écraser par le PSG, explique Irvin Cardona qui était entré en jeu. Kylian a mal vécu la défaite mais comme tous les autres joueurs. » « C'est une défaite qui lui a fait beaucoup de mal, affirme le journaliste Fabien Pigalle. Les relations ont commencé à se tendre avec Jardim. Je pense qu'à ce moment-là tout le monde a commencé à comprendre qu'il allait s'envoler. » Kylian se rattrapera lors des matchs suivants en championnat, marquant successivement contre Lyon et Toulouse. Le titre de champion de Ligue 1 a été acquis pour Monaco lors de l'avant-dernière journée, le 14 mai, après une victoire 4-0 de l'ASM face à Lille, même si mathématiquement il fallait attendre la journée suivante pour l'officialiser. Ce fut le huitième titre de champion dans l'histoire de l'ASM, mais le premier dans celle de Kylian. La fête n'aura lieu qu'à l'issue du match suivant, le mercredi 17 mai à domicile contre Saint-Étienne. Même si une défaite n'aurait rien changé au classement, les joueurs monégasques ont fait le boulot, comme on dit, en le remportant 2-0 face à des Stéphanois qui n'avaient plus rien à espérer en championnat. Mbappé marqua l'un des deux buts. Après avoir reçu le trophée de champion de Ligue 1 sur la pelouse, ainsi que celui de « Meilleur espoir » pour Mbappé, l'équipe a multiplié les tours d'honneur dans un Stade Louis-II difficilement reconnaissable tant l'ambiance était festive. Beaucoup de joueurs se filmaient avec leur téléphone. Pas Kylian. Plusieurs de ses coéquipiers interrompirent la conférence de presse de leur entraîneur en hurlant. Kylian n'en faisait pas partie non plus. Il semblait ravi mais en léger retrait. Le soir tous les joueurs, y compris ceux des U19, ont fait la fête jusqu'au bout de la nuit au *Twiga Monte Carlo*. Kylian n'a fait qu'un passage éclair au dîner qui avait précédé la fête, puis s'est éclipsé avec ses parents.

Kylian Mbappé acheva ainsi sa première saison en professionnel avec un titre de champion de France. Il aura marqué 15 buts en championnat, 6 en Ligue des champions, 2 en Coupe de France et 3 en Coupe de la Ligue, soit 26 buts au total. « Même s'il n'a joué que sept mois, ce qu'a fait Mbappé durant cette saison est impressionnant », admire Daniel Riolo. « Marquer autant de buts toutes compétitions confondues en ne jouant qu'une demi-saison cela signifie vraiment quelque chose », souligne aussi le journaliste du *Parisien* Frédéric Gouaillard. La réussite de Kylian Mbappé en Ligue 1 était pourtant bien loin d'être écrite d'avance parce qu'il avait brillé en jeunes. Percer de façon aussi précoce au sein d'une équipe première est davantage une exception qu'une suite logique dans une carrière. Pour un joueur de son âge, l'apprentissage du haut niveau dans un club de la dimension de Monaco se déroule habituellement par étapes successives. « Il faut vraiment poser les dates sur un papier pour réaliser la vitesse de l'ascension de Kylian Mbappé, soutient le journaliste Fabien Pigalle. Un été il remporte la Gambardella, l'été suivant il est champion de France avec Monaco et il enchaînera ensuite avec un autre titre de champion de France, puis la victoire en Coupe du monde. Son parcours est exceptionnel. Ce n'est pas que les autres joueurs de sa génération n'ont pas percé c'est seulement qu'ils suivent une progression plus traditionnelle. À l'âge où Mbappé deviendra champion du monde, un joueur normal en est à gratter des minutes avec une équipe première. » Son ancien coéquipier en U19, Irvin Cardona, qui débutait lui aussi en pro cette saison, aura effectué de courtes entrées en jeu mais ne connut pas une accession aussi rapide que celle de son cadet. « Au début cela m'a un peu surpris, explique Irvin. Je me disais : “Pourquoi Kylian et pas moi ?” Ce n'était pas de la jalousie mais je ne comprenais pas. Je me disais que comme nous jouions au même poste, nous pourrions avoir tous les deux notre chance. Mais après j'ai vite compris que Kylian était une pépite. Qu'il était en train de s'envoler et de devenir le joueur qu'il est aujourd'hui. J'étais super content pour lui parce qu'il était en train d'exploser et que c'était le bon moment. » « Un jeune comme Irvin Cardona est très bon joueur, expose Fabien Pigalle. Il n'a pas les mêmes qualités que Kylian Mbappé mais il suit une progression normale. C'est celle de Mbappé qui n'était pas normale. » « Pour moi Kylian possède un don, soutient Irvin Cardona, qui a par la suite été prêté par Monaco au Cercle Bruges, un club filial du championnat de Belgique, avant d'évoluer à Brest puis Saint-Étienne. Il possède des qualités innées qu'il a développées par la suite. Je suis très heureux pour lui et j'espère qu'il aura le Ballon d'or. » De l'équipe qui a remporté la Gambardella avec Mbappé, certains joueurs sont passés pros, d'autres non. Quelques-uns sont restés à Monaco, mais beaucoup sont partis vers d'autres horizons. La plupart sont cependant restés en relation, ne serait-ce que par les réseaux sociaux. « Le seul avec qui je n'ai plus de contact, c'est Kylian, indique Florian Andreani. La dernière fois que je l'ai vu, c'était à la fin de la saison du titre de Monaco. Je n'ai pas cherché à lui envoyer de message. C'est normal : avec tous ceux qu'il doit recevoir, il a dû changer de numéro. » « Je ne l'ai jamais recroisé mais je n'étais pas le joueur le plus proche de lui », explique Ibrahima Diallo. « J'ai eu quelques contacts avec lui avant la Coupe du monde, dit Irvin Cardona. Après c'est vrai que Kylian est extrêmement sollicité et qu'il n'a pas le temps de répondre à tout le monde. Mais je sais que si je lui envoyais un message il me répondra. » Kylian a-t-il vraiment été proche de certains joueurs du centre de formation ? Comme à l'époque de Clairefontaine, il rigolait avec tout le monde mais ne semblait pas avoir de liens privilégiés. « Pour moi il avait des potes mais il n'avait pas de vrais amis, avance Ibrahima Diallo. Ce qui n'est pas choquant : il est difficile d'avoir beaucoup d'amis dans un centre de formation car dès cet âge-là les joueurs sont en concurrence, et puis ceux qui partent n'entretiennent pas forcément le contact. À titre personnel j'ai eu deux amis avec qui je suis resté proche mais le reste ce sont seulement des potes. » « Je ne parlais pas beaucoup de son avenir dans le foot avec lui, relate Irvin Cardona. Nous parlions un peu de tout et de rien… Je ne peux pas dire qu'il se confiait à moi ou qu'il me disait des choses importantes. » Interrogé sur la question de l'amitié en octobre 2018, Kylian répondit : « Je pense que les amis, les vrais amis, on les compte sur les doigts d'une main. Ceux qu'on a, il faut tout faire pour les conserver parce que ce sont eux qui vous disent les vérités quand il faut vous les dire. Ce sont eux qui vous font avancer, c'est avec eux que vous vous sentez vous-même[1]. »

1. Bondy Blog, 17 octobre 2018.

CHAPITRE 9

À L'ATTAQUE DU PSG

Après son excellente saison avec Monaco, Kylian Mbappé faisait plus que jamais l'objet de convoitises. La liste des grands clubs qui souhaitaient s'offrir ses services était longue : Real Madrid, FC Barcelone, Paris Saint-Germain, Arsenal, Liverpool, Manchester City… Dans la presse, la perspective d'un transfert à plus de 100 000 millions d'euros était souvent évoquée. Officiellement, la direction de l'ASM faisait savoir que sa priorité était de conserver Mbappé une saison de plus au sein de son effectif. Pour autant, le modèle économique de l'actionnaire russe étant de revendre ses joueurs dès lors que ceux-ci atteignaient un prix de transfert important, l'inflation autour de Kylian laissait deviner qu'un départ serait plus qu'envisagé. Il aurait dans un premier temps envisagé de rejoindre le Real Madrid. Un accord aurait même été trouvé entre l'AS Monaco et le club madrilène pour un transfert de 214 millions d'euros (180 millions de transfert ainsi qu'une taxe de 34 millions imposée en Espagne[1]). « L'ASM voulait envoyer Mbappé à Madrid mais lui-même ne savait pas trop », soutient le journaliste Fabien Pigalle. Pour briser les dernières réticences de Kylian et de sa famille, le président du Real Florentino Pérez et l'entraîneur Zinedine Zidane se seraient même engagés sur un important temps de jeu pour la recrue. Les autres clubs ne s'avouaient pas vaincus pour autant. Également dans la course, le FC Barcelone aurait lui aussi trouvé un accord avec le club de la Principauté[2] mais un revirement s'est ensuite opéré en faveur du PSG. Durant une bonne partie de l'été, Mbappé ne fut pourtant pas le principal sujet de préoccupation du club parisien : tout le milieu footballistique retenait alors son souffle en guettant la moindre information sur le transfert de Neymar. Reste qu'en coulisses les discussions se prolongeaient. Par un coup du destin, le Trophée des champions, rencontre entre les vainqueurs du précédent championnat et de la Coupe de France qui ouvre symboliquement le début de la saison, voyait cette année s'affronter Monaco et Paris. Malgré les rumeurs de transfert qui l'envoyaient dans la capitale, Kylian Mbappé fut aligné sur le terrain et remplit son contrat moral, marquant même un but qui sera refusé pour hors-jeu. Les Parisiens le remportèrent 2-0. Le cas Mbappé n'était toujours pas réglé lorsque

1. *Le Figaro*, 2 novembre 2018.
2. « L'Équipe Enquête », La Chaîne L'Équipe, 6 novembre 2017.

le championnat reprit. Lors de la première journée, Monaco battit difficilement Toulouse sur le score 3-2. Durant la rencontre, tous les regards étaient tournés vers Kylian. Celui-ci fit le job : il tenta plusieurs tirs, certes pas exceptionnels, mais qui ne le montrait pas sous le jour d'un joueur démotivé. Touché au genou, il fut sorti par l'entraîneur à la 74ᵉ minute. « Le fait qu'il manque de se blesser lors de ce match n'est pas passé inaperçu, précise le journaliste Fabien Pigalle. Son transfert se négociait à plus de 100 millions d'euros et la direction a décidé qu'elle ne pouvait plus prendre le risque de le faire jouer. À tout moment Monaco pouvait perdre le plus gros transfert de son histoire. Cette période a été très tendue en coulisses... » Lors de la journée suivante, alors que Monaco affrontait Dijon, Kylian fut laissé sur le banc par le coach. Il vit ses coéquipiers gagner 4-1 sans entrer en jeu. Le match suivant, contre Metz, Kylian fut cette fois écarté du groupe. Les négociations entre Paris et Monaco n'avaient pas encore abouti mais plus personne n'imaginait le jeune joueur rempiler une saison de plus sur le Rocher. Si les supporters de l'ASM ne sont pas considérés comme les plus extrémistes du championnat de France, ceux-ci finirent par s'irriter de ce feuilleton. Agacé par les supposées prétentions salariales de Mbappé, le groupe des Ultras Monaco 1994 publia sur sa page Facebook un message au vitriol : « Nous ne pouvons accepter qu'un de nos joueurs se permette d'agir comme cela et réclamer de telles sommes sans avoir prouvé quoi que ce soit du haut de ses quelques dizaines de matchs au niveau professionnel. Nous tenons également à rappeler à Kylian Mbappé et à son clan que rien ni personne n'est au-dessus de l'institution AS Monaco FC. » « Mbappé avait jusqu'alors un très bon rapport avec les supporters : il était vu comme un enfant du club formé à Monaco, certifie le journaliste Fabien Pigalle. Ça a commencé à mal tourner quand des informations ont circulé selon lesquelles ses parents avaient rencontré plusieurs présidents de clubs. C'était légitime qu'ils se préoccupent de l'avenir de leur fils, mais celui-ci était encore sous contrat avec l'ASM et cette démarche était assez spéciale. » Pour une fois, Kylian Mbappé a aussi commis une maladresse de communication. En pleine tempête médiatique sur son transfert, il posta sur les réseaux sociaux une vidéo dans laquelle il apparaissait face caméra le visage grave en annonçant : « Bonjour à tous, c'est moi. Comme vous le savez, ces derniers temps, mon nom a été associé à différentes rumeurs. Je pense qu'il était important de vous tenir au courant et de vous donner cette information. Avec ma famille, nous avons beaucoup réfléchi, nous avons pesé le "pour" et le "contre", et nous sommes parvenus à la décision que cette année je jouerai avec… » Mbappé laisse passer un silence, se penche pour prendre quelque chose et soulève une paire de chaussures avant de s'écrier en éclatant de rire : « Les Mercurial Vapor ! » « Son coup de communication pour Nike a fait grincer les dents des supporters monégasques, explique Fabien Pigalle.

Par la suite, sa sortie dans laquelle il affirmait que le PSG était son club de cœur alors que tout le monde savait que son rêve était de jouer au Real n'a rien arrangé… » Cinq jours après la publication du message des ultras monégasques, le 27 août, Kylian Mbappé fera sa dernière apparition avec le maillot de l'ASM sur les épaules. Ce soir-là, Monaco écrasa Marseille 6-1. Kylian figurait sur la feuille de match mais il resta sur le banc durant l'intégralité de la rencontre. Tout le monde savait désormais que son départ pour Paris n'était plus qu'une question de jours. Au coup de sifflet final, Kylian se joignit aux autres joueurs de l'équipe pour aller saluer le public mais les supporters lui répondirent par des sifflets. « Les spectateurs n'étaient au courant de rien, ils ne savaient que ce qu'on leur avait fait croire de ce qu'il s'était passé, affirmera plus tard Kylian. Je ne pouvais pas leur en vouloir : on me faisait passer pour un mercenaire, pour quelqu'un qui n'avait pas l'amour du maillot… Moi aussi je sifflerais un gars comme ça. Je suis au stade, je siffle aussi. Donc je ne peux pas en vouloir aux supporters monégasques. Je suis quand même allé saluer, j'ai été sifflé. Pas de problème, je suis entré au vestiaire et j'ai pris mon sac[1]. » Kylian signa officiellement au PSG le 31 août, juste avant la fermeture du mercato. L'histoire avec Monaco était terminée. Il aura joué 60 matchs avec l'équipe professionnelle de l'ASM, laissant un bilan de

1. « Intérieur sport », Canal+, 20 mai 2018.

27 buts et 16 passes décisives[1]. « Les négociations ont été tellement difficiles que son transfert a laissé des traces en interne, confie le journaliste Fabien Pigalle. Pendant un moment, trouver quelqu'un à l'ASM pour parler de Mbappé a été compliqué. Il était devenu un peu un sujet tabou pour le club. » Par le biais d'un schéma qui lui permettait de rester dans les règles du fair-play financier (un prêt avec option d'achat), le PSG obtint le transfert de Kylian Mbappé pour un montant estimé à 180 millions d'euros hors bonus. « Lorsqu'il est parti, Mbappé a déclaré : "Vous saurez un jour comment tout cela s'est passé", se remémore Fabien Pigalle. Finalement il n'a jamais rien dit… Ce sont des choses qui arrivent dans le foot : les méchants d'un jour peuvent rendre service le lendemain. Mbappé a compris ça aussi. »

Même si Mbappé était le deuxième transfert le plus cher de l'histoire du football, pour l'heure, dans les tribunes du Parc des Princes, la mégastar, le transfert rêvé, c'était Neymar. Kylian, lui, était seulement un pari pour l'avenir. Il avait brillé la saison précédente mais nul ne pouvait être certain qu'il allait confirmer dans les années qui suivront, ni qu'il serait capable de résister à la pression d'un club aussi exposé que le PSG. « Dans les médias, nous avons souvent annoncé à tort le futur Zidane, reconnaît le journaliste du *Parisien* Frédéric Gouaillard. Un observateur qui affirmerait

1. *Le Monde*, 31 août 2017.

qu'il était sûr de ne pas se tromper en annonçant un grand avenir à Mbappé serait un menteur. Lui-même en revanche était convaincu de son destin. C'était cela qui était très fort. » « Son transfert au PSG pour 180 millions aurait pu être un échec car il aurait pu le vivre comme une responsabilité trop écrasante, estime le consultant Pierre Ménès. Mais ça n'a pas été le cas. » Même si Neymar était le joueur le plus attendu des supporters, l'arrivée de Mbappé fut quand même mise en scène de façon prestigieuse. Le 6 septembre, Kylian se présenta vêtu du costume officiel du club, entouré de ses parents ainsi que de l'ensemble de la direction du PSG. Juste avant sa présentation officielle, il répondit à une interview d'une dizaine de minutes face à deux journalistes du *Parisien*, Frédéric Gouaillard et Arnaud Detout. « Je m'attendais à ce qu'il soit dans ses petits souliers, confie Frédéric Gouaillard. Pourtant nous avons vu arriver un garçon hyper à l'aise. Il faisait preuve d'une grande aisance dans sa façon de se comporter et de s'exprimer. Malgré les circonstances, il n'était pas plus impressionné que d'habitude. Je trouvais ça assez bluffant ! » Kylian répondit aux questions des journalistes en badinant, comme si l'idée même d'anxiété lui était étrangère. « C'est là-dessus qu'il m'impressionne le plus : sa capacité à montrer un détachement par rapport aux événements, ajoute Frédéric Gouaillard. C'est sa grande force. Que ce soit une signature au PSG ou autre chose, il l'aborde tout avec professionnalisme mais aussi avec détachement. » Sur la pelouse du parc, Kylian posa pour les photographes avec Nasser Al-Khelaïfi en brandissant son nouveau maillot. Le président du PSG laissa sa place au père et au petit frère de Kylian pour une nouvelle série de clichés. Suivi par les caméras, Kylian traversa ensuite le tapis rouge pour sortir de l'enceinte du stade afin d'aller à la rencontre des supporters qui s'agglutinaient derrière des barrières. Les ultras parisiens étaient présents et scandaient son nom. Toujours aussi à l'aise, il brandit une écharpe aux couleurs du club avant de la lancer dans la foule. L'ambiance était à la fête, même si les supporters étaient deux fois moins nombreux que lors de la présentation de Neymar[1]. Kylian saluait à droite et à gauche, s'approchant des barrières afin de poser pour des selfies et serrer les mains qui se tendaient. Le sourire aux lèvres, il saluait d'un geste tous ceux qui criaient son prénom. Seul son regard trahissait peut-être une intense maîtrise de soi.

Mbappé effectua son premier match sous ses nouvelles couleurs le 8 septembre face au FC Metz. Débutant comme titulaire, il marqua son premier but, participant ainsi à la large victoire parisienne 5-1. Avant de trouver le chemin des filets, Kylian subit un tacle viril de la part du défenseur adverse Benoît Assou-Ekotto, qui vaudra un carton rouge à ce dernier. Les deux joueurs entretiendront une relation tendue

1. *So Foot*, 7 septembre 2017.

par la suite. Au sein de l'effectif parisien, en revanche, l'acclimatation de Kylian se déroulait très bien. Pour son traditionnel bizutage, debout sur une chaise avec une bouteille en guise de micro, il interpréta devant ses coéquipiers le titre *C'est plus l'heure* du rappeur Mr Franglish. Au sein de l'effectif parisien, Kylian hérita d'un nouveau surnom : « Donatello », en référence à l'un des personnages des Tortues Ninja. Le sobriquet aurait été trouvé par le défenseur Presnel Kimpembe avant d'être adopté par le reste du groupe. Sur le terrain, les débuts de Mbappé au PSG se poursuivaient sous les meilleurs auspices : en phases de poule de la Ligue des champions, il marqua contre le Celtic Glasgow, réalisa deux passes décisives contre le Bayern de Munich, puis marqua de nouveau contre Anderlecht. « Quand il a signé à Paris, beaucoup d'observateurs estimaient qu'il aurait mieux fait de rester un an de plus à Monaco, rappelle le journaliste Philippe Grand. Il a vite démontré qu'il avait fait le bon choix. » « C'était envisageable qu'il ne confirme pas, renchérit le consultant Pierre Ménès. Il était un jeune joueur qui basait essentiellement son jeu sur sa pointe de vitesse. Un tel footballeur peut surprendre au début mais dès que les équipes adverses étudient son jeu et ses appels, il devient moins performant et tout s'arrête. Mais ça ne s'est pas passé comme ça… » La période qui suivit fut moins aboutie pour Mbappé, avec quelques matchs en demi-teinte. Lors de la rencontre de championnat contre Marseille, qui restait l'un des rendez-vous majeurs de la saison pour les supporters malgré l'absence de véritable rivalité sportive, les deux clubs se séparèrent sur un score de 2-2, avec un but de Cavani dans les arrêts de jeu qui évita la défaite aux Parisiens. Ce soir-là, Mbappé ne s'est pas montré en réussite, loin de là, et s'est pris un carton jaune pour contestation. Pire : à la fin du match, il tomba dans un travers trop répandu : s'en prendre à l'arbitre pour justifier l'incapacité d'une équipe à gagner : « On ne veut pas faire les victimes mais il y a certains faits de jeu qui, malheureusement, nous mettent des bâtons dans les roues. Après, il ne faut pas accabler l'arbitre non plus. Il avait beaucoup de pression sur les épaules. On a un championnat qui commence à attirer de grands joueurs et qui a des équipes de plus en plus compétitives. Il faut que les arbitres se mettent au niveau, tout simplement. Et le problème c'est qu'aujourd'hui il n'a pas été au niveau[1]. » Une réaction surprenante de la part d'un jeune joueur qui s'était toujours fait remarquer par ses prises de parole bien au-dessus de la moyenne. Lors de la journée de championnat suivante, il ne se montra guère plus étincelant face à Nice. Fait rare : les commentateurs, qui jusqu'à présent multipliaient les tirades dithyrambiques à son égard, soulignaient son « déchet technique » et ses « mauvais choix[2] » de jeu. Le quotidien *L'Équipe* fustigea ses

1. *Le Figaro*, 24 octobre 2017.
2. *Le Monde*, 31 octobre 2017.

« prestations médiocres[1] » lors des trois derniers matchs ainsi que son « langage corporel [qui] confinait parfois à la suffisance[2] ». « Lorsqu'il traversa une période un peu compliquée, durant laquelle il marquait moins, cela ne lui a pas fait perdre ses moyens, plaide le journaliste Frédéric Gouaillard. Quand il commettait une erreur dans un match, il venait toujours s'expliquer juste après. Je ne sais pas s'il s'agit d'un calcul de sa part ou d'une réelle volonté de justifier ses actes, mais il ne laisse jamais pourrir une situation. » La semaine suivante, lors du match de poule de la Ligue des champions à Anderlecht, les médias annoncèrent Mbappé sur le banc. Cela aurait été la première fois depuis son arrivée au PSG qu'il ne serait pas titulaire. En réalité, Kylian figurait bien dans le 11 de départ et effectua une passe décisive pour Verratti dès le début du match. La rencontre s'acheva sur un score de 5-0 en faveur des Parisiens. La suite fut de la même trempe. En championnat, le 4 novembre, il marqua un doublé contre Angers. La semaine suivante, en Ligue des champions, il fut de nouveau buteur contre le Celtic, participant pleinement à la victoire des siens 7-1. En championnat, l'équipe de la capitale battit Monaco 2-1. Le déplacement en Principauté donna lieu à une scène cocasse. Durant l'avant-match, alors que Kylian s'échauffait sur la pelouse avec le maillot du PSG, ses

1. *L'Équipe*, 30 octobre 2017.
2. *Ibid.*

anciens supporters se rappelèrent à lui en entonnant le traditionnel : « Mbappé, va te faire enc…, va te faire enc… » Neymar, qui se trouvait à côté de lui, fut intrigué par le chant. Ne maîtrisant pas le français, le seul mot qu'il parvint à identifier était le nom de son coéquipier. Il se retourna alors pour lui demander : « Combien de temps tu as joué à Monaco ? » Kylian lui répondit : « Un an en pro. » Neymar s'étonna : « Tu as joué seulement un an ici et tu as déjà un chant à ta gloire ? » Kylian s'esclaffa : « Non, pas du tout… » Lorsqu'il lui traduisit en portugais ce que disaient les supporters, Neymar éclata de rire à son tour. « Je l'ai super bien pris, dira Kylian en souriant. Ça ne me touche pas car je me dis que c'est comme une ex que tu vois avec quelqu'un d'autre. Tu es énervé mais tu l'aimes toujours ton ex[1] ! » En décembre 2017, l'ex en question atteindra la septième place au classement du Ballon d'or. Il venait juste de fêter ses 19 ans.

À l'approche de la mi-saison, le bilan parisien était quasi parfait. En phase de poule de la Ligue des champions, le PSG avait marqué 27 buts. Un record pour le club ! En championnat, il trônait en tête du classement avec neuf points d'avance sur le deuxième. Le club, qui ambitionnait de changer de dimension avec le recrutement de Neymar et de Mbappé, semblait être en bonne voie d'avoir réussi son pari… Mais c'est souvent lorsqu'une équipe croit qu'elle plane

1. « Intérieur sport », Canal+, 20 mai 2018.

au-dessus des autres que la réalité se rappelle à elle. Le 2 décembre, le PSG subit sa première défaite de la saison face à Strasbourg (2-1), malgré un but de Mbappé. Trois jours plus tard, lors de l'ultime match de poule en Ligue des champions, l'équipe parisienne perd encore contre le Bayern de Munich (3-1), avec un nouveau but de Mbappé. Une défaite qui ne prive pas les Parisiens de la première place du groupe mais une défaite tout de même. Les larges victoires qui suivront contre Lille (3-1 avec un but de Mbappé), Rennes (4-1 avec un but de Mbappé) et Caen (3-1 avec un but de Mbappé) rassurèrent les supporters mais n'effaçaient pas tout. Kylian avait beau marquer à chaque match, son équipe semblait moins étincelante. Après la trêve hivernale, le PSG souffla le chaud et le froid en championnat : une victoire contre Nantes (1-0), puis une défaite face à Lyon (1-2). En Coupe de la Ligue, lors de la demi-finale contre Rennes, Mbappé prit un carton rouge pour avoir marché sur la jambe du défenseur adverse Ismaïla Sarr. L'attaquant parisien quitta le terrain tandis que Sarr était évacué sur civière. C'était la première fois que Kylian se faisait exclure depuis ses débuts professionnels. Il sera suspendu pour deux matchs par la commission de discipline.

C'est durant cette période que survint le rendez-vous le plus attendu de la saison. Après une longue phase de poule, la Ligue des champions ouvrait enfin sa phase des matchs à élimination directe. En huitièmes de finale, le PSG hérita du Real Madrid de Cristiano

Ronaldo. Alors que les compétitions nationales semblaient gagnées d'avance pour le PSG, en raison de la qualité de son effectif très au-dessus des autres clubs français, la Ligue des champions apparaissait depuis plusieurs années comme son seul vrai challenge. Pour la direction du club, en tout cas, la C1 était l'objectif à atteindre. Si les actionnaires qataris avaient dépensé autant d'argent l'été précédent, ce n'était évidemment pas pour se confronter à Amiens ou Dijon mais bel et bien pour se mesurer aux grands d'Europe. Le match contre Madrid n'était donc pas seulement un sommet du football européen, il était aussi une opportunité pour l'actionnaire de démontrer le bien-fondé de sa stratégie économique. Si le PSG battait le Real, le Nouveau Monde prenait symboliquement le dessus sur l'Ancien, et faisait par la même occasion un doigt d'honneur aux dirigeants du football espagnol qui ne manquaient jamais une occasion d'afficher leur mépris envers les clubs qu'ils considéraient comme des nouveaux riches indignes d'évoluer dans les mêmes sphères qu'eux. Pour créer l'engouement au-delà des supporters du Parc des Princes, les dirigeants du PSG multiplièrent d'ailleurs les déclarations dans les médias en affirmant qu'une victoire parisienne allait dans l'intérêt général du football français. L'enjeu dépassait le cadre sportif et la chute n'en sera que plus douloureuse. Au match aller à Madrid, Paris s'inclina 1-3. Comme Neymar et Cavani, Mbappé rata de nombreuses occasions qui auraient pu changer le cours de la rencontre. La qualification n'était pas encore exclue mais le match retour s'annonçait difficile pour remonter les deux buts de retard. D'autant que le PSG perdit Neymar sur blessure, lors d'un match de Coupe de France contre l'OM, durant lequel Mbappé avait inscrit un but. Victime d'une fissure au pied, la star brésilienne ne rejouera pas jusqu'à la fin de la saison. Kylian apparut lui aussi, un temps, incertain pour le grand rendez-vous. En janvier, lors de la rencontre face à Lyon, il se blessa lors d'une altercation avec le gardien de l'OL, Anthony Lopes. Lors de sa consultation après la rencontre, le neurologue qui l'examina lui signifia qu'il devrait rester loin des terrains durant un mois et demi. Problème : le match contre le Real avait lieu trois semaines plus tard. Face au médecin, Kylian ne se démonta pas : « Je lui ai dit que je respectais son métier mais qu'il allait devoir trouver autre chose pour que je sois rétabli à temps pour ce grand match que je ne voulais pas manquer. On a finalement réussi à mettre en place un programme en accéléré[1]. » Contraint tout de même de s'arrêter presque trois semaines, Kylian rata cinq matchs de son équipe. Un calvaire pour lui. Mais lorsque vint la date du match contre Madrid, il était bel et bien rétabli. Le 6 mars, Mbappé et les siens affrontèrent donc un Real Madrid que l'on annonçait en fin de cycle au moment du tirage. La première mi-temps se révéla plutôt figée, avec le premier tir

1. *France Football*, 4 décembre 2018.

cadré parisien seulement à la 42e minute sur un ballon de Mbappé. Le constat était clair : Kylian, comme les autres joueurs offensifs, passait à côté du match. Côté madrilène, son idole d'enfance, Cristiano Ronaldo, lui offrit même une leçon de réalisme. Le Portugais apparut presque invisible durant une grande partie de la rencontre, avant de reprendre un centre de la tête pour marquer le premier but à l'entame de la seconde mi-temps. Paris égalisera mais le Real reprendra l'avantage et le match s'achèvera sur le score de 1-2. Le PSG quitta la Ligue des champions dès les huitièmes de finale après avoir déboursé 417 millions l'été précédent pour remporter la compétition. Le lendemain, *L'Équipe* titra en une : « Tout ça pour ça ! » Ce fut l'une des rares désillusions dans la jeune carrière de Kylian Mbappé. « Il s'agissait d'une défaite collective, pas une défaite personnelle pour lui, argue le journaliste de *L'Équipe* Vincent Duluc. Il n'avait pas encore pris suffisamment d'importance au PSG pour que sa responsabilité soit mise en avant. C'était bien plus l'échec de joueurs leaders comme Thiago Silva ou Cavani que le sien. Il n'incarnait pas cette élimination. » Le PSG eut beau gagner 5-0 contre Metz le week-end suivant, l'équipe avait failli. Dans l'esprit de tout le monde, la saison semblait déjà terminée, tant l'issue du championnat ne faisait aucun doute.

Malgré la déception, Mbappé aura l'occasion d'étoffer son palmarès. Le 31 mars, le PSG remporta la Coupe de la Ligue contre Monaco (3-0). Kylian réussit un grand match, multipliant les courses en semant ses adversaires, obtenant un penalty en début de rencontre et offrant une passe décisive à Di María à la 21e minute. Il aurait même pu marquer deux buts si le gardien monégasque, Subašić, n'était pas dans l'un de ses grands jours. Le 8 mai, le PSG gagna aussi la Coupe de France 2-0, avec un but de Mbappé, contre Les Herbiers, club de National qui avait réussi l'exploit d'atteindre la finale. Sans surprise, le PSG remporta enfin le championnat avec un total de 93 points, soit 13 de plus que son dauphin Monaco. Sur l'ensemble de la saison, Paris aura gagné 29 matchs pour 6 nuls et 3 défaites. Si Kylian Mbappé garnit sa pièce à trophées, la fin de saison laisse un sentiment mitigé. En championnat, il se classa à la treizième place du classement des buteurs avec treize réalisations, très loin derrière Cavani (28 buts) ou Neymar (20 buts), lequel avait pourtant été blessé une partie de la saison. De janvier à mai, Kylian Mbappé n'inscrivit que neuf buts avec le PSG toutes compétitions confondues. Un bilan qui serait loin d'être honteux pour un attaquant lambda de Ligue 1 mais relativement décevant pour un joueur qui avait tant impressionné l'année précédente. « Sa saison n'a pas été fantastique d'un point de vue sportif mais il a quand même réussi à assumer un transfert de 180 millions d'euros à 19 ans, rappelle le journaliste Vincent Duluc. Il a montré sa capacité de résistance à la pression. » Pour les observateurs, c'était comme s'il n'était déjà plus considéré comme un espoir mais presque comme une valeur sûre qui devait désormais se montrer à la hauteur de ce que l'on attendait de lui. Nul ne savait encore à quel point il allait très vite dépasser les attentes…

CHAPITRE 10

LE GRAND BLEU

Kylian a connu sa première sélection en équipe de France A le 25 mars 2018, lors d'un match des éliminatoires de la Coupe du monde contre le Luxembourg, pour lequel il entra en jeu à la 78e minute. « Pour sa première sélection, il fit preuve du même détachement qu'à son habitude, note le journaliste du *Parisien* Frédéric Gouaillard. À chaque fois qu'il franchissait une étape qui aurait pu générer un surcroît de stress ou lui faire perdre ses moyens, il restait le même. » À 18 ans, 3 mois et 5 jours, Kylian n'était pas le plus jeune à avoir revêtu le maillot bleu : trois joueurs avaient connu des sélections de manière plus précoce longtemps avant lui. Julien Verbrugghe[1] fut sélectionné le 1er novembre 1906 à l'âge de 16 ans et 10 mois lors d'un France-Angleterre qui s'acheva sur le score de 0-15 en faveur des Britanniques. Cet attaquant, qui

1. *L'Équipe*, 24 mars 2017.

porta les couleurs du club parisien de l'AS française et du Red Star, ne joua que trois autres internationaux avant de partir combattre avec le 43e régiment d'infanterie lors de la Première Guerre mondiale. Il perdra la vie à l'âge de 26 ans en août 1916 lors de la bataille de la Somme. Maurice Gastiger a été sélectionné à l'âge de 17 ans et 4 mois, le 8 février 1914, à l'occasion d'une rencontre contre le Luxembourg qui s'acheva sur le score de 4-5. Ce match restera comme l'unique victoire du Luxembourg face à la France en seize confrontations. Joueur de Levallois, puis du Stade rennais, il ne connaîtra que deux autres sélections. René Gérard[1] fut appelé en équipe de France à l'âge de 17 ans et 11 mois, le 8 mai 1932, pour un match contre l'Écosse. Après avoir connu sept sélections entre 1932 et 1933, ce joueur formé à Montpellier mettra fin à sa carrière au début de la Seconde Guerre mondiale et deviendra professeur d'éducation physique. Maryan Wisnieski[2] a été sélectionné à 18 ans et 2 mois, puis portera le maillot de l'équipe de France à 33 reprises. Il participa à la Coupe du monde de 1958 en Suède, avec Kopa et Fontaine. Interrogé en mars 2017 par des journalistes, alors qu'à 84 ans il coulait une retraite paisible dans sa maison de Carpentras, Wisnieski donna comme conseil à Kylian Mbappé : « Qu'il ne prenne pas le cigare, comme on dit vulgairement. Je ne le

1. Wikipedia.
2. *Ibid.*

connais pas personnellement et je suis sûr qu'il progressera encore, mais je lui conseille aussi de ne pas trop s'améliorer. Parce que si c'est le cas, il perdra certaines de ses qualités initiales[1]. » Pour l'heure, l'intégration de Mbappé au sein du groupe France se déroula sans souci. Pour le traditionnel bizutage, Kylian ne fut pas le seul à devoir interpréter une chanson *a capella*, puisque Florian Thauvin, Benjamin Mendy et Corentin Tolisso égrenaient eux aussi leur première convocation chez les Bleus. Au moment de pousser la chansonnette, Kylian se montra le plus à l'aise des quatre. Son interprétation de *C'est plus l'heure* de Mr Franglish, qu'il reprendra pour son bizutage au PSG, ne lui vaudra pas une reconversion dans la musique mais lui permit de s'en sortir sans dommage. Au point de provoquer une pointe de jalousie chez son copain et coéquipier de l'AS Monaco, Benjamin Mendy : « La seule chose qui m'avait énervé, c'est que Kylian Mbappé m'avait surpassé lors de notre bizutage, affirmera-t-il. Il avait tout préparé et ça s'est très bien passé pour lui. Kylian peut vraiment chanter ! Je me demande toujours s'il y a quelque chose que ce gars ne sait pas faire[2]. » Trois jours après la rencontre face au Luxembourg, Mbappé connut sa première titularisation lors d'un match amical contre l'Espagne. Kylian eut une performance plutôt réussie, avant d'être remplacé par Olivier Giroud à la 66e, mais n'évita pas la

1. *So Foot*, 24 mars 2017.
2. *So Foot*, 20 décembre 2018.

défaite 2-0 de l'équipe de France. Lors du rendez-vous international suivant, en juin 2017, Mbappé figurait de nouveau dans la liste des joueurs appelés pour jouer en amical contre le Paraguay (5-0 pour la France), puis en qualification pour la Coupe du monde une semaine plus tard contre la Suède (2-1 pour la Suède). Le 13 juin, lors du match amical contre l'Angleterre au Stade de France (3-2), il fut l'un des joueurs les plus en vue sur le terrain malgré la pauvreté du jeu proposé. Multipliant les accélérations, il semblait chercher à tout prix à marquer son premier but en sélection. À deux reprises, au moins, il aurait pu ouvrir son compteur, mais, ce soir-là, le gardien britannique Tom Heaton se révéla plus fort que lui. Kylian se contenta d'une passe décisive sur Dembélé pour le 3e but tricolore, lequel leur offrira la victoire. Dans les rangs des nouveaux venus chez les Bleus, Kylian n'était pas le seul joueur en vue. Même s'il impressionnait sur tous les plans, pour l'heure il n'était encore qu'un parmi d'autres au sein des jeunes joueurs offensifs qui semblaient incarner l'avenir de l'équipe de France : Ousmane Dembélé, Anthony Martial ou Kingsley Coman.

Le jour même où il finalisait son transfert au PSG, le 31 août 2017, Kylian Mbappé signait aussi son premier but avec les Bleus, contre les Pays-Bas au Stade de France. La rencontre qualificative pour la Coupe du monde, qui s'acheva sur un score de 4-0, ravit Didier Deschamps. Cette victoire, qui permit aux Bleus de reprendre la première place de la poule après la défaite contre la Suède le 9 juin précédent, fut mise au crédit des joueurs de la nouvelle génération, comme Coman ou Lemar, mais surtout Mbappé. Bien qu'il ne soit entré en jeu que dans les quinze dernières minutes, il a ébloui les spectateurs de ses gestes techniques et de ses percées au sein de la défense adverse. La qualification pour le Mondial semblait désormais presque acquise et les nouveaux venus n'avaient pas l'intention d'y faire seulement de la figuration. S'il fut titulaire lors du match suivant contre le Luxembourg, Mbappé ne réussit pas à marquer face à cette équipe, certes vaillante, mais composée de joueurs de seconde zone. Le match s'acheva sur un étonnant 0-0. Les Bleus avaient tiré trente fois au but sans trouver la faille. Quant à Mbappé, il s'était montré virevoltant mais pas décisif. Lors du rendez-vous international suivant, Kylian ne marque pas non plus contre la Bulgarie. Dans cette rencontre à l'extérieur, sur une pelouse gorgée d'eau, il se fit remarquer par plusieurs courses mais aussi par son manque de repli défensif. Il ne marqua pas davantage en novembre contre le pays de Galles (2-0), mais réussit une belle prestation en se montrant à l'origine de la plupart des attaques françaises. Le 14 novembre, lors d'un match amical en Allemagne, il se montra étincelant. Si la rencontre se conclut sur un score de 2-2, avec Alexandre Lacazette comme auteur des deux buts français, Kylian fut de loin le meilleur joueur de l'équipe. À la sortie du vestiaire, sur le parking du stade de Cologne, il reçut les acclamations du public allemand massé devant les grilles pour lui réclamer des autographes[1]. Il rejoignit le bus escorté par un vigile alors que des dizaines d'enfants criaient son nom. Le 23 mars 2018, la France affrontait la Colombie en match amical. Pour la première fois, Kylian Mbappé revêtit un maillot portant le n° 10, celui de Platini et de Zidane. Celui-ci ne lui portera pas instantanément bonheur : malgré quelques belles actions, il ne put empêcher les Bleus de s'incliner 2-3. Lors du match suivant, l'équipe de France le remporta 3-1 contre la Russie. Mbappé marqua un doublé, son premier avec les Bleus. Le reste de l'équipe ne réussit pas un grand match mais quelques actions de Kylian suffirent à remporter la victoire.

La présence de Mbappé dans la liste des joueurs retenus pour la Coupe du monde ne faisait aucun doute. Non seulement il apparaissait désormais comme l'une des pièces maîtresses de l'équipe mais le sélectionneur considérait en plus qu'il pouvait l'aligner à tous les postes offensifs. Le 17 mai, Didier Deschamps annonça les 23 joueurs qui s'envoleront pour la Russie. Certaines absences firent polémique, les noms de quelques novices étonnèrent, mais la place de Kylian relevait de l'évidence pour tout le monde. Une semaine plus tard, les Bleus participaient à leur premier entraînement ouvert au public. Dans une ambiance joyeuse, plusieurs centaines de supporters acclamaient

1. *Le Monde*, 15 novembre 2017.

les joueurs. À l'applaudimètre, Mbappé était à égalité avec Griezmann. Pour ce rassemblement en préparation de la Coupe du monde, les journées étaient longues et rythmées par des exercices physiques des plus intenses. L'objectif était de permettre aux joueurs de tenir physiquement lors d'une suite de rencontres, dont certaines pourraient dépasser les 90 minutes réglementaires.

Pour leur premier match de préparation, le 28 mai sous la pluie, les Bleus battirent les Irlandais 2-0 au Stade de France. Mbappé ne marqua pas mais réussit un bon match, laissant sa place sur le terrain à Dembélé à la 77e minute. Interrogé par les journalistes à la sortie du vestiaire, Kylian se contenta de dire en substance que l'équipe était loin d'être prête pour la Coupe du monde mais qu'elle le serait en temps voulu. Trois jours plus tard, nouveau match de préparation contre l'Italie. Une rencontre contre la Squadra azzurra est toujours un match de gala mais l'équipe italienne n'était pas au sommet de sa gloire : éliminée en barrage par la Suède, elle ne sera pas présente en Russie. Le match s'acheva sur une victoire des Bleus 3-1. Cette fois encore, Mbappé ne marqua pas. Si nul n'oserait contester que Kylian apportât beaucoup à l'équipe, certains ne manquèrent pas de souligner, comme souvent, son manque de repli défensif. Le 5 juin, les Bleus reçurent la visite d'Emmanuel Macron. Le président de la République évoqua la victoire finale au Mondial, qui offrirait une deuxième étoile au maillot bleu. À ce moment-là, cette perspective faisait sourire… Le 9 juin eut lieu le dernier match amical avant le départ pour la Russie. L'adversaire du jour : les États-Unis, autre équipe non qualifiée pour la Coupe du monde. La rencontre, qui se tint à Lyon, n'engageait pas à l'optimisme pour la suite. Les Bleus ne parvinrent à obtenir qu'un match nul 1-1. Mbappé marqua le seul but français. Le lendemain, les Bleus s'envolèrent pour la Russie. Ils s'installèrent à Istra, ville campagnarde au sein de laquelle ils ne risquaient pas de faire le mur pour s'adonner à des sorties nocturnes. Leur lieu de résidence était un hôtel quatre étoiles privatisé, qui servait de camp de vacances pour les jeunesses communistes à l'époque de l'URSS. Désormais, l'établissement disposait d'une piscine, de jacuzzis, d'un espace de fitness et d'une salle de cinéma pour les séances vidéo. Chacun des joueurs disposait d'une chambre de 13 mètres carrés, avec son portrait sur la porte. Le 10 juin, Kylian se blessa au pied à l'entraînement, lors d'un choc avec le défenseur Adil Rami. Touché à la cheville gauche, il quitta le terrain en jetant sa chasuble sur le sol. Il enverra peu après un message sur les réseaux sociaux pour affirmer qu'il serait bien présent pour le premier match du Mondial contre l'Australie. Quatre jours plus tard, c'était Mbappé qui officiait au point presse des Bleus. Face aux journalistes, les joueurs ont pour habitude de réciter doctement les éléments de langage pour lesquels ils avaient été briefés, et de ponctuer leurs réponses par de petites blagues pour les plus inventifs. Kylian, lui, impressionna d'entrée par sa maîtrise de la communication. Sans jamais tomber dans les poncifs de la langue de bois, il dribbla toutes les questions pièges. Il débarquait à peine chez les Bleus mais il aurait pu donner des leçons de com à ses coéquipiers les plus capés. Pourquoi avait-il accepté de porter le n° 10 ? « Il était libre, je l'ai pris », répond-il en provoquant les rires de la salle. L'objectif des Bleus pour cette Coupe du monde ? « La victoire. » Kylian faisait son show et se mit l'assistance dans la poche. « Il a été bluffant lors de cette conférence de presse, admire le journaliste du *Monde* Rémi Dupré. Avec les médias il est à la fois dans un rapport utilitaire, parce qu'il en a besoin pour son image, et théâtral, parce qu'il aime aussi se mettre en scène. » « Sa prestation avait été brillante, renchérit Vincent Duluc. Avec les vieux habitués, nous avons échangé un regard qui signifiait : "On n'a jamais vu ça..." Il était à la fois capable de dire des choses, de jouer la complicité et de délimiter son territoire. Dès qu'un journaliste tentait de le piéger par une question fermée, il parvenait à s'en sortir. » Mbappé réussit même l'exploit de faire des émules : lors des points presse suivants, les joueurs désignés abandonnèrent en partie leurs réponses stéréotypées. « J'ai eu le sentiment que des cadres comme Griezmann ou Pogba s'étaient dit : "On ne peut pas laisser au môme le terrain médiatique si on veut rester les tauliers" », rigole Vincent Duluc. Reste que la confiance de Mbappé sur la capacité de l'équipe de France à remporter la victoire finale déconcerte. « J'avais affiché mes ambitions avant la Coupe du monde en disant que l'on avait les moyens d'aller au bout, explique-t-il. Ça n'a pas été tout à fait compris, cela a été un peu pris pour de l'arrogance. Depuis le début de ma carrière, je n'ai jamais été blessé par des critiques, mais là, c'est la seule fois où j'ai été touché. On a interprété mon ambition collective comme une ambition personnelle. Quand j'ai dit qu'on allait en Russie pour gagner et que j'en ai entendu dire "Pour qui il se prend", j'ai pensé que l'on ne voyait sans doute pas les mêmes choses[1]... » « Kylian assume, comme d'autres, de vouloir tout, et tout de suite, soutient Didier Deschamps. Il y a vingt ans, un joueur comme lui aurait sûrement pris des claques. Son comportement aurait été mal interprété. Aujourd'hui, c'est la force de ce type de footballeurs[2]. »

1. *France Football*, 4 décembre 2018.
2. *Ibid.*

CHAPITRE 11

ET LE MONDE ENTIER DÉCOUVRIT MBAPPÉ

La 21e Coupe du monde se déroula donc en Russie, du 14 juin au 15 juillet. Elle fut la première de l'histoire du football à utiliser l'assistance vidéo pour l'arbitrage et inaugura aussi la règle du quatrième remplacement en cas de prolongation. Elle était suivie par plus de trois milliards de personnes, sa mascotte était un loup juvénile du nom de Zabivaka, elle rassemblait 32 équipes et à la fin, comme dans *Highlander*, il ne devait en rester qu'une. Des 736 joueurs présents toutes sélections confondues, Kylian Mbappé était le deuxième plus jeune, la palme revenant à l'attaquant australien Daniel Arzani, son cadet de deux semaines. Le début de la compétition ne présagea rien d'exceptionnel pour les Bleus. Lors du premier match de poule, le 16 juin face à l'Australie, Kylian fut positionné en doublette offensive avec Ousmane Dembélé. L'Australie avait beau être considérée comme l'équipe la plus faible du groupe, elle se révéla suffisamment solide pour contenir la quasi-totalité des attaques françaises. Les Bleus marquèrent le premier but sur penalty à la 58e minute, après une faute sur Griezmann, mais les Australiens égalisèrent quelques minutes plus tard, eux aussi sur penalty. Les Bleus finirent par décrocher la victoire à la 80e minute, par le biais d'un tir d'Olivier Giroud détourné par un Australien dans ses cages. Comme la plupart des joueurs de l'équipe de France, Mbappé se montra décevant. Malgré la victoire, Didier Deschamps fut très insatisfait du jeu proposé et ne manquera pas de le faire savoir. Le lendemain, lors du débriefing collectif au camp de base, le sélectionneur pointa du doigt les manques collectifs sans mâcher ses mots. Statistiques en main, il indiqua que tous les joueurs français n'avaient pas suffisamment couru, à l'exception de N'Golo Kanté. Lorsqu'il en vint aux faiblesses individuelles, il visa nommément Mbappé. Concernant ses courses de sprint, il lança : « Chez nous, c'est Kylian qui en a fait le moins. Pourtant, la vitesse, c'est ta qualité, non[1] ? » Silence de plomb dans la salle. Assis dans les derniers rangs, Kylian ne répondit pas un mot mais ne baissa pas les yeux. Il garda la mâchoire serrée.

Le 21 juin, les Bleus rencontraient le Pérou pour leur deuxième match de poule. Si la prestation collective fut cette fois encore loin d'être brillante, la France décrocha la victoire grâce à un but de Mbappé, son

1. « Les Bleus 2018, au cœur de l'épopée russe », TF1, 17 juillet 2018.

premier en Coupe du monde. Positionné sur le côté droit de l'attaque, il réussit de jolis gestes techniques mais se montra aussi discipliné dans le travail défensif. Après deux tentatives infructueuses, il marqua à la 34e minute sur un tir opportuniste. Par ce geste, il décrocha un nouveau record de précocité : celui du plus jeune buteur français lors d'un Mondial. « Marquer un premier but en coupe du monde, pour tout footballeur c'est un rêve de gosse qui se réalise[1] », affirmera-t-il. Un rêve de gosse pour lequel il ne laissa pas pour autant transparaître une émotion très vive. « Quand Mbappé marque un but en Coupe du monde, il est heureux mais pas plus que lorsqu'il marque contre Nîmes en championnat, estime le journaliste Vincent Duluc. Il n'extériorise pas son émotion comme un joueur qui donne le sentiment d'avoir marqué le but le plus important de sa carrière. Il montre de la joie mais avec un côté maîtrisé, comme dans tout ce qu'il fait. » Ce but a aussi des conséquences comptables : sans avoir prouvé grand-chose sur leur niveau de jeu, cette victoire assure aux Français leur qualification pour les huitièmes de finale avant même leur troisième match de poule. Pour celui-ci, cinq jours plus tard face au Danemark, Kylian débute sur le banc. Il ne s'agit pas d'une sanction, seulement d'une volonté du sélectionneur de faire tourner son effectif. La rencontre n'était pourtant pas tout à fait sans enjeu : la France

1. « Deuxième étoile », TF1, 2 janvier 2019.

jouait la première place du groupe qui, en théorie, devait lui assurer un adversaire de moindre mesure. Le match contre les Danois se révéla insipide et se conclut par un score de 0-0. La rentrée de Mbappé à la 78e minute n'y a rien changé. L'essentiel n'était pas là. Les Bleus étaient en huitièmes de finale, une nouvelle compétition débutait avec les rencontres à élimination directe. Et si la France n'impressionnait personne en ce début de Coupe du monde, parmi les équipes majeures elle n'en restait pas moins l'une de celles qui s'en sortaient le mieux. Dans ce Mondial de toutes les surprises, l'Allemagne termina dernière de son groupe après avoir perdu contre le Mexique et la Corée du Sud. L'Espagne se fera sortir dès les huitièmes après une défaite contre la Russie. Le Brésil s'était fait peur en entamant la compétition par un match nul face à la Suisse avant de gagner ses deux rencontres suivantes. Quant à l'Argentine, elle décrocha péniblement la deuxième place de son groupe après avoir manqué de peu de se faire sortir. Avec un match nul contre l'Islande et une lourde défaite contre la Croatie, la sélection de Messi ne dut son salut qu'à un but à la 86e minute lors de la rencontre face au Nigeria. En se plaçant deuxième de la poule D, l'Argentine devait donc affronter le premier de la poule C : la France.

La sélection argentine ne traversait pas la meilleure période de son histoire mais chacun des joueurs qui composaient l'équipe n'en restait pas moins des cadors : Agüero, Dybala, Di María, Banega, Mascherano…

Quant à Messi, il restera toujours Messi. Les Bleus étaient loin d'être favoris. Même en France, beaucoup leur prédisaient une sortie précoce de la compétition. Pourtant, le 30 juin, quiconque ne portait ne serait-ce qu'un semblant d'intérêt pour le ballon rond n'aurait manqué ce match pour rien au monde. Cette rencontre face à l'Argentine promettait d'être à la hauteur de celles contre l'Allemagne en 1982 ou le Brésil en 1986 : peu importe le score, il semblait écrit d'avance qu'elle laisserait un souvenir indélébile. Juste avant le coup d'envoi, sur le terrain, Kylian Mbappé échangeait quelques mots avec Ángel Di María, son coéquipier au PSG. D'apparence joyeuse, les deux joueurs dissimulaient leur bouche pour que l'on ne puisse pas lire les mots sur leurs lèvres. Di María lança : « Tu es prêt à rentrer chez toi ? Profite de ton dernier match en Coupe du monde, le prochain c'est dans quatre ans[1] ! » Kylian rigola mais son sourire s'effaça assez vite. Une seconde après, seule la concentration était visible sur son visage. Dès l'entame du match, les défenseurs argentins se ruèrent sur Mbappé à chacune de ses prises de balle. Il était évident que la principale menace française avait été identifiée… Très vite, les joueurs de l'Albiceleste laissèrent tout de même des espaces à Kylian, et celui-ci en profita. C'est à la 11e minute que survint cet instant qui a sans doute généré un avant et après dans l'existence de Kylian Mbappé. Il ne s'agit que d'une action,

1. *Ibid.*

mais de celles que l'on n'oubliera jamais parmi les millions auxquelles on aura assisté durant sa vie de spectateur de foot. Kylian récupéra le ballon dans le camp français et s'élança balle au pied. Il réalisa une accélération, suivie d'une seconde. Depuis qu'il avait chaussé ses premiers crampons, Kylian avait toujours étonné par sa rapidité, mais cette fois il semblait aller encore plus vite que d'habitude. C'était une course folle, un sprint, un rush, une accélération à trente-sept kilomètres-heure[1], qui lui vaudra le surnom de « 37 » de la part de plusieurs de ses coéquipiers. En six secondes, il traversa tout le terrain sans qu'aucun adversaire ne parvienne à l'arrêter. Il élimina un Argentin, puis un deuxième, puis un troisième. À cet instant, toute la France courait à ses côtés. S'il avait marqué lui-même, l'action aurait peut-être détrôné celle de Maradona contre l'Angleterre lors du Mondial 1986, dont l'issue fut considérée comme « le but du siècle. » Mais Mbappé ne put aller jusqu'au bout, puisqu'il se fit agripper par ce briseur de rêve de Marcos Rojo, et il s'écroula dans la surface de réparation. « Sur ce coup-là, je me dis juste que je peux y aller, détaillera Kylian. Et plus j'avance et me rapproche de la cage, plus je me dis qu'il va falloir faire quelque chose. Je suis accroché, je tombe, c'est penalty[2]… » Antoine Griezmann le

1. Si de nombreux médias ont avancé cette pointe de vitesse à 37 km/h, la FIFA a par la suite annoncé que Kylian Mbappé avait été contrôlé seulement à 32,4 Km/h.

2. *France Football*, 4 décembre 2018.

transforma et la France menait 1-0. L'euphorie s'éteignit une demi-heure plus tard : Di María égalisa sur une magnifique frappe à la fin de la première mi-temps et Mercado marqua un deuxième but argentin au début de la seconde. Dans les tribunes, Maradona exultait. Le visage de Kylian, lui, ne trahissait aucune émotion. Le reste appartient à l'histoire. Benjamin Pavard permit à la France de revenir au score avec une frappe de bâtard qui lui offrira la postérité ainsi qu'une chanson. Kylian prit la main juste après : un crochet du pied droit pour éliminer un défenseur, une frappe du gauche à ras du sol et un but qui donna l'avantage aux Bleus. Kylian mima sa célébration habituelle, mais dans la version à genoux, avant que l'ensemble de ses coéquipiers ne se jette sur lui pour l'ensevelir. Quatre minutes plus tard, il marqua un nouveau but sur une passe de Giroud. Cette passe, nul autre que lui n'aurait été suffisamment rapide pour la réceptionner. Cette fois, Kylian exulta sans aucune retenue. Tous ses partenaires, titulaires et remplaçants mélangés, fondirent de nouveau sur lui. À cet instant précis, une idée s'est imposée à tous les spectateurs à travers le monde : la France de Mbappé avait vaincu l'Argentine de Messi. Peu importe qu'Agüero marquât un nouveau but dans les arrêts de jeu et que l'angoisse tînt en haleine 60 millions de supporters durant une poignée de minutes. L'histoire était beaucoup trop belle pour qu'elle ne soit effacée. À l'issue du match, au micro de TF1, Wilfrid Mbappé dira : « Même dans mes plus beaux rêves je n'aurais pas imaginé ça. » Quand le journaliste lui demanda ce qu'il allait dire à son fils, il répondit : « Que je l'aime. »

Après cette rencontre, Kylian Mbappé changea une nouvelle fois de dimension. La veille, il était encore peu connu au-delà des frontières européennes. Au coup de sifflet final, plus personne n'ignorait son nom dans n'importe quel hémisphère. Aux yeux du monde footballistique, il était le tombeur de Messi. « Mbappé a mangé l'Argentine », afficha le quotidien espagnol *La Vanguardia*, « Liberté, égalité, Mbappé », titra en français le journal allemand *Süddeutsche Zeitung*. Dans le quotidien argentin *Clarín*, Kylian était qualifié de « cauchemar de l'Argentine qui a écrit un morceau d'histoire pour la France ». Pour le britannique *The Daily Telegraph* : « Si le roi est mort, longue vie au nouveau roi[1] ! » Vu de France, il était quasiment le sauveur de la patrie. « Kylian ne revendique pas de leadership de façon expressif, assurera Didier Deschamps. Mais c'est évidemment un leader d'attaque. Est-ce qu'il se métamorphosera ensuite en un leader global, en adéquation avec son caractère, son envie et sa personnalité ? Il en a la possibilité[2]. » « Je ne pense pas que Mbappé soit un leader en équipe de France, estime le journaliste Vincent Duluc. Les autres joueurs le voient comme un môme de 20 ans qui a parfois encore besoin qu'on le pique un peu. C'est aussi de cette façon que le perçoit

1. Cités par *Le Monde*, 1er juillet 2018.
2. *France Football*, 8 janvier 2019.

Deschamps. On ne sent d'ailleurs pas chez Mbappé des prémices de volonté de pouvoir. En revanche, il revendique déjà son positionnement sur le terrain ou le fait de jouer tous les matchs. »

En quarts de finale, la France élimina l'Uruguay, privé de son buteur Cavani. Mbappé se frotta à des défenseurs rugueux, Varane marqua de la tête, Lloris fit un arrêt qui vaut largement celui de Gordon Banks face à Pelé en 1970, Griezmann marqua un second but d'une frappe du gauche et à l'arrivée la France était toujours en course. À un moment du match, agacé par l'attitude de Mbappé qu'il considérait comme provocatrice vis-à-vis des adversaires, Deschamps hurla : « Kylian, arrête de faire chier. » Le sélectionneur lui donnera ensuite l'accolade pour le calmer. Kylian ne répondit pas à son geste. À cet instant, son visage était d'une telle concentration qu'il ne ressemblait presque plus au jeune homme souriant que l'on avait l'habitude de voir.

La veille de la demi-finale, Mbappé se bloqua trois vertèbres, ce qui l'obligera à jouer physiquement diminué contre la Belgique. Les jours suivants, l'objectif premier fut de dissimuler l'état de Kylian aux futurs adversaires. Au sein du staff de l'équipe de France, la perspective de devoir se priver d'un élément devenu aussi important à l'équipe pour un match couperet engendra un léger sentiment de panique. Kylian, lui, sembla rester serein. Lorsqu'il apercevait une caméra, il serrait les dents et tentait de dissimuler sa démarche laborieuse. « Grâce au super boulot de notre ostéo, Jean-Yves Vandewalle, j'ai pu retrouver 70 % de mes moyens, relate-t-il. L'essentiel était de ne surtout pas alerter nos adversaires car ils auraient pu en profiter pour m'attaquer dans cette zone sensible. C'est pourquoi, avec le staff et les joueurs, on a tout caché. Il ne faut pas croire qu'une Coupe du monde se gagne tranquillement. Il faut aussi savoir serrer les dents… et ruser[1]. » La France élimina la Belgique 1-0 à l'issue d'un match des plus serrés. Mbappé ne marqua pas mais réalisa une prestation réussie. Il s'arracha à plusieurs reprises et effectua une passe en talonnade pour Giroud, qui ne parvint pas à la mettre au fond. La France était en finale et Mbappé est toujours son atout n° 1.

Le jour de la finale, la quasi-totalité des Français qui prétendaient ne prêter aucun intérêt à la Coupe du monde se sont peinturlurés du bleu-blanc-rouge sur les joues. Les bars qui diffusaient le match affichèrent complet, les municipalités installèrent des écrans géants et nul ne savait encore si la soirée ressemblerait au 12 juillet 1998 ou au 9 juillet 2006. Des dizaines ou des centaines de milliers de Français portaient un maillot bleu, dont beaucoup étaient floqués Mbappé. À Bondy, un écran avait été installé au stade Léo-Lagrange. La pelouse était noire de monde. Dès

1. *France Football*, 24 juillet 2018.

que Kylian apparaissait à l'image, des clameurs s'élevaient. À 17 heures en France, il était 20 heures à Moscou. Au stade Loujniki, Kylian avait déjà enfilé ses chaussures avec un drapeau tricolore, spécialement confectionnées par son équipementier pour la finale. Aligné devant Paul Pogba avant de sortir du couloir pour pénétrer sur le terrain, Kylian pencha la tête pour apercevoir le trophée. Un instant après, il chantait la Marseillaise en souriant. Tout le monde se souvient de la suite. Griezmann tira un coup franc détourné par Mandzukić qui marqua contre son camp. Perišić égalisa pour la Croatie. Les Bleus obtinrent un penalty, que Griezmann transforma avant d'exécuter la danse « Take the L » du jeu vidéo *Fortnite*. À la mi-temps, Didier Deschamps fit son speech tactique. Kylian écouta, assis entre Fekir et Thauvin. Les Croates attaquèrent dès la reprise. Deschamps sortit Kanté qui passait à côté de son match pour la première fois depuis le début du Mondial. Mbappé fut à l'origine de l'action sur le but de Pogba, puis marqua le 4e but tricolore sur un centre d'Hernandez. En France, des gamins d'un peu partout se mirent à imiter sa célébration. Peu importe qu'à la 68e minute Lloris se fît prendre la balle sur une erreur d'appréciation et encaissa un but qui le priva sans doute du titre de meilleur gardien de la compétition. Peu importe qu'en 1982 il n'eût fallu que six minutes à la RFA pour éliminer Michel Platini et les siens au Mondial espagnol. Le doute n'existait plus, même pour le plaisir de se faire peur. Lorsqu'il ne resta qu'une minute à jouer, sur le banc Rami cria aux autres remplaçants de rester assis jusqu'au coup de sifflet. Puis l'adjoint Guy Stéphan dit à Didier Deschamps : « C'est fait. » Lloris attrapa un ballon en l'air et se coucha avec. Le banc tricolore se leva et tous ceux qui y étaient se sont mis à mimer des signes de victoire. Dans la tribune presse, Margotton passa son bras sur l'épaule de Lizarazu tout en poursuivant ses commentaires que plus personne n'écoutait. Au milieu des officiels, Emmanuel Macron exultait. Sur le terrain, Lloris dégagea le ballon. L'arbitre siffla. Les joueurs du banc se ruèrent sur la pelouse, Margotton gueula dans son micro et la France chavira. De Lille à Marseille, pour quelques minutes ou quelques heures, un match de foot était devenu la chose la plus importante au monde. Pogba leva les bras en regardant le ciel, Tolisso courut comme un gosse, Matuidi et Sidibé s'enlacèrent, Hernandez sauta dans les bras de Griezmann. Tous avaient le visage défiguré par la joie. Kylian a lui aussi levé les bras et esquissé un sourire, comme lors de son premier but en pro. Il arborait un visage réjoui mais rien ne trahissait une quelconque euphorie, même quand il posa les genoux à terre avant de tomber dans les bras d'Ousmane Dembélé. Ses coéquipiers pleuraient comme s'ils allaient mourir de joie, Kylian se contentait de sourire. Il en fut de même lorsqu'il souleva le trophée. Il donnait le sentiment d'être dans la maîtrise de lui-même lorsque les autres étaient tous dans le lâcher-prise. En y regardant de plus près, on distinguait tout de même quelque chose dans son regard. Quelque chose qu'on ne lui avait pas vu avant. « Au coup de sifflet final, je n'ai pensé à personne mais à une seule chose : la coupe ! J'allais enfin pouvoir la toucher, la prendre, la soulever, relate-t-il. C'était pour ça que j'avais autant travaillé au cours des dernières semaines. Et j'étais pressé de la brandir même si, il faut être honnête, cela faisait quelque temps que je m'étais fait à cette idée[1]. » Dans le vestiaire des Bleus, ce fut le défilé des grands de ce monde : le président français Emmanuel Macron, son homologue russe Vladimir Poutine, la présidente croate, Kolinda Grabar-Kitarović, le président de la FIFA Gianni Infantino… Tous rejoignirent les champions du monde en slip qui hurlaient de bonheur et s'éclaboussaient au champagne. Emmanuel Macron, qui avait embrassé Kylian sur le front lors de la remise des médailles, lui glissa sur le ton d'humour qu'il serait souhaitable qu'il signe un jour à l'OM. Sur le même ton, Kylian lui répondit que c'était irréalisable. Un peu plus tard, Didier Deschamps dira à ses joueurs que leur vie ne sera plus jamais la même. Cette phrase signifiait-elle quelque chose pour Kylian ? À l'hôtel *Hilton Garden Inn New Riga*, plus de deux cents personnes étaient rassemblées pour la fête des Bleus. Les membres du staff, les familles des joueurs mais aussi quelques « people », tels le musicien DJ Snake, le boxeur Tony Yoka ou l'animateur Nagui.

1. *Ibid.*

Pas de discours solennel, juste une ambiance festive qui s'éteindra vers 5 heures du matin. Le lendemain, plusieurs internationaux français eurent besoin d'aspirine à leur réveil. Pas Kylian. Il n'avait pas dansé sur le comptoir, ni veillé jusqu'à l'aube. Tout le long de la célébration, il était apparu bien plus calme que le reste du groupe. Comme si cette victoire n'était qu'une étape. « Ce qui est le plus impressionnant chez lui, c'est sa façon de trouver normal d'être là où il est, juge le journaliste Vincent Duluc. N'importe qui d'autre à sa place aurait été stupéfait mais pas lui. Tout ce qui lui arrive a été tellement planifié que cela lui semble logique. Il savait d'avance tout ce qui allait lui arriver comme il sait déjà tout ce qui lui arrivera par la suite. » Lors du retour en France, Kylian se montra aussi assez discret lors de la réception à l'Élisée. La perspective de descendre les Champs en bus enthousiasmait le reste de l'équipe mais pas lui. « Cette balade en bus, j'avoue, je n'étais pas trop pour à l'origine, expliquera-t-il. Je trouvais que ça faisait un peu "too much", je pensais que l'euphorie serait redescendue plus vite. Mais heureusement qu'on l'a faite ! J'ai encore en tête toute cette foule, c'était grandiose[1]. »

Un cliché sur lequel Mbappé embrasse la Coupe du monde sur la pelouse du stade Loujniki est devenu la photo la plus partagée en France sur le réseau Twitter,

1. *France Football*, 4 décembre 2018.

avec 195 000 retweets selon le bilan 2018 du réseau social[1]. Au lendemain du Mondial, la presse internationale se montra plus enthousiaste encore qu'après la victoire de la France face à l'Argentine. Le *Washington Post* (États-Unis) : « Lors de cette Coupe du monde, rien ne pouvait arrêter Kylian Mbappé. Il en est de même concernant les hyperboles sur son futur[2]. » *El Comercio* (Pérou) : « Kylian vient de conquérir le monde[3]. » *El Mundo Deportivo* (Espagne) : « Mbappé n'est ni Pelé, ni Ronaldo, ni Henry, et il n'a pas besoin de l'être car il a décidé d'écrire sa propre histoire dans le monde du football[4]. » *The Guardian* (Grande-Bretagne) : « Ce n'est pas uniquement un talent brillant, pur et intrépide. C'est aussi un joueur qu'on voit évoluer avec joie sur le terrain, un footballeur plein de charme, chaleureux, qui a l'air d'apprécier un moment merveilleux, alors qu'il joue avec ses amis au milieu d'une tension incroyable[5]. » Trois mois plus tard, en octobre 2018, Kylian fera la couverture du prestigieux magazine américain *Time*, avec en titre : « Mbappé le futur du football ». Morceaux choisis : « Mbappé représente bien plus qu'un joueur de foot extraordinaire pour les Français », « Il est l'incarnation vivante du conte de fées de l'ascension sociale », « Qui il sera va dépendre de

1. *L'Équipe*, 6 décembre 2018.
2. *Courrier international*, 16 juillet 2018.
3. *Ibid.*
4. *Ibid.*
5. *Ibid.*

la manière dont il gère cette soudaine et énorme célébrité. Le monde le regarde ». Le monde le regarde et le monde semble aimer ce qu'il voit. « Ce qui est étrange, c'est que je n'ai pas l'impression de faire quelque chose d'extraordinaire, affirme Kylian. Les gens me disent le contraire mais moi je ne fais que vivre mon rêve. J'ai toujours rêvé d'avoir cette vie. Je voulais devenir footballeur comme d'autres veulent réussir dans d'autres domaines. Le football, c'est quelque chose de très médiatisé, qui engendre beaucoup de fans et beaucoup de passion. Mais, moi, je n'ai pas l'impression d'être quelqu'un d'exceptionnel[1]. » Avec cette victoire en Coupe du monde, Kylian Mbappé a définitivement prouvé qu'il n'était plus un espoir. « Le milieu du football s'est enflammé sur de très nombreux jeunes joueurs qui n'ont pas confirmé par la suite, rappelle Daniel Riolo. Avec Mbappé c'est différent : à 19 ans, il a déjà joué une demi-finale de la Ligue des champions, il a remporté deux championnats de France et il a gagné la Coupe du monde en étant un joueur clef de l'équipe. » Vu de l'extérieur, il semblait désormais avoir atteint le sommet qu'il s'était fixé lorsqu'il était enfant. Lui, pourtant, était déjà dans la perspective de la cime suivante. « Le soir même, je me projetais déjà sur la prochaine Coupe du monde, assure-t-il. L'émotion et les sensations sont tellement fortes que tu as envie d'y goûter de nouveau le plus vite possible. Je

1. *Le Parisien*, 20 décembre 2018.

veux revivre ça ! 2022 ce n'est pas si loin... Ce qui me plaît, c'est de gagner. Plus tu gagnes, plus tu as envie de gagner encore. C'est une obsession qui m'a toujours fait avancer. Je n'ai pas envie de me reposer sur mes lauriers. Je pense qu'après une victoire en Coupe du monde, 70 % des footballeurs se disent que c'est une consécration. Pas moi[1]. »

1. *France Football*, 24 juillet 2018.

CHAPITRE 12

RETOUR À BONDY

Bien qu'il n'habite plus Bondy depuis plusieurs années, Kylian Mbappé n'a jamais coupé les liens avec sa ville d'origine. Mieux : depuis qu'il est sous le feu des projecteurs, le jeune prodige fait figure de meilleur ambassadeur de la commune, au point de lui offrir une représentation médiatique à mille lieues de la réputation que traînent ses voisines de Seine-Saint-Denis. « Nous ne nous attendions pas à un effet pareil, affirme Sylvine Thomassin, la maire de la ville à l'époque. Nous étions très heureux à chaque fois qu'il franchissait une étape dans son parcours de footballeur mais après la Coupe du monde c'est devenu autre chose. Désormais, partout où je vais en tant que maire de Bondy, tout le monde me demande comment va Kylian. La ville est associée à lui. » « Beaucoup de gens ont découvert Bondy par Kylian, estime le directeur sportif du club de football Jean-François Suner. Dès que l'on parle de Bondy à quelqu'un, c'est tout de suite Kylian qui vient à l'esprit.

Cela a changé l'image de la ville. » « Bondy est connue parce que c'est la sortie de l'A3 et la ville de Kylian Mbappé, sourit l'ancien directeur d'école Yannick Saint-Aubert. Nous avons longtemps été perçus de façon caricaturale comme une ville sans âme avec des dealers et des méchants et à présent nous sommes fiers d'avoir une réputation positive. » « L'image médiatique de la commune a beaucoup évolué depuis l'ascension de Kylian, renchérit Sarah Ichou, reporter au Bondy Blog. Dès que l'on annonce que l'on vient de Bondy, les gens ont tendance à dire "la ville de Kylian Mbappé" au lieu de "la ville où l'on brûle des voitures" et c'est tant mieux. » « Dans une ville comme Bondy nous sommes souvent en première ligne pour des choses difficiles, explique Françoise Ducos, l'ancienne professeure de flûte de Kylian. Alors pour une fois que nous sommes sous les projecteurs pour du bonheur, on ne va pas pleurer. Nous sommes trop contents de ce qui se passe. » « Pendant la Coupe du monde, c'était comme si l'ensemble de l'Ile-de-France voulait être de Bondy, s'amuse la maire Sylvine Thomassin. Les Parisiens, qui regardent parfois leur banlieue avec un petit air de mépris, s'étaient accaparé Kylian : ils prétendaient qu'il était l'un des leurs parce qu'il jouait au PSG. Non seulement Kylian est très fort en football mais il a même réussi à faire fondre le périphérique… » La section foot de l'AS Bondy a été prise d'assaut par les inscriptions, au point qu'elle ne peut accueillir tout le monde faute d'une capacité suffisante. « L'effet

Kylian était déjà important, mais après la Coupe du monde cela s'est encore amplifié », précise le directeur sportif Jean-François Suner. Dans toutes les catégories de jeunes, Mbappé fait figure d'exemple auprès des enfants et des adolescents. « Kylian représente une fierté pour les Bondynois, explique son ancien directeur d'école Yannick Saint-Aubert. Une fierté pour ce qu'il est d'un point de vue footballistique mais aussi pour ce qu'il est humainement. Il donne l'image d'un jeune homme debout, sain, avec de vraies valeurs. » « Je ne sais pas si le regard des autres a changé sur Bondy, mais je crois que le regard des Bondynois sur eux-mêmes a changé, confie Céline Bognini, professeure de musique au conservateur de la ville. Kylian Mbappé a donné de l'espoir à beaucoup d'enfants. J'ai le sentiment qu'une forme de fierté a rassemblé les Bondynois. Une joie collective qui allait bien au-delà de la victoire à la Coupe du monde. » « Bondy est une ville populaire, avec toutes les difficultés, toutes les richesses et toute l'humanité que cela implique, dit Yannick Saint-Aubert. La commune a mis en place beaucoup de choses : elle possède notamment une université populaire qui est la troisième de France, le lycée Renoir a un taux de réussite de 92 % au bac S sans aucun écrémage. Au-delà de Kylian, beaucoup d'enfants d'ici ont connu de grandes réussites dans de multiples domaines. Des anciens élèves deviennent avocats ou médecins. J'ai croisé ces derniers jours une ancienne élève qui est devenue ingénieur nucléaire à EDF. Cela ne signifie pas que tous les gamins ont bien tourné, mais je pourrais citer de très nombreux cas de réussites individuelles. »

L'effet Mbappé sur Bondy remonte à bien avant la Coupe du monde. Le 6 septembre 2017, alors qu'il venait de signer au PSG, il était revenu dans la ville pour inaugurer le *city-stade* remis à neuf grâce au financement de son sponsor Nike. C'est Kylian lui-même qui avait obtenu cet investissement de la marque à la virgule lors de la renégociation de son contrat. C'est lui aussi qui a insisté pour que cette structure soit accessible en permanence à tous les jeunes de la ville. Comme de nombreuses communes populaires, la municipalité de Bondy ne croule pas sous l'or et rencontre même des problèmes financiers conséquents. Ce financement tombé du ciel n'était donc pas anodin. Le jour de l'inauguration, plus de 500 personnes assistaient à l'événement et avaient ovationné Kylian. « C'est un grand plaisir de revenir ici, avait-il clamé devant le public. Tous mes souvenirs reviennent à la surface. J'espère que les jeunes vont s'y plaire. J'ai beaucoup joué ici avec mes amis mais, à l'époque, c'était du goudron et des filets troués[1]... » Le *city-stade* jouxte son ancienne école primaire. Ce jour-là, c'est d'ailleurs dans les salles de classe qu'il fréquentait lorsqu'il était enfant que Kylian a donné ses interviews. Si le petit *city-stade* n'a pas été baptisé, tous les gamins de la ville le surnomment « le stade Kylian ». « À Bondy personne ne l'appelle

1. *Le Parisien*, 7 septembre 2017.

“Mbappé” mais seulement “Kylian”, indique la maire Sylvine Thomassin. Il a grandi ici et ses quatre grands-parents vivent toujours à Bondy. » « Que l’on parle de lui à un enfant de 4 ans ou à un papy de 75 ans, tout le monde sait qui il est, ajoute Sarah Ichou du Bondy Blog. Même si l’on n’est pas intéressé par le football, on est intéressé par Kylian Mbappé. Il incarne des valeurs qui vont bien au-delà du sport. »

Le 17 octobre 2018, Kylian est venu à Bondy pour présenter la Coupe du monde. Cette fois ce ne sont plus 500 personnes mais 4 000 qui sont venues l’acclamer au stade Léo-Lagrange. Tous les services de la ville ont été réquisitionnés. « Sa venue était un événement assez lourd à organiser pour une ville comme la nôtre aux moyens modestes, indique la maire Sylvine Thomassin. Il fallait assurer les conditions de sécurité pour des milliers de personnes. Kylian et ses parents nous ont énormément aidés en prenant à leur charge une partie des frais, sinon cela aurait été très compliqué pour nous. À chaque fois que nous avons besoin d’eux ils sont là. » Un tel événement à Bondy n’avait évidemment pas été inscrit au cahier des charges. « Nous avions envie de cette fête populaire mais nous nous demandions comment nous allions y arriver financièrement, explique la maire. Évidemment cet événement n’avait pas été inscrit au budget de la municipalité, il aurait fallu que nous puissions prévoir le dénouement de la Coupe du monde plusieurs mois auparavant… » Un nombre impressionnant des membres des forces de l'ordre sont venus en renfort pour bloquer les rues du quartier. De nombreux policiers en civil et une centaine de journalistes sont également présents. Le dispositif aurait-il été supérieur pour le chef d'État d'un grand pays ? Pour une journée, le stade Léo-Lagrange a été rebaptisé « stade Kylian-Mbappé ». Ce changement de nom est-il appelé à devenir définitif dans l'avenir ? « Cela ne pourrait se faire qu'avec l'autorisation de Kylian et de sa famille, dit la maire. Mais il ne faut pas oublier que Léo Lagrange fut un homme qui a marqué l'éducation populaire, qui est l'ADN de Bondy. Peut-être que le nom de Kylian sera associé à un autre stade mais il semble évident qu'un lieu de la ville portera son nom. » L'arrivée se fit par trois véhicules aux vitres teintées. Kylian était accompagné de ses parents et d'agents de sécurité qui ne le quittaient pas d'un pouce. Sur la pelouse, il enchaîna les photos avec des enfants sans jamais se départir de son sourire. « Il avait le même air malicieux que je lui connaissais lorsqu'il allait à l'école », dit la maire. Kylian monta ensuite à la tribune, qui avait été adossée à l'immeuble dans lequel il avait vécu. Il rejoignit la maire, le président de l'AS Bondy et le journaliste Christian Jeanpierre, pour recevoir la médaille de la ville, le titre de citoyen d'honneur et un maillot de l'AS Bondy floqué à son nom. Sylvine Thomassin lui remit un autre cadeau : une flûte traversière. Lors de la préparation de l'événement, la municipalité avait contacté l'ancienne professeure de musique de Kylian, Françoise Ducos, afin qu'elle choisisse l'instrument. Kylian ne put dissimuler sa surprise face à un tel cadeau. Il éclata de rire et lâcha : « Il va falloir que j'en rejoue maintenant… » Son ancienne professeure de musique n'a pas eu l'occasion de le voir ce jour-là. « Lorsque la flûte lui a été offerte, j'ai lu dans la presse qu'il avait dit qu'il essayerait de s'y remettre mais qu'il avait oublié les bases », rigole-t-elle. La mère de Kylian lui fera parvenir un maillot de son fils par l'intermédiaire du service culturel de la ville. Avant de repartir, Kylian écouta l'orchestre des enfants de l'association Passeurs d'Arts qui interpréta l'*Hymne à la joie*. Lors de la préparation, Fayza Mbappé avait indiqué à la maire qu'il serait souhaitable que l'événement fasse une belle part à la culture et pas seulement au sport. Au cours de la journée, une rencontre a aussi été organisée avec 900 enfants au centre de loisirs. Kylian a signé des autographes et posé pour des selfies. « Pour eux, la venue de Kylian a été un moment extraordinaire », confie Françoise Ducos. Aux yeux de la jeunesse bondynoise, Kylian est plus qu'un des leurs : il est un modèle. « Il n'y a pas besoin de Kylian pour que les enfants rêvent de faire carrière dans le foot, indique Jean-François Suner. Depuis quinze ans ils veulent tous devenir pros… On le répète à tous ceux qui arrivent : il y a très peu d'élus. » Sans doute que l'exemple montré par Mbappé dépasse le cadre du football. « On pourrait dire qu'avec l'image de Kylian Mbappé on tombe encore dans le cliché du jeune qui s'en sort par le sport mais il n'est pas que ça, estime Sarah Ichou du Bondy Blog. Il est aussi vu comme quelqu'un qui s'exprime très bien et qui mène de nombreuses actions caritatives. Il donne l'impression d'être vrai dans ce qu'il fait. » « Beaucoup d'enfants de Bondy disent : "On ne sera jamais comme Kylian mais il nous montre la voie", dit Yannick Saint-Aubert. Ils comprennent qu'avec des valeurs de travail et de persévérance on peut y arriver. C'est une belle revanche face à la stigmatisation. »

Kylian et ses parents ont conservé des liens directs avec nombre d'enseignants de la ville et d'associations locales. « Cela fait trop longtemps que Fayza et Wilfrid aident financièrement des écoles et des associations de Bondy, explique la maire Sylvine Thomassin. Avant même que Kylian ne soit footballeur, il le faisait déjà avec leur fils adoptif Jirès. Ce n'était pas du même niveau qu'aujourd'hui mais c'était déjà beaucoup. » Au-delà des infrastructures sportives, les soutiens qu'apporte la famille Mbappé sont souvent liés à l'accès à la culture des enfants. Kylian a participé au financement d'une partie d'un voyage en Russie d'une classe aménagée musique ou du dispositif Passeurs d'Arts, pour l'apprentissage de la musique à l'école primaire. « Kylian aide des associations et des habitants de Bondy sans en faire écho dans les médias », indique l'ancien directeur d'école Yannick Saint-Aubert. Le jeune footballeur est aussi devenu le parrain de l'association Premiers de cordée, qui propose des initiations sportives pour les enfants hospitalisés ainsi que des actions de sensibilisation au handicap. C'est à cette structure qu'il a versé le montant de ses primes de victoires avec les Bleus à la Coupe du monde, soit 350 000 euros[1]. En novembre 2017, dans le cadre de cette association, Kylian est venu discrètement jouer un match de foot avec les enfants du service de pédiatrie de l'hôpital Jean-Verdier. La rencontre s'est déroulée dans la grande salle du conseil d'administration. L'événement avait été quasiment classé secret défense, même la maire n'en a été informée que deux heures auparavant. La rumeur s'est très vite répandue et beaucoup des membres du personnel de l'hôpital sont venus y assister mais aucun journaliste n'était présent. « Kylian avait vraiment envie de jouer ce match tranquillement avec les enfants de l'hôpital », explique Sylvine Thomassin. Durant une heure, Kylian a tapé dans le ballon avec des gamins qui rayonnaient de bonheur.

Les venues de Kylian Mbappé à Bondy sont toujours très appréciées mais elles sont désormais devenues difficiles à organiser. « Kylian n'a pas changé, c'est toujours le même, affirme le directeur sportif de l'AS Bondy Jean-François Suner. Il prend toujours beaucoup de plaisir à revenir au club. Quand il peut bien sûr, parce que ce n'est pas évident… Quand il était à Monaco, il pouvait revenir un peu plus souvent. Maintenant c'est plus compliqué en raison de sa notoriété. » Sur l'affiche de l'audition pour l'école de musique en décembre 2018,

1. *L'Express*, 12 octobre 2018.

Françoise Ducos avait apposé la photo de Kylian avec sa flûte. « Des enfants m'ont demandé s'il allait venir à l'école de musique, glisse-t-elle. Mais aujourd'hui il est inaccessible. J'aurais adoré qu'il vienne, mais quand je vois que pour sa venue du 17 octobre il a fallu déplacer 400 policiers et fermer l'A86, je me dis qu'il faut être réaliste... » Ce n'est pas seulement à Bondy que la présence de Kylian n'est plus aussi facile. Son petit frère, Ethan, a joué avec les U12 du PSG à l'édition 2018 de la Gif Cup, à laquelle Kylian avait lui-même participé en 2009. Ses parents étaient présents mais pas Kylian. Celui-ci avait fait parvenir trois de ses maillots en équipe de France signés pour la tombola du tournoi. « Les parents sont restés très simples : ils se sont installés dans le public comme tout le monde, explique Philippe Renard, l'organisateur du tournoi. Pour Kylian, cela aurait été compliqué d'organiser sa venue. Nous sommes une petite structure, nous ne sommes pas en mesure d'assurer la sécurité. Certains anciens joueurs, comme Ulrich Ramé ou Bernard Diomède, sont venus au tournoi et il y avait en permanence une foule autour d'eux. Alors imaginez avec Mbappé, ce serait l'émeute... »

CHAPITRE 13

UN CHAMPION DU MONDE QUI A TOUJOURS FAIM DE VICTOIRES

Après l'ivresse de la Coupe du monde, il est souvent difficile pour un footballeur de reprendre contact avec la réalité d'un championnat national. Kylian Mbappé, lui, ne semble pas avoir eu besoin d'un sas de décompression. Lorsqu'il a repris avec le PSG pour la saison 2018-2019, la nouvelle dimension qu'il avait prise aurait pu représenter une pression supplémentaire. Au début de la saison précédente, Kylian était alors dans l'ombre de Neymar, cette fois, les cartes étaient rebattues. Le plus souvent, Mbappé se montra digne de son nouveau statut. Le 18 août, pour son premier match de championnat après des vacances prolongées en raison du Mondial, il inscrivit deux buts face à Guingamp alors qu'il n'était entré en jeu qu'au début de la seconde mi-temps. Le 4 octobre, il réussit un quadruplé face à Lyon. Quatre buts en treize minutes ! « En décortiquant mon match, on peut remarquer que j'aurais pu un peu mieux faire, relativise-t-il. J'aurais dû [en marquer] sept. Heureusement, dans quinze ans, on ne se souviendra pas de trois ratés mais seulement des quatre marqués[1]. » Lors du « Classico » contre l'Olympique de Marseille, le 28 octobre, son nom ne figurait pas parmi les titulaires mais comme remplaçant. Il s'agissait d'une sanction pour être arrivé en retard de quelques minutes à la causerie de son entraîneur, l'Allemand Thomas Tuchel, arrivé l'été précédent au PSG. La raison de son retard ? Il était en train de visionner la fin du match Real-Barcelone à la télévision. Peu de temps avant le coup d'envoi, alors que les joueurs s'échauffaient sur la pelouse, Kylian se retrouva en tête à tête avec Gigi Buffon, le légendaire gardien italien transféré au club lors du dernier mercato. L'ancien portier de la Juventus, dont le professionnalisme est unanimement salué, se garda bien de se lancer dans une leçon de morale à l'intention de son cadet. Il se contenta de lui parler des petits plaisirs de la vie, de son goût pour les barbecues entre amis. « C'était une bonne méthode, plutôt que de me bourrer le crâne avec des conseils et des reproches[2] », affirma Kylian. Une façon originale d'effacer la frustration mais qui eut le mérite de fonctionner sur l'attaquant français. À peine deux minutes après son entrée en jeu, il s'empara du ballon et marqua le but qui donna l'avantage au PSG. « Sur le bord de la touche, juste avant d'entrer,

1. *France Football*, 4 décembre 2018.
2. *Ibid.*

je me disais : “Tu as l’occasion de rattraper ton erreur car notre équipe est un peu en difficulté.” Finalement, tout le monde a oublié mon retard après mes actions qui ont amené nos deux buts[1]. » Contre Strasbourg, le 5 décembre, alors que l’entraîneur lui avait fait débuter la rencontre sur le banc pour le laisser souffler, son entrée en jeu changea de nouveau la physionomie du match. Dès qu’il avait le ballon, les défenseurs adverses semblaient vaciller. Mbappé ne parviendra pas à offrir la victoire à son équipe, le score final sera de 1-1, mais il multipliera les actions dangereuses comme aucun de ses partenaires n’était parvenu à le faire. Le constat est simple : il y avait un PSG avec Mbappé et un PSG de moindre envergure.

Pour autant, Kylian n’a pas toujours été exempt de reproches. Il n’a pas su faire la différence lors de certains matchs en Champions League. Or c’était dans ces moments-là que lui ou Neymar étaient les plus attendus pour faire passer un cap au club, bien plus qu’en championnat où l’équipe n’avait pas besoin d’eux tant elle survolait déjà toutes les compétitions nationales. Lors des phases de poule de la C1, le PSG s’est incliné à Liverpool (2-1) et a enchaîné deux matchs nuls face à Naples (2-2 et 1-1). « Kylian est un joueur qui examine ses performances au microscope, plaide le journaliste Hugo Dupré. Il est capable de s’isoler dans sa chambre parce qu’il a raté un match. Il a un

1. *Ibid.*

rapport à ses performances très critique. » Mbappé, pas plus que Neymar, n'étaient évidemment pas les seuls pointés du doigt. Nombre d'observateurs fustigèrent les difficultés de l'équipe à exister face aux cadors européens. Bien plus que le secteur offensif, les postes qui firent l'objet des plus vives critiques furent les milieux défensifs et les latéraux. Mais difficile d'écarter cette réalité : on attend toujours des joueurs stratosphériques qu'ils fassent la différence à eux seuls lors des matchs les plus importants. C'était le cas avec Cristiano Ronaldo lorsqu'il jouait au Real Madrid comme avec Messi au FC Barcelone. Mais pour le PSG, qui aspire à évoluer dans la même galaxie que ces clubs, ce n'était pas encore le cas…

Lors de la quatrième journée de championnat, le 1er septembre, contre Nîmes, Kylian a aussi donné une image de lui à laquelle le public n'était pas habitué. Après un violent tacle de Téji Savanier, Kylian s'est relevé en colère avant d'aller pousser des deux mains le fautif. L'arbitre a aussitôt sorti un carton rouge pour l'expulser. Lorsque Kylian s'exprimera dans la zone mixte à l'issue de la rencontre, une de ses phrases retiendra l'attention : « Si c'est à refaire, je le referai[1]. » « À la fin du match il est venu s'exprimer devant les journalistes, alors que je ne suis pas certain que le club voulait qu'il le fasse, indique Arnaud Hermant de *L'Équipe*. Son message a pu être un peu troublé mais il

1. *L'Équipe*, 2 septembre 2018.

savait ce qu'il faisait, on voyait bien qu'il avait réfléchi. Est-ce qu'il avait téléphoné avant à ses parents pour être briefé ? Je ne sais pas mais quand il est venu il avait un message à faire passer. On n'a pas senti quelqu'un qui hésitait. » Mbappé, qui sera suspendu pour trois matchs, exprimera publiquement ses regrets par la suite : « J'ai envie d'oublier l'épisode contre Nîmes car j'ai montré un visage noir dont je ne suis pas fier. En [catégorie] jeunes, je n'avais jamais pris de rouge. Je dois apprendre à me contrôler. J'ai pris trois matchs qui m'ont paru une éternité. Me priver de foot, c'est le pire qui puisse m'arriver[1]. » « Sur son expulsion, les donneurs de leçons ça va cinq minutes…, s'agace le journaliste du *Courrier picard*, Philippe Grand. Il se fait percuter par un joueur, il se relève et il en a marre. C'est un geste humain et j'aime bien quand les footballeurs sont humains. Des joueurs comme lui ou Neymar se prennent tellement de coups… » Cet épisode n'a pas perturbé Kylian pour autant : au fil de la saison, il se montrera plus performant encore. « Pour les joueurs qui se révèlent de façon précoce, vers 20 ans il y a toujours une période un peu difficile qui correspond à la fin de l'insouciance, analyse Vincent Duluc. Ils se retrouvent dans une situation où ils doivent assumer leur statut avec toutes les difficultés que cela induit. Thierry Henry, David Trezeguet ou Nicolas Anelka l'ont connue. Mais pas Kylian Mbappé. Ce qui est

1. *France Football*, 4 décembre 2018.

valable pour tous les autres ne l'est pas pour lui... » Sa popularité au sein du Parc des Princes a elle aussi grandi. Idole des plus jeunes depuis son arrivée, il a désormais pleinement conquis le cœur des supporters plus anciens, ceux qui n'attendent pas seulement d'un joueur qu'il plante des buts mais aussi qu'il marque l'histoire de leur club. Lorsque les spectateurs scandent son nom, les « Kylian, Kylian » partent de la tribune junior mais sont ensuite repris par l'ensemble du stade. Au début de l'année 2019, pour la première fois, les virages ont entonné une chanson dédiée à Mbappé, sur l'air de *Life is Life* du groupe Opus. Un hommage qui n'est pas anodin : rares sont les joueurs qui peuvent se prévaloir d'avoir leur propre chant. Au PSG, à l'exception notable de Neymar qui eut ce privilège dès son arrivée, Cavani a attendu deux ans avant d'avoir le sien et Zlatan Ibrahimović ne l'a jamais eu.

CHAPITRE 14

ICÔNE, SUJET DE DÉBAT ET COMMUNICATION ENCADRÉE

Tout footballeur qui atteint un statut à part fait toujours l'objet de débats. Certains deviennent clivants en raison de leur personnalité, d'autres à propos de l'élégance de leur jeu mais, un sujet engendre davantage de discussions interminables : leur positionnement sur le terrain. Kylian Mbappé ne fait pas exception sur ce point, comme le démontre la propension des journalistes, consultants et supporters à remettre le couvert sur cette question dès que l'opportunité leur en est donnée. À Monaco, sous la houlette de Leonardo Jardim, Mbappé jouait souvent en duo d'attaque avec Falcao. Durant la saison 2017-2018, alors que le PSG était entraîné par Unai Emery, il évoluait la plupart du temps sur l'aile droite. Avec le PSG de Thomas Tuchel, dans les premiers temps, il débutait souvent les matchs à droite avant d'adopter une position plus axiale. Depuis le début de l'année 2019, l'entraîneur parisien l'a installé dans l'axe de l'attaque. Kylian

Mbappé aurait d'ailleurs lui-même demandé à son entraîneur de jouer à la place d'attaquant axial à côté de Cavani. « Lui se considère davantage comme un attaquant de pointe qui est là pour marquer des buts, affirme à l'époque le journaliste Arnaud Hermant. Après nous avons vu qu'il pouvait aussi s'exprimer avec talent sur un côté. Je pense qu'avec le temps il s'affirmera dans l'axe parce que c'est son choix. Plus il grandira, plus il pourra imposer ses vues. » Certains observateurs plaident durant cette saison que c'est dans un rôle d'attaquant de pointe que Mbappé pourrait le mieux exprimer ses qualités, à savoir sa technique liée à sa vitesse d'exécution. Quand il entre dans la surface de réparation avec le ballon, rares sont les défenseurs qui parviennent à le stopper. Il est capable de varier ses déplacements, pas comme les joueurs dits « tout droit » qui se contentent de foncer vers l'avant sans se poser davantage de questions. « On l'a vu lorsqu'il évoluait à Monaco : son meilleur poste est dans l'axe, estime le journaliste du *Parisien* Frédéric Gouaillard. Mbappé est un vrai attaquant qui a davantage de possibilités lorsqu'il est placé au plus près du but. Peut-être pas tout seul à l'heure actuelle, mais avec un autre joueur à côté comme Cavani au PSG ou Falcao à Monaco. Je suis persuadé qu'à terme il jouera dans l'axe aussi en équipe de France. » Le positionnement de Kylian Mbappé en doublette avec Edinson Cavani au PSG a d'ailleurs un temps fait l'objet d'un débat en soi mais pour des raisons qui dépassaient le strict cadre tactique. Kylian affichait une excellente entente technique avec Neymar, ce qui était bien moins le cas avec l'attaquant uruguayen. Au début de la saison 2018-2019, cette absence de lien entre eux sur le terrain faisait baisser les statistiques de Cavani, même s'il restait encore au-dessus des standards. Lors de certaines rencontres, le coach parisien décida alors de laisser le buteur sur le banc, instaurant ainsi une différence de traitement entre lui et les deux figures de proue du PSG qui causa un début de polémique. Car si Neymar et Mbappé sont à l'époque les principales vitrines du club, et que le grand public se rend au Parc des Princes avant tout pour voir jouer ces deux-là, Cavani possède une place particulière dans le cœur des vrais supporters parisiens. Non seulement il est le meilleur buteur de l'histoire du club, mais il se montre toujours d'une grande générosité dans l'effort. Quelques mois plus tard, cette pseudo-polémique sera totalement effacée, lorsque l'entraîneur Thomas Tuchel repositionna Neymar en n° 10 derrière Cavani et Mbappé. La question du meilleur placement de Kylian sur le terrain ne s'est pas achevée pour autant. « Pendant longtemps je disais comme beaucoup qu'il était un vrai n° 9, avance le journaliste Philippe Grand. Mais je pense que ce serait réduire son expression de le faire jouer en 9, car c'est un attaquant libre, tout simplement. Ses forces sont sa vitesse, sa percussion, son sens du but et sa détermination. Peut-être davantage que Cristiano Ronaldo, Mbappé a la capacité de faire la bonne passe au bon moment plutôt que de tenter de marquer. Il reste collectif dans le dernier geste, même si cela l'agace quand ça ne se termine pas par un but. » Quelques rares faiblesses sont parfois pointées du doigt : son jeu de tête et ses frappes du pied gauche. « Mbappé possède une vitesse phénoménale et une véritable intelligence de jeu, souligne le consultant Daniel Riolo. Mais attention : il n'est ni Messi ni Neymar. Il sera davantage dans la catégorie d'un Cristiano Ronaldo, dont le jeu s'appuie sur la puissance, la vitesse, l'intelligence de placement. » Dans cette catégorie à laquelle Mbappé appartient, il est impératif d'être au top physiquement, d'être une bête de travail, de prendre soin de son corps pour ne jamais se blesser. Mais il n'y a pas de règle qui oblige d'admirer les uns plus que les autres. En performance Mbappé peut avoir un destin proche de celui de Cristiano Ronaldo, qui est admiré partout et qui restera comme l'un des plus grands joueurs de l'histoire. « Pour moi Mbappé possède les qualités de Ronaldo, le Brésilien, juge Pierre Ménès. Et Ronaldo est largement dans le cercle des tout meilleurs de l'histoire. »

Kylian Mbappé est plus qu'une célébrité, il est désormais une icône dont la popularité dépasse largement la sphère sportive. Un seul footballeur est invité au concert annuel des Enfoirés ? C'est lui qui enfile la salopette de Coluche ! Il assiste à la finale de Coupe du monde des handballeuses françaises ? Les caméras se braquent sur lui ! Une institutrice invente une méthode orthographique qu'elle baptise « la règle Mbappé[1] » ? Tous les médias généralistes reprennent l'information ! George Weah, l'ancien footballeur devenu président du Liberia, est reçu à l'Élisée ? Kylian est invité au déjeuner officiel. Le 20 décembre 2018, Kylian Mbappé a fêté ses 20 ans : L'Équipe TV lui a consacré une soirée spéciale, *Le Parisien* en a fait sa une. Dans le traditionnel classement des personnalités préférées des Français publié par le *Journal du Dimanche*[2], il fait son entrée directement à la 4e place de l'édition 2018, derrière Jean-Jacques Goldman, Omar Sy et Dany Boon et loin devant les autres sportifs tricolores. Des titres de rap lui rendent hommage. *Sur le drapeau* de NTM et Sofiane : « 9.3 c'est l'amour, la peine, 9.3 c'est la haine, la paix, ça fabrique des mecs à part, ça fabrique des Mbappé. » *Kyll* du duo Médine et Booba : « Du Nègre, de l'Algérien font du Kylian Mbappé. » *Ramenez la Coupe à la maison* de Vegedream : « Passement de jambe, de crochet à gauche, à droite : Kylian Mbappé. Accélération, virgule, petit pont, frappe : Kylian Mbappé. » Un rappeur bulgare, Fyre, lui a aussi consacré un morceau qui porte son nom. Même la presse *people* s'intéresse à lui en médiatisant ses éventuelles relations amoureuses. Lorsqu'il fut interrogé sur le sujet, Kylian botta en

1. *Paris Match*, 10 septembre 2018.
2. *Le Journal du Dimanche*, 30 décembre 2018.

touche : « Je vis, je mange et je dors football ! Ce sport est plus qu'une passion, il prend toute la place[1]. » En ambitionnant de devenir l'un des meilleurs joueurs du monde, Kylian avait-il conscience qu'il y aurait une facture à payer ? Savait-il que, bien au-delà des stades de foot, ce serait tous les pans de son existence qui attireraient l'attention ? « Ce qui me manque de plus c'est de skier, affirme-t-il en 2018. Je ne peux plus dévaler les pistes à cause de la pratique de mon sport. J'ai commencé le ski à 3 ans et j'en ai fait jusqu'à mes 15 ans. On est allés en famille dans plusieurs stations comme Tignes, La Plagne ou Avoriaz. À la fin de ma carrière, je vais louer une piste pour moi tout seul. Ou plutôt pour moi, mes potes et ma famille[2]. » « Même si tout semble planifié dans sa carrière et qu'il peut donner le sentiment de manquer de spontanéité, dans la vie Mbappé est aussi un môme de 20 ans », rappelle Vincent Duluc à l'époque.

Kylian est depuis toujours très entouré par ses parents. « C'est sécurisant que ma famille soit là, affirmait-il en mai 2016. Je ne suis pas encore assez mature pour vivre tout seul, même si je sais qu'il le faudra un jour. J'ai la chance d'avoir un père qui connaît assez bien le milieu du foot. Pour le moment je n'ai pas besoin d'un agent. Il y a peut-être des vautours qui tournent autour de moi. Ne vous inquiétez pas. Ce n'est pas moi qu'on

1. *Le Parisien*, 6 janvier 2017.
2. *Le Parisien*, 20 décembre 2018.

harcèle[1]. » « Dans le football actuel, les parents des jeunes joueurs sont de plus en plus présents, explique le journaliste Frédéric Gouaillard. Ce qui fait la singularité de Kylian Mbappé c'est que ce sont ses deux parents qui sont très présents. Beaucoup de joueurs s'appuient sur leur père et quelques autres sur leur mère, comme Adrien Rabiot. Avec Mbappé, ce sont les deux. » De par leur expérience respective, ses parents connaissent bien le milieu du sport. Avant Kylian, ils s'étaient déjà occupés des contrats de Jirès. C'est pour cette raison qu'ils ont décidé d'accompagner eux-mêmes leur fils dès qu'ils ont constaté que celui-ci possédait des prédispositions pour le football. « Son père m'avait dit une fois : “Si Kylian avait fait de la musique, je n'aurais jamais été son agent car je ne connais rien à ce milieu”, se rappelle Frédéric Gouaillard. Ce sont des parents très prévenants qui veulent le bien de leur fils. En toute sincérité, je ne pense pas que l'appât du gain ait été leur guide dans leur démarche. Mais cela ne les empêche pas d'être durs en affaires : ils ne se laissent pas faire quand il s'agit de discuter des rémunérations. » Il existe une bonne répartition des rôles entre les parents : le père de Kylian gère la partie footballistique tandis que la mère maintient un cordon de sécurité autour de leur fils. Wilfrid Mbappé s'occupe des contrats et des relations avec les directions des clubs. Il se révèle très bien introduit dans le milieu et possède un carnet d'adresses

1. *Le Monde*, 18 mai 2017.

digne des agents les plus en vue. Fayza Mbappé peut aussi intervenir dans des négociations. « C'est sa mère qui gère plus l'aspect sponsoring, précise le journaliste Fabien Pigalle. Il a signé très jeune son contrat avec Nike mais ses parents n'en ont jamais fait un animal publicitaire. Ce qui aurait été possible parce qu'il a eu très vite une énorme notoriété et qu'il aurait pu signer des contrats avec de nombreuses marques. » Fayza Mbappé surveille aussi les relations de Kylian avec les médias, parfois en modérant sa spontanéité. Lors de sa première année au PSG, elle devait encore l'empêcher de twitter des commentaires sur la Juventus de Turin, club qu'il adore. Il n'avait pas encore pris conscience qu'il était devenu l'un des acteurs centraux du football et que ses propos publics prenaient désormais une grande ampleur. Fayza Mbappé, elle, a parfaitement compris le fonctionnement des médias. Elle sait user de son influence en nourrissant la machine médiatique tout en refusant de s'exposer. Elle s'exprime souvent en « off », devenant ainsi une référence pour les journalistes, mais ne donne jamais d'interviews et ne souhaite pas apparaître à l'image. « Elle a cette volonté de rester dans l'ombre, précise un journaliste. Elle est assez dure là-dessus, elle refuse qu'on viole son intimité. Elle parle très rarement à des journalistes et quand elle le fait elle compte ses mots. Elle peut tenir des conversations informelles de manière très courtoise mais elle demandera à ne pas être citée. »

La vigilance face aux médias ne date pas d'hier. Lors des débuts de Kylian en pro, la plupart des journalistes étaient gardés à distance. En mars 2017, alors que les demandes d'interviews commençaient à se multiplier, Wilfrid Mbappé répondait : « Au vu du tapage médiatique autour de Kylian nous ne répondons à aucune sollicitation de n'importe quel ordre. Nous ne souhaitons pas alimenter ce que nous considérons comme de la démesure. Comprenez que nous sommes une famille qui aimons la discrétion et non l'exposition[1]. » Cela n'empêchait pas Kylian de se montrer très à l'aise face aux médias. Déjà quand il évoluait à Monaco, il s'arrêtait après les matchs en zone mixte pour répondre aux questions. « Une fois qu'il est passé chez les pros, il était aussi à l'aise que lorsqu'il était en équipe jeunes, compare le journaliste Fabien Pigalle. Mais c'est là qu'il a découvert le système de communication d'un club, et celui-ci ne lui laissait pas autant de liberté qu'avant. » Dès les premiers temps, Kylian affirmait publiquement sans ambages qu'il voulait du temps de jeu et qu'il ne craignait pas la concurrence. D'un jeune qui venait tout juste d'arriver, un tel discours surprenait. « Il possédait les codes médiatiques et il s'en servait parfaitement, avance Fabien Pigalle. Mais il s'en servait aussi pour dire qu'il devait jouer. Il le faisait toujours de façon intelligente sans aller au clash. Au début de sa notoriété, beaucoup de gens se sont mis à dire : “Quelle

1. *20 Minutes*, 13 mars 2017.

fraîcheur !" Mais s'il y avait effectivement une part de fraîcheur, il s'agissait aussi d'une communication très maîtrisée. » Au fil des mois, ses propos sont devenus un peu plus policés, sans rien renier sur le fond. « Quand il s'arrête dans la zone mixte, il est très bon quelle que soit la situation, estime Arnaud Hermant de *L'Équipe*. Il excelle dans la com, il a toujours un petit mot marrant ou la bonne formule. » « Kylian fait preuve d'une maturité impressionnante dans sa façon de s'exprimer, dans les idées qu'il véhicule mais aussi dans sa façon un peu à l'américaine de gérer son ambition et de s'exprimer sur son niveau, confirme le consultant Pierre Ménès en 2018. Quand certains disent que Mbappé est arrogant, je leur demande si Federer l'est aussi quand il dit qu'il est le meilleur tennisman de tous les temps… Il y a une différence entre l'arrogance et le fait d'être conscient de ce que l'on est. Est-ce que l'on peut demander à quelqu'un qui fait la "une" du *Time* à 19 ans d'être complément normal ? De toute façon, je pars du principe qu'un champion n'est jamais quelqu'un de normal. »

Depuis, Kylian Mbappé s'exprime régulièrement dans les médias. Il répond à des interviews de *L'Équipe*, de *France Football*, du *Parisien*, de Canal+ ou même du *Journal de Mickey*. « Il maîtrise bien les médias et il connaît les codes, affirme le journaliste Philippe Grand. Je pense que cela lui a été inculqué. » « Dans sa communication, il est aussi aidé par sa bonne éducation et un certain niveau scolaire, avance Arnaud Hermant de

L'Équipe. Il a son bac, ce qui n'est pas le cas de tous les joueurs de foot. » « Kylian Mbappé a compris très tôt la nécessité d'avoir une communication intelligente sur le fond tout en donnant à manger aux journalistes d'un point de vue tactique, analyse Rémi Dupré du *Monde*. » « La précocité de Kylian fait qu'il est difficile de faire des comparaisons avec d'autres joueurs, rappelle l'agent Bruno Satin. Avec l'omniprésence médiatique autour de lui, il a vite appris. » S'il excelle dans l'exercice, les relations entre Kylian Mbappé et les médias sont très cadrées et passent par sa cellule familiale. Hors réactions d'après-matchs, ses interviews sont presque exclusivement accordées à des journalistes que ses parents connaissent de longue date. « Les parents de Kylian fonctionnent avec leurs relais dans les médias, c'est-à-dire avec des gens en qui ils ont confiance », confie un journaliste. « Zidane fonctionnait de la même manière avec des journalistes de confiance, nuance Rémi Dupré du *Monde*. Cela correspond à une nécessité d'avoir une sorte de cour avec des gens qui sont capables de respecter le “off”, de ne pas ébruiter certaines choses et qui seront peut-être dans un rapport mélioratif sur ses performances. Dans cette optique, c'est dans l'intérêt des parents de faire le ménage et de choisir un peu ses interlocuteurs. Je pense qu'il y a une volonté de leur part de contrôler le récit sur leur fils. Kylian est devenu une telle figure mondiale qu'il serait compliqué de faire autrement. » Début 2019, au quotidien *L'Équipe*, quatre journalistes suivent le PSG.

À l'époque, aucun d'eux n'a eu Mbappé en interview. Le fait que le quotidien sportif et le club de la capitale soient en conflit lors de la saison 2018-2019 n'est pas en cause. « Nos relations professionnelles avec Kylian Mbappé n'ont pas changé, ni dans un sens, ni dans l'autre », confirmait Arnaud Hermant à l'époque. Quand le quotidien sportif a obtenu des interviews du joueur, ce fut par le biais de deux autres journalistes. Ceux-ci ont la particularité de connaître depuis très longtemps l'un des parents de Kylian, le père pour l'un et la mère pour l'autre. Sollicités dans le cadre de cet ouvrage, l'un n'a pas souhaité s'exprimer sur le sujet et l'autre n'a répondu à aucune demande d'entretien malgré plusieurs relances. En décembre 2018, Kylian Mbappé a organisé un événement au MK2 de la bibliothèque François-Mitterrand : 400 enfants ont été invités à jouer à des jeux vidéo dans le multiplexe aménagé pour l'occasion. Kylian est lui-même intervenu en distribuant des cadeaux à ses jeunes invités. Les responsables MK2 qui ont organisé l'événement ont signé un accord de confidentialité avec la famille Mbappé et n'ont pas le droit de s'exprimer sur le sujet. Seul un article du *Parisien* a couvert l'événement. Le journaliste qui l'a signé est le même à qui Kylian Mbappé accorde tous ses interviews dans ce journal depuis de nombreuses années. Malgré plusieurs relances pour des demandes d'entretiens dans le cadre de cet ouvrage, ce journaliste n'a pas non plus donné suite. « Mbappé a cette qualité d'être fidèle aux journalistes qui le suivent depuis ses débuts, rétorque Vincent Duluc. Est-ce une forme de sécurité pour lui ? C'est sans doute plus confortable mais il maîtrise trop sa communication pour se faire piéger par qui que ce soit. » Dans le cadre de l'écriture de cet ouvrage, un ancien responsable de l'AS Bondy, un ancien recruteur et l'attaché de presse d'un club de Ligue 1, où Mbappé n'a jamais joué, ont refusé les demandes d'interviews en arguant qu'ils avaient besoin de l'autorisation des parents de Kylian. « Ce sont des gens qui ne veulent pas se brouiller avec la famille alors ils préfèrent demander l'autorisation, relativise le journaliste Frédéric Gouaillard. Mais je ne crois pas que les parents imposent à quiconque de passer par eux avant de parler de Kylian. Ceci dit, ce genre de choses est de plus en plus courant dans le football. » « Sa communication n'est pas cloisonnée mais contrôlée, estime le journaliste de *Libération* Rachid Laïreche. C'est toujours le cas à ce niveau. Lorsque l'on a un joyau comme Kylian Mbappé, on fait attention. Face aux sollicitations médiatiques, les gens proches de Kylian ont peur du traquenard. C'est courant dans le foot mais c'est aussi valable dans les autres milieux : le premier cercle d'une personnalité ne parle pas comme ça. Si on sollicite Hortefeux pour parler de Sarkozy, celui-ci téléphonera d'abord à Sarko pour lui demander ce qu'il doit dire. » Ce type de relation n'est effectivement ni une spécificité de Kylian Mbappé, ni même du sport. Les acteurs politiques, les chefs d'entreprise ou les stars du show-biz se confient eux aussi plus facilement aux journalistes avec qui ils entretiennent des relations de proximité. « Ce sont des privilèges que s'accordent les meilleurs, soutient Frédéric Gouaillard. Aujourd'hui, les footballeurs de premier plan décident eux-mêmes de leur système de communication. Ce sont eux qui choisissent quand ils vont communiquer et avec qui. » « Ce qui différencie peut-être cette tendance avec la famille Mbappé, c'est que cette pratique est très professionnalisée », argue un autre journaliste. « C'est devenu un peu à la mode de tailler les parents, s'agace Pierre Ménès. De toute façon les parents de joueurs de cette dimension sont toujours vus comme le "Grand Satan". Mais je trouve que c'est une chouette famille. » « Ce n'est pas parce qu'il travaille avec ses parents que ceux-ci devraient être jugés coupables de l'entourer d'aussi près, plaide Vincent Duluc. S'il avait été avec un agent et un conseiller sportif, tout le monde trouverait son fonctionnement très professionnel. Mais sous prétexte que c'est sa famille, ce serait étouffant ou trop protecteur. »

Si Kylian Mbappé ne possède pas d'agent officiel, une équipe de professionnels travaillent pour lui. En dehors de ses parents, une quinzaine de personnes œuvre déjà en 2018 autour de son image[1]. La structure s'est mise en place entre le passage de Kylian de Monaco à Paris et se serait un peu étoffée depuis la Coupe du monde. À la tête de cette cellule figure son avocate, Delphine Verheyden. Celle-ci a déjà officié pour d'autres sportifs :

1. *Le Monde*, 15 juin 2018.

le judoka Teddy Riner, le biathlète Martin Fourcade, le décathlonien Kevin Mayer ou le perchiste Renaud Lavillenie. Hasard ou signe de sa capacité à bien choisir ses clients : lorsque le quotidien *L'Équipe* publia, en décembre 2018, son traditionnel classement des « champions des champions », dans la catégorie française, les trois premiers lauréats comptaient parmi ses protégés Kevin Mayer, Kylian Mbappé et Martin Fourcade[1]. Défendant les intérêts de Kylian depuis le début de sa carrière en pro à Monaco, elle peut avoir son mot à dire pour les questions aussi bien contractuelles et juridiques que financières. Si Wilfrid Mbappé a été le principal interlocuteur lors des négociations avec les clubs, Delphine Verheyden se serait montrée elle aussi très active. Au quotidien, c'est désormais elle qui gère les relations avec les sponsors, engage les procédures en diffamation et exige la fermeture de fausses pages sur les réseaux sociaux. Si sa parole publique est rare, l'avocate s'est déjà exprimée à quelques occasions dans les médias, durant lesquelles elle admit que ses honoraires étaient « élevés[2] ». « C'est assez difficile de la voir ou de discuter avec elle », indique Frédéric Gouaillard du *Parisien*. Les interventions de l'avocate ne sont d'ailleurs pas toujours appréciées des journalistes. Extrêmement sourcilleuse sur la représentation de son client véhiculée par les médias, elle intervient facilement sur tout ce

1. *L'Équipe*, 26 décembre 2018.
2. *Le Parisien* (magazine), 23 août 2017.

qui touche au droit à l'image. Peu avant la Coupe du monde, elle a imposé un photographe extérieur à un grand quotidien qui consacrait un portrait à Mbappé, menaçant même que l'article ne puisse pas être publié si le journal ne cédait pas à son exigence. « Elle sait jouer le rapport de force pour obtenir gain de cause », confie un journaliste. Le contrôle permanent des relations aux médias de Mbappé n'est pas non plus une assurance tous risques : il n'a pas empêché que son nom se retrouve associé aux révélations de footballleaks les plus reprises par la presse à la fin de l'année 2018. Selon les éléments diffusés par le site Mediapart, pour l'attirer au club, la direction du PSG aurait accepté de lui accorder « 10 millions annuels sur cinq ans, net de charges et d'impôts[1] », avec « une prime à la signature de 5 millions d'euros[2] ». D'autres exigences, qui auraient été refusées par la direction du club parisien, étaient également mentionnées : obtenir le meilleur salaire du vestiaire si l'attaquant décrochait le ballon d'or, la mise à disposition d'un jet privé cinquante heures par an, une clause libératoire en cas d'offre importante d'un autre club (clause illégale en France) ainsi qu'une prime de dédommagement au cas où le PSG serait exclu de la Ligue des champions en raison du fair-play financier[3]. En revanche, le PSG aurait accepté de verser au

1. *Le Figaro*, 2 novembre 2018.
2. *Ibid.*
3. *Ibid.*

joueur 30 000 euros mensuels pour payer un loyer et les salaires de trois employés personnels : un agent de sécurité, un majordome et un chauffeur[1]. Le jour même où ces éléments ont été rendus publics, le 2 novembre 2018, juste avant le match PSG-Lille, Kylian Mbappé et Neymar ont débarqué au Parc des Princes déguisés comme les braqueurs de la série espagnole *La Casa de papel*, avec des combinaisons orange et des masques de Salvador Dalí. Une semaine plus tard, Kylian Mbappé accepta de répondre à une interview de Franceinfo : « Je tiens à préciser que je paie tous mes impôts en France, sur tous mes revenus. Je n'aime pas trop parler de ce sujet mais vu que vous m'en parlez, je vais répondre. On a annoncé différentes choses mais pour moi, le plus important, c'était de savoir dans quel club je pouvais donner le meilleur de moi-même et poursuivre ma progression. Et j'ai choisi le Paris Saint-Germain, tout naturellement. Après, il ne faut pas oublier qu'il y a des négociations et tout ce que j'ai fait, même s'il y a plein de choses qui sont fausses, je l'ai fait dans les règles. Ce qui me fait rire un peu, c'est que Mediapart dénonce les irrégularités dans le football, sauf que tout ce que j'ai fait est en règle. Donc je ne comprends pas[2]. » Sans se départir de son sourire, Kylian réussit parfaitement un exercice médiatique auquel sont tant habitués les acteurs politiques : éteindre une polémique. « Je ne pense pas

1. *Ibid.*
2. Franceinfo, 9 novembre 2018.

qu'il ait commis beaucoup d'erreurs de communication, avance le journaliste Philippe Grand. Il ne s'agit pas de le magnifier en en faisant un être parfait, mais force est de constater qu'il mène sa barque remarquablement. » « Peut-être qu'un jour il coupera le cordon avec ses parents, mais je ne suis pas certain qu'il sera mieux conseillé ailleurs », plaide Vincent Duluc. « Au bout d'un moment, un sportif échappe au contrôle de lui-même et de son image, avance Daniel Riolo. Mbappé semble être dans l'idée de rester focalisé sur le fait de jouer au foot. Après il va devoir gérer tout ce qu'il y a autour de lui : l'image du "golden boy", être l'emblème du PSG avec Neymar, le leader en équipe de France… Il n'est pas complètement responsable de ce que l'on fait de lui au niveau du marketing. À une autre époque, Nike construisait des images de "bad boy" avec les sportifs qu'elle avait sous contrat, comme Agassi ou Cantona. Lui a l'image du "jeune homme parfait". Ce sont des incarnations marketing qui se construisent et le sportif doit le gérer en partie. » « Quand tu deviens une star, il y a plein de choses que tu dois faire, et malheureusement d'autres choses que tu ne peux pas ou plus faire[1], affirme Kylian. Ce qu'il faut, c'est toujours essayer d'avoir un comportement exemplaire car tous tes gestes sont épiés. »

1. *Le Monde*, 15 juin 2018.

CHAPITRE 15

UNE LÉGENDE EN CONSTRUCTION

D'un point de vue économique, Kylian Mbappé a déjà atteint la plus haute marche. En novembre 2018, l'Observatoire CIES[1] a publié ses estimations sur la valeur des potentiels transferts des joueurs figurant dans les cinq plus grands championnats européens : celui de Kylian atteindrait 216 millions d'euros[2], faisant de lui le joueur le plus cher du monde. Il dépasserait ainsi Neymar (197 millions) et Messi (170 millions). Selon les estimations du quotidien *L'Équipe*[3], lors de la saison 2018-2019, le salaire de Kylian Mbappé au PSG s'élèverait à 1,73 million d'euros brut mensuel, soit plus de 20 millions d'euros annuels, auxquels s'ajoutent d'éventuelles primes en fonction des résultats du club. Pour sa première année à Paris, alors

1. Centre international d'étude du sport.
2. *L'Équipe*, 6 novembre 2018.
3. *L'Équipe*, 9 février 2019.

qu'il était officiellement prêté par l'AS Monaco pour permettre au PSG de rentrer dans le cadre du fair-play financier, il aurait bénéficié d'un salaire de 1,55 million d'euros. Il aurait donc vu ses rémunérations augmenter de 180 000 euros entre sa première et sa deuxième saison sous les couleurs du club parisien. À l'exception de son coéquipier Neymar, qui bénéficie d'une rémunération mensuelle de 3 millions d'euros[1], Kylian Mbappé bénéficie alors du meilleur salaire de Ligue 1. Au niveau européen, seuls quelques phénomènes possèdent à l'époque des salaires supérieurs au sien : Messi (8,3 millions mensuels au FC Barcelone), Cristiano Ronaldo (4,7 millions d'euros à la Juventus de Turin) ou plus étonnamment Antoine Griezmann (2,5 millions d'euros à l'Atlético de Madrid[2]). Aucun joueur de son âge ne gagne autant d'argent en Europe, y compris dans les clubs les plus riches. Alors que les footballeurs voient habituellement leurs émoluments augmenter au fil des saisons, et plus encore lorsqu'ils sont transférés dans un nouveau club, difficile d'imaginer les records de rémunérations que pourrait battre Mbappé au cours de sa carrière. Dans un milieu comme le football, où bien plus qu'ailleurs la hiérarchie se détermine en fonction de la valeur marchande, il est donc bel et bien au sommet. Pour ce qui est de la postérité, il a déjà réservé sa place au panthéon mais

1. *Ibid.*
2. *Ibid.*

il n'est pas encore possible de prédire le rang qu'il y occupera. Sur ce point-là aussi, le débat est posé.

Lorsqu'il s'agit de désigner le plus grand joueur de l'histoire du ballon rond, deux noms reviennent le plus souvent : Pelé et Maradona. Pour ce qui est de Maradona, au niveau du palmarès, la question est déjà tranchée : malgré l'absence de victoire dans une Coupe d'Europe, à 20 ans Kylian Mbappé avait déjà remporté un nombre de trophées quasi équivalent à celui de l'Argentin durant l'ensemble de sa carrière. Restent deux éléments moins comptables qui sont à prendre en compte : la magie du jeu et l'engouement suscité. « Mbappé n'aura sans doute jamais ce talent-là, estime Daniel Riolo. Pour moi, il n'est pas un génie comparable à celui des techniciens capables de faire des dribbles et des frappes enroulées extraordinaires. Mbappé n'est ni Zidane, ni Platini, ni Maradona. Cela n'enlève rien à sa qualité de joueur, ni à la probabilité qu'il fasse de grandes choses, mais il n'est pas un artiste. Il fera peut-être une plus belle carrière que Neymar mais il ne sera pas un génie du ballon comme lui. » « Mbappé ne pourrait pas atteindre le stade des plus grands parce qu'il ne serait pas un artiste ? Je trouve ce débat à la fois débile et stérile, s'agace Pierre Ménès. Je suis convaincu depuis ses débuts qu'il fera une carrière incroyable. Rien n'est impossible pour lui. » « Je comprends cette notion d'artistes comme Zidane ou Maradona, c'est une comparaison difficile, estime le journaliste Fabien Pigalle. Mais si la question est de savoir si Mbappé laissera une trace importante dans l'histoire du football, j'en suis persuadé. » Autre interrogation liée à la personnalité : un Mbappé serait-il trop lisse face à un Maradona ? « Des sportifs qui ont des aspérités marquent les gens, mais les images des bons garçons existent aussi chez les grands champions, reprend Daniel Riolo. Messi apparaît comme le gendre idéal mais ses performances sont tellement extraordinaires qu'il marquera l'histoire de son sport, comme Michael Jordan pour le basket ou Federer et Nadal pour le tennis. » « Moi, je ne le trouve pas lisse, dit Pierre Ménès. Quand il sort d'une rencontre ratée contre l'OM et qu'il dit que c'était un match comme un autre pour le PSG, il dit ce qu'il pense même si c'est une faute de com. » « Si Kylian Mbappé n'a pas une aura comme celle de Maradona, c'est parce qu'il évolue dans un environnement moins sulfureux, indique le journaliste Philippe Grand. Maradona est magnifié par l'Argentine, qui est un pays de passionnés, ce que n'est pas la France, et parce qu'il jouait à Naples qui est un contexte aussi un peu fou. Je trouve qu'il existe une forme de sublimation autour de Maradona en raison de son personnage. Son palmarès n'est d'ailleurs pas celui de Pelé et il ne faut pas non plus oublier ses déboires et ses affaires de dopage. » Reste Pelé, l'unique footballeur à avoir remporté trois Coupes du monde et qui a marqué plus de 1 000 buts durant sa carrière. Mbappé pourra-t-il rivaliser ? Si l'on compare les deux joueurs au même âge : Pelé avait marqué 26 buts en 24 sélections ; Mbappé 10 buts en 28 sélections. Pelé avait marqué 193 buts en 160 matchs officiels ; Mbappé 66 en 126 matchs pros[1]. Ces stats méritent cependant d'être relativisées : l'équipe de Santos et celle de la sélection brésilienne ne faisaient pas jouer Pelé de la même façon que Monaco, le PSG et l'équipe de France utilisent Mbappé. Le football des années 2000 est aussi bien moins porté sur l'attaque que celui des années 1960-1970. Quant au chiffre symbolique des 1 000 buts, sa comptabilisation aurait bénéficié de quelques libertés avec la notion de matchs officiels… « Le football d'il y a trente ou quarante ans n'est pas le même que celui d'aujourd'hui, rappelle Arnaud Hermant de *L'Équipe*. Mais dans le panthéon des joueurs exceptionnels, Mbappé possède déjà une place de choix. Ses statistiques et ce qu'il fait sur le terrain le rapprochent du gotha. » « Il n'y a pas de plafond de verre en ce qui le concerne, estime Philippe Grand. Je pense que nous ne sommes pas au bout de nos surprises avec lui. » Depuis la victoire française au Mondial de Russie, le roi Pelé et le prince Kylian s'échangent des amabilités sur les réseaux sociaux. Lorsque Mbappé avait succédé à Pelé comme plus jeune buteur d'une finale de Coupe du monde, son aîné avait publié : « Si Kylian continue d'égaler mes records comme ça, je vais devoir rechausser mes crampons… » Six mois plus tard, le Brésilien restait sur la même longueur d'onde : « Je

1. *France Football*, 15 janvier 2019.

crois que [Mbappé] peut devenir le nouveau Pelé[1]. Beaucoup pensent que j'ai dit cela pour rigoler, mais non, ce n'est pas une blague. » Une rencontre entre Pelé et Mbappé avait même été planifiée par la marque de montres Hublot, avec laquelle les deux personnalités sont en contrat de sponsoring. Prévu le 8 novembre 2018, le rendez-vous a été annulé deux jours avant en raison de l'état de santé du Brésilien. « Entre Pelé et Mbappé le début de l'histoire est la même, soutient le journaliste Philippe Grand. Nous avons du mal à l'admettre parce qu'il est français et qu'il joue au PSG, mais la comparaison entre Pelé et lui ne pourra s'établir qu'en fin de carrière… »

L'avenir reste à écrire mais le présent est déjà impressionnant. « Mbappé n'est plus un joueur en devenir, rappelle Philippe Grand en 2018. Il est champion du monde en s'étant montré décisif dans la compétition. Qu'est-ce que l'on peut faire de plus grand que gagner le Mondial en étant décisif ? » « Lui semblait vraiment programmé pour atteindre le sommet, estime Arnaud Hermant. C'est toujours facile de le dire après coup, mais avec lui c'est quand même flagrant. » « Il est déjà un grand joueur aujourd'hui, s'il progresse encore, qu'est-ce que ça va donner ? » s'interroge Philippe Grand. Cette progression pourrait-elle être freinée ? Jusqu'alors, Kylian Mbappé a grandi dans un cocon familial. Devenu adulte, restera-t-il le même ? « Quand

1. *Ibid.*

un joueur part en vrille, les torts sont partagés entre lui-même et son entourage, avance l'agent Bruno Satin en 2018. Dès qu'il y a de l'argent, cela attise les appétits. Mais je pense que Kylian Mbappé est à l'abri de cela. » « Mbappé va devoir gérer sa notoriété et beaucoup d'autres choses qui peuvent être des freins dans la vie d'un sportif, considère Daniel Riolo en 2018. Tous les plus grands champions sont confrontés à ce que la gloire peut avoir de handicapant dans le maintien au très haut niveau. Mbappé le sera aussi mais pour l'instant tout tourne favorablement pour lui. » « Comme toujours, les dangers peuvent venir de l'argent et des femmes, affirme le journaliste Fabien Pigalle. C'est idiot à dire, mais c'est l'épreuve ultime entre le joueur qui continue à être performant et celui qui se contente de ce qu'il fait déjà. On a déjà vu de jeunes joueurs brillants qui étaient freinés pour de telles raisons. Je ne porte pas de jugement, mais dès qu'un footballeur a de l'argent, il attire des personnes qui n'ont pas toujours de bonnes intentions. Une mauvaise gestion de son argent ou des mauvaises rencontres peuvent marquer un changement radical. Même si la façon dont Kylian Mbappé est entouré par sa famille constitue un rempart, il n'en demeure pas moins un homme en pleine construction. » « De ce que je connais de Kylian, je ne pense pas que cela puisse arriver, avance Pierre Ménès. Il est extrêmement concentré sur le football et sur la compétition. Quand il part en stage au Qatar avec le PSG, tout ce qu'il poste sur les réseaux sociaux, ce sont ses matchs de basket sur PlayStation avec Kurzawa. C'est très enfantin, c'est rigolo mais cela dénote aussi un vrai goût de la compétition. » « Est-ce que Kylian tiendra ses performances sur la distance ? Est-ce qu'il va se bonifier ? Est-ce qu'il va se blesser gravement ? Tout ça, on ne peut pas le savoir, rappelle Arnaud Hermant. Mais aujourd'hui il est en avance sur des joueurs comme Messi ou Ronaldo. » « Si l'on demande à Kylian où il en sera dans cinq ans, il est quasiment capable de répondre tant il a un plan de carrière précis », avançait Rémi Dupré en 2018. Kylian Mbappé, lui, était parfaitement lucide sur ce qu'impliquait le statut qui était le sien l'année de sa victoire en Coupe du monde : « Tu deviens l'homme que tout le monde regarde, affirme-t-il. Tu ne peux plus aller manger une glace dans la rue d'à côté. Tu ne t'appartiens plus, tu appartiens aux gens. Ma vie n'est pas normale, mais c'est celle que j'ai choisie[1]. »

Reste une énigme : Pourquoi Kylian vise-t-il si haut ? La question n'est pas aussi stupide qu'elle en a l'air. Les plus grands champions possèdent tous, ou presque tous, une finalité qui leur est propre. Dans quelque domaine que ce soit, vouloir être le meilleur est à la portée de n'importe qui. Se donner les moyens de le devenir n'est réservé qu'à une élite. Pour en faire partie, il est impératif de posséder en soi un besoin de se surpasser qui frôle la névrose et dont l'origine est

1. *Le Monde*, 15 juin 2018.

propre à chacun. « Des sportifs de haut niveau m'ont souvent parlé de ce concept de moteur psychologique, confie Daniel Riolo. Pour Emmanuel Petit cela aura été la mort de son frère, pour Cristiano Ronaldo cela est sans doute l'abandon par son père, pour d'autres cela peut-être d'apparaître comme le meilleur aux yeux de leur femme. Beaucoup de champions fonctionnent de cette façon, en tout cas tous les plus grands. Mais je ne sais pas quel peut être le moteur de Mbappé. » « Pour en avoir beaucoup discuté avec lui et avec ses parents, je pense que Kylian a trois moteurs : le palmarès, sa volonté de progresser et la construction de sa légende, explique Rémi Dupré du *Monde*. La quête des trophées l'obsède. C'est quelque chose que l'on retrouve chez beaucoup de pointures du football, comme Zinedine Zidane, Didier Deschamps ou Thierry Henry. Kylian a aussi une idée très précise de la manière dont doit se dérouler sa carrière. Il a une manière de forger sa légende très présente dans sa tête. C'est une forme de carburant pour lui. » « Mbappé fait partie de la génération qui a vécu dans les jeux vidéo, avec Fifa et Football Manager, avance le journaliste Fabien Pigalle. C'est un loisir avec lequel on veut obtenir le plus de trophées. Et cette logique, Mbappé l'a aussi dans sa vraie vie. S'il peut gagner dix Ligues des champions comme en PlayStation, il ira les chercher aussi dans la réalité. » « Le moteur de Kylian ? Gagner ! estime Pierre Ménès. C'est le principe des vrais champions : gagner pour gagner. Des joueurs comme Ronaldo ou

Messi veulent gagner et faire gagner. Mbappé, lui, je pense qu'il veut gagner tout court. » « Peut-être aussi un amour profond pour le football », avance Arnaud Hermant de *L'Équipe*. « Dans n'importe quel domaine, au-delà des capacités, tous ceux qui arrivent au plus haut niveau ont plus de volonté et plus d'envie que les autres, affirme le directeur de l'INF Jean-Claude Lafargue. Il y a toujours une motivation. » « Il a été préparé à ce qui lui arrive aujourd'hui, estime Vincent Duluc. Ses parents ne lui ont pas dit "Il faut que tu arrives tout là-haut" mais "Voilà ce qu'il va t'arriver". C'est une différence fondamentale : ils ne l'ont pas poussé vers un objectif, ils lui ont donné les moyens de s'adapter à ce qui lui était promis. » « Mbappé est quand même quelqu'un de très secret, juge Daniel Riolo. Il donne des interviews dans lesquelles il apparaît la tête sur les épaules, il parle de jeu, il ne s'enflamme pas, il est très posé sur ses positions… Mais il ne parle pas de lui, de sa vie ou de ses rapports avec sa famille… Tout cela est très secret. » Après quoi cours-tu Kylian ? Après quoi cours-tu si vite ?

CHAPITRE 16

LA CÉRÉMONIE DU BALLON D'OR

À l'automne 2018, alors que la France entière était secouée par le mouvement des Gilets jaunes, le milieu footballistique se passionnait pour un autre sujet : la prochaine annonce du lauréat du Ballon d'or. Une récompense individuelle est par définition une incongruité dans un sport collectif. Pour autant, tous les footballeurs professionnels ne le cachent pas : il est le graal presque au même titre qu'une victoire en Coupe du monde. Le trophée est décerné par un jury international de journalistes spécialisés dans le football, avec un représentant par pays. Chacun d'entre eux désigne par ordre décroissant cinq joueurs de tous les continents. Officiellement, les votes doivent être motivés par les critères des performances individuelles et du palmarès au cours de l'année écoulée ainsi que le talent et le fair-play du joueur. Cette année, 7 Français figuraient dans la liste des 30 footballeurs retenus, et 3 d'entre eux étaient considérés comme des vainqueurs potentiels : Antoine Griezmann, Raphaël Varane et Kylian Mbappé. Un lauréat français au Ballon d'or, ce n'est pas si fréquent. Depuis la création du prix en 1956, sur les 62 vainqueurs, pour l'heure seuls Raymond Kopa (1958), Michel Platini (1983, 1984, 1985), Jean-Pierre Papin (1991) et Zinedine Zidane (1998) ont remporté le trophée. De plus, le sacre de 2018 mettait fin à une hégémonie qui durait depuis dix ans entre Cristiano Ronaldo et Messi (cinq Ballons d'or chacun). Comme ses coéquipiers chez les Bleus, Kylian n'a pas fait mystère de ses ambitions dans ce domaine : « J'ai mis tous les ingrédients de mon côté pour le remporter. Après je ne peux pas voter à la place des gens[1]. » Aussi impressionnant que soit son talent, Mbappé possédait un handicap par rapport à ses deux partenaires tricolores : son club n'avait pas brillé en Champions League la saison écoulée, échouant en huitièmes de finale contre le Real Madrid. Une C1 que Varane pouvait se targuer d'avoir remportée avec le Real tandis que Griezmann décrochait l'Europa Ligue avec l'Atlético. Mais tous trois devaient affronter un challenger bien plus redoutable : Luka Modrić.

Cette année, Modrić avait déjà été désigné meilleur joueur de la Coupe du monde, meilleur joueur de l'année par l'UEFA, et avait remporté la C1 avec le Real Madrid. À 33 ans, après avoir mené une Croatie

1. *Le Parisien*, 3 décembre 2018.

de quatre millions d'habitants en finale du Mondial, c'était sans doute sa dernière chance d'obtenir le Ballon d'or. D'autant que la défaite de sa sélection en finale face aux Bleus n'était pas rédhibitoire : le grand Johan Cruyff avait obtenu le trophée en 1974 alors que les Pays-Bas avaient perdu face à l'Allemagne lors de l'ultime rencontre de la Coupe du monde six mois plus tôt. Au contraire d'un Messi ou d'un Ronaldo, Luka Modrić fait partie de ces joueurs dont la notoriété ne dépasse pas le cercle des amateurs de football. Le grand public a peu l'occasion de voir sa photo dans les journaux people et il n'est pas le joueur le plus mis en avant dans les publicités. Il a le physique malingre d'un personnage d'une toile de Vermeer, un charisme qui n'est pas flagrant pour les téléspectateurs et se fait peu remarquer par ses coups d'éclat extra-footballistique, si ce n'est pour une affaire de faux témoignage en Croatie. Cela ne l'empêche pas d'être un très grand footballeur. Modrić est un créateur, capable de délivrer des passes au millimètre près, avec une intelligence de jeu quasiment jamais prise en défaut. Il possède une technique de dribble, un sens du placement, une maîtrise des coups de pied arrêtés et une capacité à déstabiliser le bloc adverse qui en font un joueur rare. Il est aussi un partenaire capable de s'imposer comme un leader technique dont l'influence se ressent sur l'ensemble de l'équipe. Et puis il y a ses accélérations, malgré sa trentaine bien entamée. Durant les semaines qui précédèrent la remise du Ballon d'or, des rumeurs le donnaient gagnant. Le jour de la cérémonie, lorsque Modrić fut filmé à son arrivée sur le tapis rouge du Grand Palais, ses enfants dans les bras et ce petit air satisfait sur le visage, ceux qui n'étaient pas dans la confidence ont vu leurs derniers doutes s'effacer. Mbappé, lui, termina à la quatrième place du classement. Il est arrivé en tête des votes des journalistes de France, Belgique, Pays-Bas, Irlande du Nord, Turquie, Israël, Liban, Côte d'Ivoire, Tchad, Liberia, Chypre, Comores, Érythrée, Namibie, Mongolie, Qatar, République dominicaine, Tanzanie et Nouvelle-Calédonie[1]. Soit 19 votants sur 180. Le jeune prodige du PSG était encore loin du compte. Mbappé avait été grandiose lors de la Coupe du monde, mais les votants avaient sans doute pris en compte ses performances très relatives sur la scène européenne ou ses stats plutôt moyennes en championnat lors des six premiers mois de l'année. Beaucoup d'observateurs étaient prêts à parier qu'il deviendrait le meilleur joueur du monde mais à leurs yeux il ne l'était pas encore. Après tout, Messi et Cristiano Ronaldo avaient respectivement 22 et 23 ans lorsqu'ils ont remporté leur premier Ballon d'or. Kylian, lui, n'en avait que 19. Il avait battu tous les records de précocité depuis qu'il était passé professionnel mais pas (encore) celui-là. Pour l'heure, le plus jeune lauréat restait le Brésilien Ronaldo, sacré en 1997 à l'âge de 21 ans. Il reste deux ans à Kylian pour

1. *Ibid.*

prendre sa place… « J'ai fait tout ce que je pouvais mais pas tout ce qui était possible, soutient Kylian. Je n'ai pas toujours été déterminant. Or un Ballon d'or est décisif de janvier à décembre. Mais c'est bien : ça me permet de mesurer le chemin qu'il me reste à parcourir. Ce serait trop facile si j'arrivais dans le monde du football et que je gagnais tout aussi rapidement[1]. » Beau joueur, Kylian se rendit à la remise des prix sans montrer le moindre signe de frustration. Lors de la cérémonie, il fut invité à exécuter quelques pas de danse par le présentateur de la soirée. Devant sa télévision, son ancienne complice de Clairefontaine, Anissa Lahmari, ne manqua pas une miette de la scène. « Je crois que la danse, ce n'est pas pour lui, s'amuse-t-elle. Il n'a pas totalement le sens du rythme, on va dire qu'il lui manque le cassage de reins… » *Exit* le Ballon d'or donc, mais Kylian ne repartit pas pour autant les mains vides : il obtint le prix du meilleur espoir, le Trophée Kopa, un titre décerné pour la première fois qui récompensait un joueur âgé de moins de 21 ans. Cette fois les votants avaient été vingt-deux anciens vainqueurs du Ballon d'or. Dans cette catégorie, Kylian atteignit sans difficulté la tête du classement, avec 110 points contre seulement 31 points pour le deuxième, le joueur américain de Dortmund Christian Pulisic. Ce ne fut pas une surprise : question précocité, Kylian avait depuis longtemps démontré

1. *Le Parisien*, 4 décembre 2018.

qu'il ne craignait personne. « À titre personnel, je lui aurais donné le Ballon d'or, confie le journaliste Fabien Pigalle. Je me bats contre l'idée qu'il est encore jeune. Il sera de toute façon toujours trop jeune pour quelque chose parce qu'il va plus vite que le temps du football. » « Je ne vois pas comment Kylian Mbappé pourrait se dire qu'il a le temps pour remporter le Ballon d'or alors que le principe même d'avoir le temps ne signifie rien pour lui, ajoute Vincent Duluc. Il a toujours voulu tout gagner tout de suite, et c'est valable aussi pour ce trophée. » Durant le reste de la soirée, Kylian prit la pose pour des photos avec les autres lauréats, avec ses partenaires en équipe de France présents, avec le sélectionneur Didier Deschamps et même avec l'actrice Marina Foïs. Au parking du Grand Palais, il eut aussi la politesse d'aller saluer Christiane Kopa, la veuve de l'ancien joueur de Reims qui avait donné son nom au prix qui lui avait été remis :

« Je suis très fier de recevoir ce premier trophée, madame.

— Merci, mon mari aurait été très fier de vous voir gagner[1] », lui répondit-elle.

Kylian s'éclipsa ensuite avec ses parents pour regagner le domicile familial.

La déception de ne pas avoir obtenu le Ballon d'or n'a pas semé le moindre doute dans l'esprit de Kylian

1. *France Football*, 11 décembre 2018.

Mbappé. Pour ce qui est de ses ambitions, il reste sur la même ligne. Il veut soulever tous les trophées : la Ligue des champions et les titres nationaux avec le PSG, l'Euro avec les Bleus et le prochain Ballon d'or tout seul. « J'ai réuni tous mes trophées dans une salle et parfois, au retour d'une défaite, je vais me balader devant, dit-il. Ça fait du bien[1]. » Peu de temps après la cérémonie du Ballon d'or, Kylian a eu 20 ans. « Cela ne va rien changer à ma vie d'avoir 20 ans, soutient-il. On vieillit un peu, c'est tout[2] ! » Dans les mois qui suivront, il sembla prendre une envergure encore supérieure. À l'approche d'un match de la plus haute importance contre Manchester United, en huitièmes de finale de la Ligue des champions, le PSG perdit successivement Neymar et Cavani sur blessures. Du trio offensif emblématique de l'équipe de la capitale, il était le seul rescapé. Kylian a assumé : à Manchester, il marqua un but et participa pleinement à la victoire parisienne sur le score de 2-0. Cinq jours plus tard, alors que Paris rencontrait Saint-Étienne en championnat, Mbappé inscrivit le seul but de la rencontre et offrit un nouveau succès aux siens. Au coup de sifflet final, Laurent Paganelli de Canal+ lui remit le trophée du meilleur joueur du match. Lorsque le consultant lui demanda combien il en avait reçu jusqu'à présent, Kylian répondit en souriant : « J'en ai

1. *France Football*, 4 décembre 2018.
2. *Le Parisien*, 20 décembre 2018.

eu pas mal mais on n'en a jamais assez… » Au 1er mars 2019, il avait marqué 24 buts en Ligue 1 et 29 toutes compétitions confondues. Il était le meilleur buteur parisien, devant Cavani et Neymar, mais aussi le meilleur buteur du championnat. Après son doublé contre Nîmes, lors de la vingt-sixième journée, il est devenu le plus jeune joueur de l'histoire à avoir dépassé le seuil des 50 buts en Ligue 1. À 20 ans, Kylian a déjà remporté une Coupe du monde, deux championnats de France, une Coupe de France et une Coupe de la Ligue. Au 1er mars 2019, il a marqué 87 buts lors de ses 164 matchs professionnels, dont 10 avec l'équipe de France. Il est célèbre à travers le monde et il a gagné ces trois dernières années davantage d'argent que la quasi-totalité des êtres humains n'en gagneront durant toute leur existence. Mbappé est à un moment de sa carrière où tout commence, mais il a déjà atteint les sommets de son sport. « La définition même de Mbappé, c'est de faire des choses que les autres ne peuvent pas faire, estime Vincent Duluc. Personne ne va aussi vite que lui, personne ne marque autant de buts au même âge et personne ne gagne autant de trophées aussi tôt. » Sur un plan statistique, il est en avance sur presque tous les plus grands joueurs de l'histoire du football. Au même âge, il a joué plus de matchs de première division que Cristiano Ronaldo, marqué plus de buts que Messi et compte plus de sélections en équipe nationale que Pelé. À 20 ans Maradona n'était encore qu'un joueur du club de l'Argentinos Juniors, Platini évoluait à l'AS

Nancy-Lorraine et Zidane à Cannes. À 20 ans George Best n'avait prononcé aucune des tirades qui feront sa légende, Sócrates n'avait pas encore montré au monde qu'un footballeur pouvait avoir des idées politiques et Beckenbauer devait attendre encore trois ans pour devenir le « Kaiser ». Kylian, lui, est déjà Mbappé. Un Mbappé de 20 ans à qui l'on prédit que le meilleur reste à venir, mais un Mbappé dont le nom peut être prononcé dans n'importe quel pays du globe pour engager une conversation.

CHAPITRE 17

LES PREMIÈRES DÉSILLUSIONS

Après la victoire des Bleus à la Coupe du monde 2018, Kylian Mbappé semblait programmé pour continuer de brûler les étapes et repousser sans cesse les limites du possible. Sur le papier, il n'a d'ailleurs pas manqué d'étoffer son palmarès et d'engranger de nouveaux records. Lors de la saison 2018-2019, il remporte un nouveau titre de champion de France avec le PSG, termine meilleur buteur de Ligue 1 avec 33 buts, devient le meilleur buteur de l'histoire du club parisien sur une saison, le plus jeune joueur à marquer 50 buts en Ligue 1 et il reçoit les trophées UNFP du meilleur joueur ainsi que du meilleur espoir du championnat.

Pour la saison 2019-2020 – perturbée par la crise du Covid-19 –, il est de nouveau champion de France avec le PSG, remporte la Coupe de France ainsi que la Coupe de la Ligue, et termine encore une fois meilleur buteur du championnat.

La plupart des footballeurs considéreraient de telles saisons comme des réussites éclatantes. Aux yeux du jeune prodige, elles semblent pourtant insuffisantes. « Kylian Mbappé possède une détermination hors du commun, que l'on ne retrouve que chez très peu de sportifs, explique Anthony Mette, psychologue et préparateur mental pour athlètes professionnels. Il s'agit de l'élite de l'élite, des individus prêts à tout pour réussir. Cela implique de faire des sacrifices tous les jours et d'avoir une capacité de résilience démesurée. Cela surprend car nous n'avons pas l'habitude de ce genre de profil en France. Ce sont surtout des mentalités nord-américaines, comme Michael Jordan dans le basket ou Tiger Woods dans le golf. » L'attaquant possède en effet des exigences qui vont bien au-delà du championnat national. En club, son principal objectif est de remporter la Ligue des champions. Dans cette optique, le PSG ne s'est pas montré à la hauteur de cette espérance.

Lors de la saison 2018-2019, Paris s'incline dès les huitièmes de finale contre Manchester United, malgré le but de Mbappé au match aller qui avait permis à son équipe de l'emporter 0-2 dans le stade d'Old Trafford. Pour le retour, Manchester se présente au Parc des Princes avec un effectif décimé. Entre les blessures et les suspensions, dix joueurs manquent à l'appel. Les « Red Devils » doivent se passer d'éléments aussi importants que Paul Pogba, Alexis Sanchez, Nemanja Matic, Juan Mata, Anthony Martial ou Antonio Valencia. Pour les remplacer, le coach mancunien, Ole Gunnar Solskjaer, est contraint de faire appel à de jeunes joueurs issus du centre de formation. Pour les bookmakers, la rencontre est une simple formalité tant la victoire paraît acquise au PSG. Mais les supporters parisiens le savent mieux que personne : Paris sera toujours Paris…

Deux ans après le traumatisme de la « remontada » contre le FC Barcelone, l'impensable se répète une fois de plus. Le PSG s'incline 1-3 sur le pire des scénarios : un penalty concédé dans les arrêts de jeu. Nul n'oserait imputer la défaite à un simple coup du sort. Ce soir-là, United n'a pas brillé pour arracher la victoire, c'est le PSG qui a perdu en additionnant les erreurs sur le terrain. Kylian le sait. Si d'autres joueurs sont davantage tenus pour responsables de la défaite – dont le gardien Gianluigi Buffon ou les défenseurs Thilo Kehrer et Presnel Kimpembe –, le n° 7 parisien sait qu'il ne s'est pas montré à la hauteur. Il n'est pas (encore) la figure tutélaire de l'équipe mais il est de ceux que l'on attend dans les grands rendez-vous. C'est la troisième saison consécutive que le PSG est éliminé dès les huitièmes de finale en Ligue des champions. Comme l'année précédente, Kylian Mbappé n'a pas pu l'empêcher. « Ce fut un match lunaire dont il est encore difficile de comprendre ce qui s'est passé, se souvient le journaliste de *L'Équipe* José Barroso. Les joueurs parisiens ont péché par excès de confiance. Ils sont passés à côté de leur match, Mbappé comme les autres. » Dans tous les médias, le même mot revient sans cesse : « humiliation ». Quelques jours après, Mbappé réagit sur TF1 : « Je suis abasourdi. Il n'y a pas les mots. Je n'ai pas réussi à dormir. C'est difficile. On avait beaucoup travaillé pour arriver à ce moment. Et on se fait éliminer. On est déçus. Maintenant, le football, ça continue et on va essayer de relever la tête pour la fin de saison[1]. » Et d'ajouter : « [La Ligue des champions] était vraiment notre objectif, c'était pour ça qu'on travaillait tous les jours. C'est pour cette compétition. Le stade était plein, les supporters nous ont soutenus. C'était une ambiance magnifique. On a gâché la fête[2]. »

La saison suivante, le PSG atteint la finale de la Ligue des champions, réalisant ainsi le meilleur parcours de son histoire dans la compétition. Une prouesse cependant entachée par un contexte inédit : pour rattraper le retard dû à l'interruption de l'ensemble des compétitions de football durant la crise du Covid-19, à partir des quarts de finale, chaque tour se déroulait en un seul match durant une période restreinte au lieu des traditionnelles rencontres aller-retour. Après avoir battu l'Atalanta Bergame en quarts (2-1) et le RB Leipzig en demi (3-0), le PSG s'incline 1-0 en finale contre le Bayern Munich. Pas tout à fait remis d'une blessure, Mbappé se montra plutôt performant durant les trois matchs sans pour autant permettre à son équipe de

1. *Téléfoot*, TF1, 10 mars 2019.
2. *Ibid.*

remporter le titre. Il eut plusieurs opportunités de faire la différence mais se heurta à chaque fois au gardien du Bayern, Manuel Neuer. Kylian fait ainsi l'amère expérience d'échouer en finale, sans doute l'échec qui laisse le plus de traces chez les grands compétiteurs. Une telle défaite contraint à regarder les adversaires soulever la coupe à quelques mètres de soi. L'attaquant français avait déjà connu pareille mésaventure la saison précédente en Coupe de France, lorsque Paris avait échoué aux tirs au but contre Rennes. Mais cette fois, c'était la Ligue des champions, le graal que le PSG aspire à conquérir depuis l'arrivée du Qatar à la tête du club. Ce fut difficile à avaler pour Kylian mais une déception bien plus grande l'attendait un an plus tard…

Avec le PSG, déjà, la saison 2020-2021 ne se déroula pas pour le mieux. Si Kylian peut ajouter à son panthéon personnel un nouveau titre de meilleur buteur (avec 27 buts) et une Coupe de France (2-0 contre Monaco), il ne remporte pas le championnat cette année-là. À la surprise générale, Paris termine à la deuxième place derrière Lille. Le club subit aussi une nouvelle déconvenue en Ligue des champions, avec une élimination en quarts de finale par Manchester City. Si le PSG évite cette fois de quitter la compétition dès les huitièmes, il montre qu'il a encore du chemin à parcourir pour se hisser à la hauteur des grands d'Europe. Pour le club le plus riche du continent, c'est une vérité difficile à admettre. Paris s'était pourtant vengé d'humiliations des saisons précédentes en éliminant successivement le FC Barcelone en huitièmes (avec un triplé de Mbappé au Camp Nou) et le Bayern Munich en quarts. « Dans le match contre le Bayern, Mbappé a commencé à changer son jeu en se montrant très altruiste, précise le journaliste de *L'Équipe* José Barroso. Il n'était pas dans la logique d'un attaquant qui cherche à soigner ses stats. Même s'il n'a pas les qualités d'un n° 10, il possède une telle envergure dans le jeu qu'il peut à la fois marquer et faire marquer ses coéquipiers. » Cela n'a cependant pas suffi contre Manchester City, puisque Kylian et les siens se sont inclinés à l'aller (1-2) comme au retour (2-0).

Le rendez-vous le plus important de l'année restait cependant à venir : le championnat d'Europe avec les Bleus, décalé à l'été 2021 en raison de la crise du Covid. Un rendez-vous qui commence sur une note négative. Si Kylian Mbappé n'avait jusqu'alors guère fait parler de lui pour des mésententes au sein d'un vestiaire, au cours de la préparation avec l'équipe de France, il fait l'objet d'une polémique aussi évitable que grotesque en manifestant son courroux contre l'un de ses coéquipiers, Olivier Giroud. Le tort de Giroud ? Avoir déclaré à des journalistes à l'issue du match amical contre la Bulgarie, durant lequel il avait marqué un doublé : « Vous dites qu'on ne m'a pas beaucoup vu au début [du match] mais peut-être qu'on aurait pu mieux se trouver[1]. » Traduction : « En tant

1. *L'Équipe*, 10 juin 2021.

qu'attaquant de pointe, je ne peux pas marquer de but si mes coéquipiers ne me passent pas le ballon. » Si l'ancien joueur d'Arsenal ne cite aucun nom, Kylian s'est senti visé. Les deux hommes ont beau s'expliquer au cours de l'entraînement à Clairefontaine, la rancune ne passe pas. Lors de la conférence de presse suivante, Mbappé fait savoir qu'il souhaite s'exprimer devant les journalistes mais se heurte à un refus du sélectionneur, Didier Deschamps, qui trouve que le feuilleton de cour de récré a suffisamment duré. Trois jours plus tard, le Bondynois sera en revanche présent en conférence de presse. Interrogé sur les tensions avec Giroud, il calme le jeu dans un premier temps (« Tout le monde sait ce qui s'est passé, j'ai été un peu affecté, mais il ne faut pas en faire toute une histoire[1] ») mais ne joue pas la langue de bois : « J'aurais préféré qu'il vienne [me voir] et même qu'il soit plus virulent. Moi, quand j'ai quelque chose à dire à quelqu'un, je lui dis et ça reste dans le vestiaire[2]. » Aussi anecdotique que cela puisse paraître, un tel épisode n'en révèle pas moins les tensions au sein d'un collectif qui s'apprête à disputer une compétition majeure. Une transition générationnelle est en train de s'opérer chez les Bleus. Kylian ne s'oppose pas frontalement aux anciens leaders du vestiaire mais une lutte d'influence est à l'œuvre. Beaucoup, au sein de l'effectif tricolore, entretiennent

1. *L'Équipe*, 13 juin 2024.
2. *Ibid.*

un fonctionnement à l'ancienne, avec un sens de la hiérarchie très marqué et le respect des joueurs les plus capés. Kylian, lui, n'a jamais attendu son tour. Il accorde peu d'importance aux statuts des uns et des autres. Les Paul Pogba, Antoine Griezmann ou Raphaël Varane regardent avec méfiance le jeune attaquant s'imposer de plus en plus. Aucune guerre n'est déclarée mais un certain malaise s'installe. « Kylian Mbappé est très social mais il ne faut pas attendre de la bienveillance de sa part, avance le psychologue et préparateur mental Anthony Mette. Des joueurs de ce profil sont totalement tournés vers eux-mêmes. Ils sont connus pour leur égocentrisme et leur manque d'empathie. Cela peut se révéler compliqué pour la vie d'un vestiaire. » Mbappé pouvait-il s'épanouir si on ne lui laissait pas la place qu'il estimait mériter ? « La vie sociale fut plutôt compliquée durant cet Euro, se souvient le journaliste du *Parisien* Dominique Sévérac. Il y avait une mauvaise ambiance globale. Kylian Mbappé était un peu isolé. C'est un phénomène récurrent : le chouchou du public et des médias est souvent un peu tricard dans une équipe. Les autres se montrent jaloux de celui qui prend davantage la lumière. Le football est un milieu où la jalousie est exacerbée : tout le monde se regarde et tout le monde se compare. Ses coéquipiers en ont eu un peu marre de la couverture médiatique de folie de Kylian alors ils l'ont mis un peu à l'écart. Cela s'est ressenti. »

L'Euro débute néanmoins pour le mieux. Lors du premier match de poule, les Bleus s'imposent 1-0 contre l'Allemagne, qui joue à domicile. Le seul but de la rencontre est inscrit contre son camp par un défenseur de la Nationalmannschaft mais la France réalise une prestation encourageante. S'il n'a pas ouvert son compteur but, Kylian Mbappé a rappelé aux futurs adversaires que chacune de ses accélérations peut représenter un danger.

En France, l'optimisme pour la suite de la compétition est à son comble. Le public et les médias imaginent déjà que ces Bleus pourraient réitérer l'exploit de leurs homologues de 1998 en remportant l'Euro qui suit leur victoire en Coupe du monde. Le match suivant, contre la Hongrie, tempère un peu l'enthousiasme : l'équipe de France ne parvient pas à faire mieux qu'un match nul 1-1. Mbappé n'est guère étincelant mais il est tout de même à l'origine de l'action du but égalisateur de Griezmann.

En ne l'emportant pas face à un adversaire considéré comme le plus faible de leur poule, les Bleus ratent l'occasion d'assurer leur qualification avant la troisième rencontre contre le Portugal. Cela ne les empêchera pas de terminer à la tête de leur groupe en enchaînant avec un autre match nul 2-2 face aux coéquipiers de Cristiano Ronaldo, grâce à un doublé de Karim Benzema. La France doit désormais affronter la Suisse en huitièmes de finale. En théorie, il ne s'agit que d'une formalité avant de retrouver l'Espagne en quarts. Mais en théorie seulement…

Le match tourne au cauchemar. Sur le terrain, les Bleus donnent longtemps le sentiment de jouer ensemble pour la première fois tandis que les Helvètes s'appuient sur de solides automatismes. La Suisse ouvre le score à la 15e minute, puis obtient à la 55e un penalty, arrêté par Hugo Lloris. Le rapport de force semble enfin s'inverser. Karim Benzema, l'un des rares Tricolores à se montrer à la hauteur, inscrit deux buts en trois minutes et permet à la France de prendre l'avantage. Alors qu'il ne reste qu'un quart d'heure au temps réglementaire, Paul Pogba inscrit un troisième but qui semble mettre les Bleus à l'abri. Les Suisses ne l'entendaient pas ainsi : ils marquent à la 81e, puis de nouveau à la 90e pour égaliser à 3-3. Un scénario qui ressemble à celui de Séville 1982, sauf que ce n'est pas une demi-finale de Coupe du monde et que l'adversaire n'est pas la grande RFA. Ces Bleus-là font davantage penser à ceux du Mondial 2002 : des joueurs ultrafavoris qui se révèlent incapables de battre des adversaires censés leur être très inférieurs à tous les postes.

La prolongation ne donnera rien, malgré une occasion manifeste pour Mbappé à la 110e. Les deux équipes doivent donc se départager par une séance de tirs au but. Les premiers tireurs français et suisses convertissent chacun leur tentative. Quand Kylian Mbappé se présente devant la surface de réparation, il est le dernier de la série. Le score est alors de 5 tirs réussis pour la Suisse et 4 pour la France. Si Kylian marque, la séance se prolonge. S'il rate, la France est éliminée de l'Euro. Qui peut douter à cet instant du résultat ? La pression a toujours semblé glisser sur lui et sa précision de tir n'est plus à démontrer. Kylian a le visage fermé. Il se saisit du ballon, le pose sur le rond blanc et recule de quelques pas pour prendre son élan. Il marque un court arrêt, prend sa course et exécute une frappe puissante du pied droit, à mi-hauteur vers la gauche de la cage. Le gardien suisse, Yann Sommer, plonge du bon côté et arrête le ballon. C'est fini, la France a perdu ! Kylian porte ses mains à sa tête et les retire aussitôt. Il regarde autour de lui. Ivres de joie, les Suisses se mettent à courir derrière leur gardien vers la tribune des supporters helvètes. Kylian est blême, jamais il n'a semblé aussi perdu sur un terrain depuis le début de sa carrière. Ses coéquipiers Wissam Ben Yedder, Lucas Digne et Paul Pogba viennent lui adresser un geste amical mais cela ne semble guère le réconforter. À tort ou à raison, en cet instant, Kylian Mbappé incarne physiquement l'élimination.

Le n° 10 des Bleus n'a pas fait le match de sa vie face à la Suisse, nul n'oserait prétendre le contraire. Même s'il est impliqué sur les deux buts tricolores, il a raté plusieurs occasions et ne semblait pas au mieux physiquement. Il fut cependant loin d'être le pire élément de l'équipe tant l'ensemble des Bleus se sont montrés décevants. Le soir même, le joueur du PSG publie un message sur ses réseaux sociaux : « Très difficile de tourner la page. La tristesse est immense après cette élimination, nous n'avons pas pu atteindre notre objectif. Je suis désolé pour ce penalty. J'ai voulu aider l'équipe mais j'ai échoué. Trouver le sommeil sera difficile mais ce sont malheureusement les aléas de ce sport que j'aime tant. » Des formules qui sentent bon la prose d'une équipe communicante mais qui exprime sans doute le fond de ce que ressent Kylian. « Je pense que même au niveau intime, il a vécu cette élimination comme son plus grand échec », confirme le journaliste de *L'Équipe* José Barroso.

Le jeune prodige reçoit le soutien de Pelé qui publie sur Twitter : « Garde la tête haute, Kylian ! Demain est le premier jour d'un nouveau voyage. » Un message sympathique qui tranche avec la tonalité générale. En France, les médias rivalisent de superlatifs pour qualifier l'échec des Bleus. Mbappé n'est pas davantage pointé du doigt que les autres – il est bien moins critiqué que le sélectionneur Didier Deschamps –, mais n'est pas épargné non plus. Sur les réseaux sociaux, les internationaux français essuient un flot d'injures, dont de nombreux messages à caractère raciste. À tel point que les magistrats du ministère public de Paris décident d'ouvrir une enquête pour « injure publique à caractère raciste » au sujet de plusieurs tweets. Parmi les posts incriminés, plusieurs visaient nommément Kylian Mbappé. Le lendemain, l'association SOS Racisme dépose plainte pour plusieurs tweets du même acabit. L'un de ceux qui ont été rendus publics visait Mbappé en des termes l'assimilant à un esclave méritant « une centaine de coups de fouet[1] ». Le Parisien est loin d'être

1. *L'Équipe*, 6 juillet 2021.

le seul des Bleus à faire l'objet d'un tel traitement. Dans les messages présentés par SOS Racisme lors de son dépôt de plainte, le gardien de but Hugo Lloris a lui aussi été traité de « sale blanc[1] » et le milieu de terrain N'Golo Kanté se voit violemment reprocher de « sortir avec une blanche[2] » (*sic*).

Si nul n'ignore que la haine et la bêtise règnent en maître sur les réseaux sociaux, Kylian Mbappé avait jusqu'alors été relativement épargné par un tel flot de malveillance, surtout lorsqu'il représentait l'équipe de France. Pour lui, le coup est violent. « Ce qui m'a choqué, c'est de me faire traiter de singe pour un penalty, affirme-t-il[3]. C'est pour cela que je voulais du soutien, pas parce que j'ai tiré mon penalty à gauche et que Sommer l'a arrêté : ça, c'est ma faute à moi, c'est mon pied à moi. »

Le « soutien » qu'il évoque, c'est celui qu'il attendait des instances du football français. Juste après l'élimination, Kylian et sa mère Fayza auraient sollicité un rendez-vous auprès du président de la fédération. « Sa maman m'a demandé à être reçue avec lui après l'Euro, explique Noël Le Graët[4]. J'ai dit de façon très claire que j'acceptais de recevoir Kylian tout seul, car je ne reçois jamais les familles, ça, c'est clair. J'ai donc vu Kylian en tête à tête à la FFF. Il m'a appelé, on a

1. *Ibid.*
2. *Ibid.*
3. *L'Équipe*, 13 octobre 2021.
4. *Ouest France*, 27 août 2021.

pris rendez-vous. C'est un garçon qui était contrarié par son penalty, sa performance et les critiques. Je lui ai remonté le moral car c'est un excellent joueur, un talent français extraordinaire qu'on ne peut pas juger sur un penalty raté. Les réseaux sociaux n'ont pas été tendres. Il était très contrarié. » Et de préciser : « Kylian avait besoin de ressentir notre soutien, de savoir qu'on le défendait. Je crois que c'est un garçon qui a besoin d'amour. Les réseaux sociaux, je ne les lis pas. Mais il paraît qu'il en a pris plein la tête pour plein de raisons : le penalty raté, sa couleur de peau… C'est vrai que je n'ai pas fait de communiqué, il aurait aimé que je le défende publiquement. On s'est vus dix minutes et je lui ai dit tout le bien que je pensais de lui. Il y a longtemps que je le pense. C'est un garçon bien élevé que j'ai vu grandir. Aujourd'hui, ce n'est plus un gamin. Il n'a plus 18 ans mais bientôt 23. Il a une personnalité forte. C'est normal qu'on lui dise l'estime qu'on a pour lui[1]. »

Les propos que Noël Le Graët a tenus à Kylian dans l'intimité de son bureau n'ont en tout cas pas eu l'effet escompté. Outre qu'il conservera une profonde rancœur envers le président de la FFF, le futur capitaine tricolore a bien du mal à tourner la page. Il accepte difficilement les invectives d'une partie du public, les critiques des médias et les rumeurs sur son supposé problème d'ego au sein de l'équipe de France.

1. *Ibid.*

« Il a été très durement touché sur le plan personnel par ce qui s'est passé après l'Euro, confirme le journaliste de *L'Équipe* José Barroso. Par les insultes et par le sentiment de n'avoir pas été suffisamment défendu par la fédé. » Au point d'envisager de ne plus jouer avec les Bleus ? C'est en tout cas ce que l'attaquant sous-entendra quelques mois plus tard : « J'ai toujours mis l'équipe de France au-dessus de tout et je la mettrai toujours au-dessus de tout. Je n'ai jamais touché 1 euro pour jouer en équipe de France et je jouerai toujours gratuitement pour mon pays. Surtout, je n'ai jamais voulu être un problème. Mais à partir du moment où j'ai ressenti que je commençais soi-disant à devenir un problème et que les gens me ressentaient comme un problème… Le plus important, c'est l'équipe de France, et si l'équipe de France est plus heureuse sans moi, c'est comme ça. […] C'est ce qu'on m'a fait ressentir et c'est ce que j'ai ressenti. Le message que j'ai reçu, c'est que mon ego nous faisait perdre, que je voulais prendre trop de place, et que sans moi, donc, on aurait peut-être gagné[1]… » Un an plus tard, il se fera plus précis sur ce qu'il avait dit au président de la FFF concernant son éventuel départ de l'équipe de France : « J'ai dit : “Je ne peux pas jouer pour des gens qui pensent que je suis un singe.” Je ne vais pas jouer. Mais après, j'ai pris le temps de la réflexion avec toutes les personnes qui jouent avec moi et m'encouragent.

1. *L'Équipe*, 13 octobre 2021.

Et je pense que ce n'est pas un bon message d'abandonner. Parce que je pense que je suis un exemple pour beaucoup de monde. Je n'ai pas lâché l'équipe nationale parce que c'est un message à la jeune génération de dire : "On est plus forts que ça[1]." » La page semble tournée mais seul l'intéressé sait les traces que cet épisode laissera. « Kylian Mbappé est bien moins émotif que Cristiano Ronaldo, rappelle le psychologue et préparateur mental Anthony Mette. On a souvent vu Ronaldo pleurer sur un terrain, mais jamais Mbappé. Il peut se montrer déçu ou touché mais il restera limité dans les émotions. Pour enchaîner les buts comme il le fait et faire fi de toutes les polémiques, il doit avoir une carapace à toute épreuve. Avec ce qu'on lui a fait vivre à son âge, la plupart des autres joueurs seraient au fond du trou. Il a une froideur et une insensibilité dignes de celles des PDG de multinationales ou des plus grands politiciens. »

L'élimination à l'Euro laissera des traces dans les performances de l'équipe de France. Au rassemblement suivant, début septembre 2021, les Bleus ne se montrent guère rassurants lors des matchs de qualification pour la prochaine Coupe du monde. La France concède un match nul 1-1 face à la Bosnie, puis un autre sur le même score contre l'Ukraine, sans son n° 10 qui s'était légèrement blessé lors de la précédente

1. *Le Parisien*, 11 novembre 2022.

rencontre. Toujours sans lui, les Bleus dévoileront un niveau de jeu bien supérieur trois jours plus tard en l'emportant 2-0 contre la Finlande.

En ce début de saison 2021-2022, la relation entre Kylian Mbappé et les supporters du PSG n'est pas non plus au beau fixe. Durant le mois d'août, un potentiel départ de l'attaquant pour le Real Madrid avait fait l'objet d'un véritable feuilleton médiatique. La direction du club ne lui avait jamais ouvert la porte mais la volonté de Kylian de partir pour l'Espagne fut considérée comme une trahison par une partie des supporters parisiens. Pour le premier match de la saison à domicile, le 14 août contre Strasbourg, le nom de Mbappé avait été sifflé lors de la traditionnelle annonce des joueurs. « Je me suis dit qu'à leur place, j'aurais sifflé aussi, affirme-t-il[1]. Dans ce dossier, qui savait quoi ? On a entendu plein de choses. Je ne me suis pas dit : “Après tout ce que j'ai fait, ils me sifflent.” Non, j'ai pris ça comme une marque d'affection. Ils ne voulaient pas que je parte, ça veut dire que je suis important. Moi, j'étais au clair avec moi-même et avec ma situation. » Il reconnaîtra lui-même ses velléités de départ : « Après l'Euro, j'ai dit que je voulais partir. Mon ambition était vraiment qu'on marche tous main dans la main, le club vendeur, le club acheteur et moi. Qu'on fasse le meilleur deal possible pour sortir tous par la grande porte. Je voulais aussi laisser du temps

1. *L'Équipe*, 13 octobre 2021.

à mon club pour trouver un remplaçant. Que tout le monde soit content et que moi, je poursuive mon petit bonhomme de chemin. [...] Après, le club a décidé de ne pas vendre. J'ai été OK avec ça. J'ai continué à jouer tout le mois d'août, j'ai été performant. Je n'avais pas de problème avec ça, je suis quand même dans une grande équipe et un endroit où j'ai été heureux pendant quatre ans[1]. »

Durant cette période, les supporters parisiens ne sont pas les seuls à manifester leur antipathie envers le natif de Bondy. Après la Coupe du monde 2018, Kylian était applaudi dans presque tous les stades de l'Hexagone. Après l'Euro 2021, il est sifflé par de nombreux spectateurs lors des matchs extérieurs. « Platini se faisait aussi siffler quand il jouait contre des clubs français avec la Juventus, rappelle l'historien Paul Dietschy. Il n'était plus le Platini de l'équipe de France mais le Platini de la Juve. C'est dans la logique du supportérisme. » Gardons-nous des généralités : les enfants de toutes les régions de France continuaient de porter des maillots floqués à son nom et il redeviendra vite le plus applaudi lorsqu'il jouera avec les Bleus. Mais, pour l'heure, il avait perdu son totem d'immunité. « C'est le lot des champions de cette dimension, souligne le journaliste de *L'Équipe* José Barroso. Ils ont droit aux honneurs quand l'équipe gagne mais ils sont aussi les premiers sur qui l'on tape en cas de défaite. » « Depuis la Coupe

1. *Ibid.*

du monde 2018, Mbappé est resté l'idole des enfants et des préadolescents mais il a progressivement suscité de l'agacement chez les vrais amateurs de foot, avance le journaliste du *Parisien* Dominique Sévérac. Il a parfois donné le sentiment d'avoir un comportement individualiste, de faire davantage d'efforts pour sa carrière, ses stats ou son objectif de décrocher le Ballon d'or que pour le collectif. Ce n'était pas forcément vrai mais c'est la perception que les gens ont eue. Mais tout cela est versatile : s'il gagnait la Ligue des champions avec le PSG, il serait la plus grande idole de toute l'histoire du club. »

Autre changement significatif : en ce début de saison, Kylian Mbappé n'est plus l'attraction n° 1 au PSG. Par un concours de circonstances, le club de la capitale est parvenu à réaliser le plus grand fantasme de tous les supporters, sans doute le seul qui semblait inatteignable depuis l'arrivée des Qataris : recruter Lionel Messi. Celui qui est alors presque unanimement reconnu comme le meilleur joueur du monde n'avait guère l'intention de quitter le FC Barcelone mais les finances en berne du club catalan ne permettaient plus de le conserver dans l'effectif. Après plus de vingt ans passés au Barça, le détenteur de six Ballons d'or[1] est contraint de trouver une nouvelle destination. Pas de gaieté de cœur : l'attaquant argentin, pourtant guère

1. Il en remportera deux autres.

connu pour exprimer ses émotions en public, fond en larmes lors de la conférence de presse qui suit l'annonce de son départ de Catalogne. Quelques jours plus tard, Messi est accueilli comme une *rock star* à Paris. « J'ai toujours dit que je voulais jouer avec de grands joueurs, donc cette année je suis servi, affirme Kylian Mbappé[1]. Maintenant, il n'y a plus qu'à. À nous de mettre tous les ingrédients, à chacun de mettre de l'eau dans son vin pour aider cette équipe et que le collectif ressorte pour gagner des trophées. » Une réaction sans doute sincère sur le moment mais qui n'en était pas moins très optimiste.

L'attaque du PSG composée de Mbappé-Neymar-Messi est aussitôt surnommée la « MNM », à l'image de l'ancienne « BBC » du Real Madrid (Benzema-Bale-Cristiano) ou de l'ex-« MSN » du FC Barcelone (Messi-Suarez-Neymar). Sur le papier, un tel secteur offensif parisien ressemble à une partie du jeu vidéo Fifa sur PlayStation. Le résultat se révélera moins féerique. « L'objectif des Qataris en réunissant Messi, Neymar et Mbappé était avant tout d'accroître l'exposition médiatique du PSG et de vendre des maillots, avance l'historien spécialiste du football Paul Dietschy. Il s'agissait essentiellement d'un projet financier. Si cela avait été une logique sportive, la direction du club aurait acheté les meilleurs joueurs du monde à chaque poste clef pour constituer l'équipe autour de

1. *L'Équipe*, 13 octobre 2021.

Mbappé. Trois grandes stars avec un profil aussi proche ne pouvaient que se marcher sur les pieds. Sans oublier que trois joueurs avec un ego aussi monstrueux ne peuvent pas cohabiter. C'était une attraction pour le public, comme Céline Dion qui chante à Las Vegas. » « Réunir les trois fut une hérésie, poursuit le journaliste Dominique Sévérac. Le club a d'abord eu une idée marketing et s'est ensuite demandé si cela pouvait fonctionner d'un point de vue sportif. Mais le foot, ce n'est pas ça ! Il faut d'abord construire une équipe compétitive et le marketing vient ensuite. Cela a fonctionné en Ligue 1 mais sur la scène européenne cela n'avait aucune chance de réussir. Sans compter le danger de mettre ensemble trois egos surdimensionnés qui vont vouloir tirer la couverture à eux. Tout était réuni pour que cela explose. » « Avoir ces trois stars au PSG fut dicté par des considérations marketing et, à cet égard, ce fut une grande réussite, nuance le journaliste de *L'Équipe* José Barroso. L'effet Messi a été exceptionnel en termes d'exposition. Le PSG vendait des maillots en Chine ou en Amérique du Sud comme jamais. Mais d'un point de vue sportif, c'était un peu couru d'avance que l'association ne fonctionnerait pas. Des stars peuvent cohabiter dans un même collectif seulement s'il existe une hiérarchie établie et non contestée. Ce fut le cas au Barça avec la MSN car le statut de chacun était clair. Et la MSN a pris fin lorsque Neymar n'a plus supporté de passer après Messi. »

À la fin de la saison, le PSG emporte un nouveau titre de champion de France avec une avance de 15 points sur son dauphin. Mbappé termine une nouvelle fois meilleur buteur et meilleur passeur (28 buts et 17 passes décisives) tout en décrochant le titre de meilleur joueur de Ligue 1 pour la troisième fois. Les deux autres « galactiques » s'en sortent moins bien avec 13 buts pour Neymar et seulement 6 pour Messi (mais avec tout de même 14 passes décisives). Au-delà des statistiques, le trio ne s'est pas montré à la hauteur des attentes, surtout lors des rendez-vous importants. Comme à l'occasion du match contre l'OM, qui donna lieu à un match nul (0-0) au cours duquel aucune des trois stars n'a semblé accorder le moindre intérêt à cette confrontation si importante aux yeux des supporters.

Cette rencontre ne fut pourtant qu'anecdotique comparée à l'immense déception de la saison : une élimination contre le Real Madrid dès les huitièmes de finale de la Ligue des champions. Lors de la phase de groupe, les Parisiens avaient réussi l'essentiel en terminant à la deuxième place qualificative. Les supporters eurent tout de même du mal à digérer le piteux match nul face à Bruges (1-1) durant lequel Messi et Neymar se sont montrés transparents et Mbappé à peine un cran au-dessus. Cette première rencontre européenne du « trio magique » marqua le début des désillusions. Les trois joueurs ont beau n'avoir plus rien à prouver en termes de talent individuel, ce match fut la confirmation qu'il ne suffisait pas de les aligner ensemble pour engendrer une animation parfaite.

Le match suivant contre Manchester City, le principal adversaire du groupe, se révéla de meilleur augure. Le PSG l'emporte 2-0, avec le premier but de Messi sous le maillot parisien. À la fin de la rencontre, Mbappé, Neymar et Messi mettent en scène leur bonne entente supposée en posant bras dessus, bras dessous dans le vestiaire. Paris l'emporte ensuite dans la douleur 3-2 face à Leipzig, avec un doublé de Messi et un but de Mbappé. Même si les statistiques peuvent induire en erreur, le Français s'est montré bien plus à son avantage que l'Argentin sur le terrain. En plus d'avoir marqué, il délivra une passe décisive et obtint le penalty du troisième but. En clair : la victoire est pour lui et ses coéquipiers auraient sans doute sombré s'il avait été absent.

Au match retour contre l'équipe allemande, Paris ne fait pas mieux qu'un nul (2-2) en laissant Leipzig égaliser en toute fin de rencontre. Si Lionel Messi était absent en raison d'une blessure et si Neymar a relativement pesé sur le jeu, cette fois, ce sont les occasions ratées de Kylian Mbappé qui ne passent pas inaperçues.

Le deuxième match face à Manchester City se solde par une défaite 1-2 après une prestation médiocre de l'équipe parisienne. Mbappé a marqué le seul but côté parisien. Messi et Neymar, eux, passent complètement à côté. Malgré cette débâcle, le PSG est déjà mathématiquement qualifié pour les huitièmes de finale avant son dernier match de poule contre Bruges, qu'il remportera 4-1. Mbappé réussit une prestation de haut vol avec 2 buts et une passe décisive. Lui qui aime les records, il devient à 22 ans le plus jeune joueur à atteindre les 30 buts en Ligue des champions.

Au tirage au sort, le PSG hérite donc du Real Madrid, le club que Kylian avait voulu rejoindre l'été précédent. Au match aller, l'attaquant français répond présent en marquant l'unique but de la rencontre. Quant à Messi, il rate un penalty et fait figure de maillon faible de l'équipe durant quatre-vingt-dix minutes. Ce soir-là, Kylian démontre ce que beaucoup n'osent pas encore admettre mais qui devient flagrant : c'est lui le joueur phare du PSG, pas Messi ni Neymar. La presse espagnole n'est d'ailleurs pas la dernière à le remarquer. *Marca*, le quotidien sportif le plus lu dans la péninsule et la voix du Real Madrid, titre en « une » : « *Qué Bueno Mbappé !* » (« Qu'il est bon Mbappé ! »). Dans les jours qui précèdent le match retour, l'attention médiatique autour du Français redouble encore en Espagne. « Les médias espagnols suivent de très près Mbappé depuis des années, explique Frédéric Hermel, journaliste RMC spécialiste du football espagnol. Ils ne couvrent les matchs du PSG que pour lui. Quand il marque un triplé avec Paris, il a droit aux gros titres. Il est le joueur hors Liga le plus médiatisé en Espagne. » D'autant qu'aux yeux de nombreux Madrilènes, il est déjà considéré comme un joueur du Real. Alors que son contrat au PSG s'achève à l'issue de la saison, tout le monde s'attend alors à ce qu'il rejoigne Madrid dès l'été suivant. « Mbappé fait partie de ces joueurs dont la seule présence suffit à transformer le cours d'un match, avance Frédéric Hermel. Ceux que l'on aime au Real. Zidane a gagné beaucoup moins de titres que Ronaldo mais il bénéficie davantage du statut de légende du club. Le président Florentino Pérez disait à l'époque : "Le public vient au Bernabéu pour voir comment Zidane contrôle le ballon." Mbappé est de cette catégorie de joueurs qui déplace les foules. » Les supports du Real seront d'autant plus déçus en fin de saison quand le Français décidera finalement de prolonger avec le PSG…

Le match retour contre le Real est un cauchemar pour les Parisiens. À la mi-temps, le PSG menait pourtant 1-0. Les quarante-cinq minutes suivantes permettent aux Madrilènes de rappeler à leurs adversaires ce que signifie être présent aux grands rendez-vous. Karim Benzema, qui décrochera le Ballon d'or cette année-là, marque un triplé en dix-sept minutes. Mbappé, lui, voit chacune de ses occasions annihilée par le gardien du Real, le Belge Thibaut Courtois qui réalisait sans doute sa meilleure saison. Score final : 3-1. Au coup de sifflet, le visage de Kylian ne ment pas : cette défaite est encore plus dure à encaisser que celle de l'année précédente.

Si les supporters du PSG avaient plus ou moins rongé leur frein jusqu'à ce moment de la saison, au match suivant, au Parc des Princes contre Bordeaux, la colère éclate. À la présentation de l'équipe, les noms de tous les joueurs sont accompagnés d'une bordée de sifflets. Un seul est épargné : Kylian Mbappé, qui est acclamé. Neymar et Messi n'ont pas cette chance : non seulement ils ont été les plus hués à l'annonce de leur nom, mais ils récoltent de nouveaux sifflets à chaque fois qu'ils touchent le ballon. Pire : nombre de spectateurs leur scandent des invectives en espagnol pour être certains d'être compris. Quand Mbappé marque un but, il se fait chaleureusement applaudir. Quand Neymar marque le deuxième, les sifflets redoublent. Le PSG l'emporte 3-0 mais la victoire ne cicatrise pas la blessure. Le divorce semble consommé entre l'équipe et son public. Messi ne digérera jamais cette humiliation et mettra un point d'honneur à ne plus venir saluer les tribunes à la fin des matchs, regagnant ostensiblement le vestiaire dès le coup de sifflet final.

Kylian a beau passer entre les gouttes de la colère des supporters, sa saison au PSG reste placée sous le signe de la frustration. Heureusement pour lui, un autre horizon se profile. Un horizon bleu.

CHAPITRE 18

UNE FINALE INOUBLIABLE MAIS AU GOÛT AMER

Le 8 octobre 2021, la France bat la Belgique 3-2 après avoir été menée 0-2 par les coéquipiers de Kevin De Bruyne. Ce soir-là, Kylian Mbappé marque non seulement un but sur penalty, mais il honore surtout sa 50e sélection chez les Bleus à l'âge de 22 ans. Une précocité qu'aucun autre tricolore n'avait atteinte avant lui. Sur le plan international, il fait moins bien que Neymar (60 sélections au même âge) et Cristiano Ronaldo (53), mais mieux que Pelé (39) et Maradona (25[1]). Il est vrai que lors des décennies où évoluaient ces icônes, les rencontres internationales étaient moins fréquentes. Qu'importe : pour Kylian, tous les records sont bons à prendre.

Cette victoire face à la Belgique n'a lieu ni en Coupe du monde, ni à l'Euro, mais en Ligue des nations. Créée en 2018 par l'UEFA pour remplacer les matchs amicaux, qui suscitaient de moins en moins d'intérêt,

1. *L'Équipe*, 8 octobre 2021.

cette compétition n'est connue que des seuls initiés. Se déroulant en plusieurs phases durant les deux ans entre une Coupe du monde et un Euro, la Ligue des nations souffre d'une organisation complexe et représente un enjeu très relatif. Pour autant, lorsque les Bleus battent les Belges en demi-finale, ils ont bien l'intention d'ajouter une ligne supplémentaire à leur palmarès en remportant trois jours plus tard la finale face à l'Espagne. Ce sera chose faite avec de nouveau un scénario plein de suspense. L'Espagne ouvre le score au milieu de la deuxième mi-temps par Mikel Oyarzabal avant que Karim Benzema n'égalise à la 66e minute et que Kylian Mbappé ne permette à la France de prendre l'avantage à la 80e. Peu importe que l'Espagne tout entière hurle que le but du Parisien était hors jeu, la France remporte la compétition.

Le nouveau duo d'attaque que Kylian Mbappé compose alors avec Karim Benzema suscite de grands espoirs pour la Coupe du monde au Qatar, du 20 novembre au 18 décembre 2022. Benzema, qui marche sur l'eau avec le Real Madrid, a été rappelé en équipe de France par Didier Deschamps en mai 2021 après cinq ans d'absence. Ce retour avait créé la stupéfaction tant une conciliation entre les deux hommes semblait impossible[1]. Mais ce duo idéalisé ne sera

1. Mis en cause dans l'affaire de la *sextape* de son coéquipier chez les Bleus, Mathieu Valbuena, Karim Benzema avait été écarté de l'équipe de France par Didier Deschamps en 2015. Certaines de ses déclarations au sujet du sélectionneur avaient ensuite provoqué une profonde fracture entre eux.

jamais aligné lors du Mondial. Karim Benzema quitte en effet l'équipe de France juste avant le premier match de poule en raison d'une blessure au quadriceps qui fera couler beaucoup d'encre. « Quand Deschamps a rappelé Benzema, au début Mbappé était excité comme un gamin, se remémore le journaliste du *Parisien* Dominique Sévérac. Il jouait avec l'une de ses idoles qui évoluait dans le club dont il rêvait de porter les couleurs. Mais au sein d'un groupe, l'alchimie prend ou pas. Visiblement, entre eux, la relation humaine n'était pas au top. Ils avaient dix ans d'écart, pas grand-chose à se dire et donc pas d'atomes crochus. D'un point de vue footballistique, cela avait cependant du sens de les associer. »

Une fois le Ballon d'or parti, toute l'attention se focalise désormais sur le seul Mbappé. Olivier Giroud, qui remplace Benzema comme titulaire à la pointe de l'attaque, n'a plus à démontrer ses qualités et bénéficie d'une immense popularité. Ce n'est toutefois pas lui faire injure d'affirmer que le natif de Bondy évolue dans une autre dimension. Le destin de l'équipe de France repose avant tout sur lui. Kylian ne semble pas écrasé par cette pression supplémentaire. Il brille aux entraînements et rappelle à ceux qui en doutaient que les Bleus sont toujours candidats à la victoire finale. D'autant que nul ne l'ignore : même si le PSG ne lui a pas permis de garnir autant qu'il le voulait son palmarès lors des quatre années précédentes, Mbappé est encore plus fort qu'en 2018.

Lors du premier match de poule, la France l'emporte 4-1 contre l'Australie. Kylian marque le troisième but et effectue une passe décisive pour Olivier Giroud sur le quatrième. Au deuxième match, la France s'impose 2-1 face au Danemark avec un doublé de Mbappé. Pour le troisième match, dénué d'enjeu pour la qualification en huitièmes, les Tricolores s'inclinent 1-0 contre les Tunisiens. Le sélectionneur ayant fait tourner l'effectif pour permettre aux titulaires de récupérer, Kylian n'entre en jeu que pour les dix dernières minutes de la rencontre.

En huitièmes de finale, la France gagne 3-1 face à la Pologne de Robert Lewandowski. Mbappé marque un nouveau doublé et effectue une passe décisive pour Olivier Giroud. Au-delà des statistiques, Kylian livre une prestation de très haut standing. De celles que seuls les plus grands parviennent à accomplir dans un match éliminatoire de Coupe du monde. Lors de cette rencontre, Olivier Giroud devient le meilleur buteur de l'histoire de l'équipe de France en inscrivant son 52e but en bleu. Un record qui n'inquiète sans doute pas Mbappé : il sait qu'il ne tardera pas à le battre. L'entente entre le Parisien et le Milanais est désormais au beau fixe. Les joueurs se trouvent facilement sur le terrain et s'entendent bien en dehors malgré la différence de génération. Les polémiques du dernier Euro semblent bien loin. « Didier Deschamps a considéré qu'il fallait désormais construire une équipe autour des caractéristiques de Kylian Mbappé, estime le journaliste du *Parisien* Dominique Sévérac. Il a mis tous les joueurs à son service sur le terrain. Les footballeurs n'aiment pas ça mais le sélectionneur a fait passer la pilule en leur faisant comprendre que courir pour lui leur permettrait de gagner le Mondial. Il a ainsi satisfait l'ego de Mbappé qui s'est senti la personne la plus importante du groupe. Cela a été accepté car la prise de pouvoir était sportive. Mbappé est tellement fort que les autres acceptent l'idée que c'est lui qui les fera aller au bout. » « À mon sens, il a pris le pouvoir en équipe de France, sur le terrain et comme en dehors, estime le psychologue et préparateur mental Anthony Mette. Des joueurs de sa dimension veulent que l'équipe soit construite autour d'eux. Les managers intelligents le comprennent et l'acceptent mais parviennent tout de même à conserver le contrôle. C'est ce qu'a fait le coach Phil Jackson avec Michael Jordan chez les Chicago Bulls. Mais ce n'est pas facile ni pour l'entraîneur, ni pour les autres joueurs. »

En quarts de finale, contre l'Angleterre d'Harry Kane, les Bleus l'emportent 2-1. Kylian se montre moins flamboyant qu'à l'accoutumée mais il n'a pas la tâche facile : Kyle Walker, le solide latéral de Manchester City, réussit parfaitement sa mission de lui bloquer le passage. Peu importe : Giroud et Tchouaméni ont marqué, Lloris a multiplié les arrêts, Griezmann a délivré de bons ballons. Le football reste un sport collectif : quand le meilleur joueur de l'équipe est bridé, ses coéquipiers peuvent faire la différence.

En demi-finale, la France gagne 2-0 contre le Maroc, l'équipe surprise du dernier carré. Comme lors du match précédent, Kylian n'a pas marqué. Cela ne l'a pas empêché de peser sur le jeu malgré les nombreuses fautes commises sur lui.

Arrive la finale face à l'Argentine de Lionel Messi. Après une entrée en lice désastreuse, avec une défaite 2-1 contre l'Arabie saoudite, les Argentins ont battu le Mexique (2-0) et la Pologne (2-0) en poule, puis ont successivement éliminé l'Australie (2-1), les Pays-Bas (aux tirs au but) et la Croatie (3-0). À ce stade de la compétition, Lionel Messi a déjà marqué 5 buts. Comme Mbappé.

Le monde entier veut voir Messi soulever la Coupe du monde, le seul trophée qui manque à son palmarès. Kylian, lui, se fiche de la postérité de son coéquipier au PSG : il est programmé pour tout gagner et écrire sa propre légende.

La finale promettait d'être belle, elle le fut. Une expérience viscérale, de celles où un simple spectateur devient acteur tant ses émotions lui donnent le sentiment d'être lui-même sur le terrain. Qu'ils soient passionnés de football ou non, tous ceux qui y ont assisté le savent : ce match fut épique, exaltant, intense et – en fin de compte – douloureux.

En première mi-temps, les Bleus semblaient pourtant au bord du naufrage. Avec un jeu insipide, la France laisse l'Argentine obtenir un penalty à la 21e minute. Lionel Messi le transforme et Angel Di Maria double la mise un quart d'heure plus tard. Les Tricolores, eux, ne comptent aucun tir lors des quarante-cinq premières minutes. À la mi-temps, dans le vestiaire, Kylian harangue ses coéquipiers : « On l'a tous fait, de retourner un match ! C'est possible ! Mais faut rentrer sur le terrain avec un autre état d'esprit, les gars ! Ce n'est pas possible de faire ça ! C'est une finale, merde ! On a tout fait pour ça ! » Il hurle chacun de ses mots, tous les autres l'écoutent. Même Didier Deschamps attend qu'il ait fini pour prendre la parole. À cet instant, même s'il ne porte pas encore le brassard, c'est lui le capitaine.

Malgré les changements opérés par Deschamps, le début de la seconde mi-temps est du même acabit. Puis le miracle a lieu. À la 71e minute, le premier tir français survient enfin. Il est signé Kylian Mbappé. Le plan des Argentins pour le priver de ballon ne semble plus aussi bien fonctionner. À la 80e, Randal Kolo Muani obtient un penalty. Mbappé le transforme. Une minute plus tard, il marque un deuxième but d'une demi-volée. L'égalisation que l'on pensait impossible vient de se produire. Une sorte de folie s'empare alors de la rencontre. Messi manque de peu de donner la victoire à l'Argentine dans les arrêts de jeu mais Lloris arrête son tir. Lors de la prolongation, le recordman des Ballons d'or réussit à marquer à la 109e minute. L'Albiceleste mène 3-2. Dix minutes plus tard, le défenseur argentin Gonzalo Montiel commet une main dans la surface de réparation. Mbappé transforme le penalty. En France, devant les écrans géants, dans les bars et les salons, c'est l'hystérie. Vient l'heure des tirs au but. Kylian est le premier à se présenter devant le gardien adverse. Pense-t-il à son tir raté de l'Euro face à la Suisse ? Lui seul le sait. Il frappe en force sur la droite. Cette fois, elle est au fond. Mbappé ne sera cependant pas le héros d'une France victorieuse et les Maillots bleus ne porteront pas de troisième étoile. Kingsley Coman voit son tir arrêté par le gardien argentin et Aurélien Tchouaméni manque le cadre. C'est fini. Sur la pelouse, jamais Kylian n'avait affiché une telle détresse. Même lors de l'émanation du précédent Euro. Pendant que Messi, fou de bonheur, salue ses supporters, lui reste figé au milieu du terrain. Dans son dos, Didier Deschamps lui donne une brève accolade mais il ne semble pas s'en apercevoir. Il est ailleurs. Plusieurs de ses coéquipiers viennent lui adresser un geste amical mais il donne l'impression de vouloir rester seul. Sonné, il semble même avoir du mal à respirer. Dans les tribunes, des supporters français agitent leurs drapeaux malgré tout. Emmanuel Macron lui-même viendra passer son bras sur l'épaule de Kylian, qui fait mine d'ignorer sa présence. Après la remise des médailles, le chef de l'État tente de nouveau d'enlacer Mbappé et lui parle à l'oreille. « Je lui ai dit que c'était un joueur extraordinaire et qu'il n'avait que 24 ans », dira le président[1].

Emiliano Martinez, le gardien argentin, devient l'ennemi public n° 1 dans l'Hexagone. Tout à sa joie,

1. *L'Équipe*, 18 décembre 2022.

le portier lance à ses coéquipiers dans le vestiaire : « Une minute de silence pour Mbappé qui est mort[1]. » Quelques jours plus tard, lors du retour triomphal de l'équipe argentine à Buenos Aires, le gardien défilera devant la foule en liesse en tenant dans ses mains une poupée avec une photo de Mbappé à la place du visage.

Lionel Messi est désigné meilleur joueur de la Coupe du monde et il décrochera le prochain Ballon d'or. Une distinction qui aurait sans aucun doute été attribuée à Mbappé si Kolo Muani avait remporté son duel avec le gardien argentin à la 120e minute. Une occasion qui hantera à jamais tous les supporters français. Peut-être même davantage que toutes les autres émotions de cette rencontre inoubliable. « La finale de 2022 est-elle la plus belle de l'histoire de la Coupe du monde ? À mon sens, non, estime l'historien spécialiste du football Paul Dietschy. Elle l'est sans doute en partie du point de vue émotionnel, avec le scénario de la rencontre. Mais il ne faut pas oublier qu'avant le réveil de l'équipe de France, il y a eu soixante-dix minutes de non-match. D'autres finales furent plus spectaculaires, comme Angleterre-RFA en 1966 ou Brésil-Italie en 1970, qui fut une démonstration esthétique. À titre personnel, je considère même que la finale de 2018 fut plus belle à regarder. Disons que la finale de 2022 fut la plus romanesque, avec des retournements de situation qui plaisent à un public bien plus large que

1. *Ibid.*

les fans de football. Elle s'inscrit dans la même lignée que le France-RFA de Séville en 1982. »

S'il faudra longtemps à Kylian Mbappé pour se remettre de cette défaite, son bilan n'en reste pas moins exceptionnel. Il termine meilleur buteur de la compétition avec huit buts (devant Messi) et devient le deuxième joueur de l'histoire à marquer un triplé lors d'une finale d'un Mondial. Sa performance est admirée dans tous les pays. Surtout à Madrid où il est parvenu à faire changer d'avis les supporters du Real qui ne voulaient plus entendre parler de lui depuis sa prolongation au PSG à la fin de la saison précédente. « Le temps a passé et sa prestation lors de la finale du Mondial a retourné tout le monde, témoigne Frédéric Hermel, journaliste spécialiste du football espagnol. Même ses pires détracteurs ont réalisé à quel point il était un joueur extraordinaire. »

Kylian ne peut malheureusement pas se consoler de son échec à la Coupe du monde par sa saison en club. Il est pourtant impossible de remettre en cause sa volonté de tourner la page au plus vite. Il a créé la sensation en retrouvant le camp d'entraînement du PSG trois jours après la finale perdue et un jour après avoir fêté ses 24 ans. Renonçant aux dix jours de repos que lui avait octroyés la direction du club, il préférait soigner son chagrin par le football. « J'ai été marqué par son retour avancé après la Coupe du monde, indique le psychologue et préparateur mental Anthony Mette. La plupart des joueurs ont besoin de trois semaines, trois mois, une année, voire toute une vie, pour se remettre d'un tel échec. Lui était de nouveau sur un terrain au bout de quelques jours. Il possède une force mentale à la fois innée et très travaillée. » Lionel Messi, de son côté, ne reviendra à Paris que le 3 janvier, soit quinze jours après la fin du Mondial.

Le 29 décembre, Kylian Mbappé est titulaire pour le match de championnat contre Strasbourg au Parc des Princes. Il marquera le penalty qui donnera la victoire à son équipe (2-1). Ovationné lors de la présentation de l'équipe, il a aussi droit à deux banderoles : « Meilleur buteur de la CDM[1], pur produit parisien, le champion, c'est toi » et « Kylian, l'avenir t'appartient ». Mieux : à son entrée sur la pelouse, il est accueilli par un chant des supporters à sa gloire sur l'air du tube italien *Sarà perché ti amo* : « Kylian Mbappé, ce joueur qui nous fait vibrer. Quand il est lancé, plus rien ne peut l'arrêter. L'enfant de Bondy, ne cesse de nous épater. Il joue pour Paris, fait rêver le monde entier. » Difficile de ne pas y voir un appel du pied des ultras parisiens pour éviter de nouvelles envies de départ. « J'ai vécu des heures compliquées mais ça fait du bien de renouer avec la victoire, d'avoir un lien avec les supporters, avec le club, avec les coéquipiers, déclare Kylian à l'issue de la rencontre[2]. Je savais que mon penalty pouvait nous

1. Coupe du monde.
2. *L'Équipe*, 30 décembre 2022.

donner la victoire alors qu'à la Coupe du monde ce n'était pas le cas. Ce sont des émotions différentes. Je ne vais jamais le digérer mais il n'y a aucune raison que mon club paye un échec en sélection, comme je l'ai dit au coach et à mes partenaires. »

Au match suivant, contre Lens au stade Bollaert, Mbappé est acclamé par les supporters adverses. Un élan d'affection dont il avait perdu l'habitude. De quoi lui mettre un peu de baume au cœur mais pas suffisamment pour effacer une réalité moins joyeuse. Dans les mois qui suivent la Coupe du monde, le PSG ne brille guère. Plus encore que la saison précédente, le trio Mbappé-Neymar-Messi déçoit souvent. Paris subit de surprenantes défaites face à Lens, Rennes ou Monaco en championnat et surtout contre l'OM en Coupe de France. Durant cette période, Kylian n'est pas exempt de tout reproche. Contre Montpellier, il manque deux penalties avant de sortir blessé dès la 20e minute. L'équipe médicale du club communique que sa blessure devrait le contraindre à rester éloigné des terrains trois semaines. Une telle absence n'est pas anecdotique puisqu'il est de ce fait annoncé forfait pour les huitièmes de finale aller contre le Bayern Munich en Ligue des champions. Contre toute attente, le Bondynois reprend cependant l'entraînement un jour avant le match européen. Il sera sur le banc face au Bayern et entrera en jeu en début de deuxième mi-temps. Malgré un but annulé pour hors-jeu, il n'empêchera pas le PSG de s'incliner 0-1. Neymar et Messi, eux, furent transparents.

Trois jours avant le match retour, lors de la rencontre de championnat contre Nantes, Mbappé marque son 201e but sous les couleurs du PSG. Il bat ainsi le record d'Edinson Cavani et devient le meilleur buteur de l'histoire du club parisien.

Le 8 mars, le PSG s'incline 2-0 face au Bayern à Munich. Neymar est absent pour cause de blessure, Messi n'est que l'ombre de lui-même et Mbappé se révèle incapable de se défaire du défenseur munichois Dayot Upamecano. À l'issue du match, Kylian regagne le vestiaire le visage fermé, sans saluer les supporters parisiens qui avaient effectué le déplacement. Peu après, en zone mixte, il ne mâche pas ses mots face à un journaliste qui lui demande ce qui a manqué à Paris pour l'emporter : « J'ai dit en début de saison lors de la première conférence de presse de C1 qu'on allait faire notre maximum. Notre maximum, c'est ça… C'est la vérité[1]. »

Le lendemain de la défaite à Munich, le club parisien est une fois de plus la risée de tous les quotidiens sportifs européens : « Les 1 590 millions investis par QSI ne rapportent toujours pas en Europe », se moque *Marca* en Espagne ; « Un million de bénédictions pour le Bayern après la victoire face au PSG », persifle *Bild* en Allemagne ; « Une fois de plus, les

1. *L'Équipe*, 9 mars 2023.

dollars du pétrole qatariens n'ont pas réussi à trouver la gloire en Ligue des champions », raille *The Guardian* en Grande-Bretagne ; « Messi et Mbappé, quel flop ! » note cruellement *La Gazzetta dello Sport* en Italie[1]. Cette nouvelle défaite signe l'échec de la politique sportive du PSG avec l'empilement de stars au sein de l'effectif. Depuis le rachat du club par le Qatar, en douze ans, c'est la cinquième fois que Paris est éliminé dès les huitièmes de finale de la Ligue des champions. Les millions dépensés chaque saison n'ont pas permis de constituer une grande équipe. Le PSG voulait régner sur l'Europe mais il n'est pas parvenu à se hisser au niveau des institutions que sont le Real Madrid, le FC Barcelone, le Bayern de Munich ou même d'un autre nouveau riche comme Manchester City qui a su bien mieux utiliser ses fonds. « Je pense que le clan Mbappé croyait sincèrement que QSI avait la volonté de remporter la Ligue des champions et cela représentait un vrai marchepied pour sa carrière, avance le journaliste du *Monde* Rémi Dupré. Le désir de gagner la C1 avec un club français était un élément important pour le *storytelling* que la famille veut écrire. C'était un objectif qu'il s'était fixé avant de partir à l'étranger. C'est pour cela que le long bail avait été étiré au PSG. »

Pour la suite de la saison en championnat 1, Kylian continue de planter des buts et porte son équipe. Le

1. *Ibid.*

PSG décroche le titre de champion après un match nul 1-1 face à Strasbourg lors de l'avant-dernière journée. Ce onzième sacre en Ligue 1 – un record national – n'efface pas pour autant les déceptions de cette triste saison. Au coup de sifflet final, les célébrations des joueurs parisiens sont d'ailleurs très timides. La cérémonie officielle, le 4 juin au Parc des Princes, après une défaite 2-3 contre Clermont, ne donnera lieu à aucune effervescence malgré les efforts de la direction du club pour lui donner un caractère festif. Pour ce qui restera de sa dernière apparition avec le maillot du PSG, Messi est sifflé par une partie du public.

C'est davantage en équipe de France que Kylian trouve du réconfort. En mars 2023, après la retraite internationale de l'ancien capitaine des Bleus Hugo Lloris, Didier Deschamps remet le brassard à l'attaquant parisien, au grand dam d'Antoine Griezmann qui semblait tout désigné pour la fonction. Kylian prend ainsi une nouvelle dimension en sélection, s'inscrivant dans la lignée des précédentes icônes comme Michel Platini ou Zinedine Zidane. Avec tout de même une nuance, selon l'historien du football Paul Dietschy : « Mbappé est devenu l'un des meneurs de l'équipe de France. Il est même le capitaine. Mais en raison de sa position sur le terrain, il n'a pas l'influence sur le jeu qu'avaient Platini ou Zidane. Mbappé est avant tout buteur, c'est ce qu'on lui demande. Platini et Zidane étaient des buteurs – et quels buteurs ! – mais ils se montraient aussi essentiels dans l'organisation du jeu. Il s'agissait cependant d'un football différent, à une époque où les n°s 10 étaient beaucoup plus valorisés, à l'image d'un Maradona. C'est moins le cas aujourd'hui. »

Lors des qualifications pour l'Euro 2024, le Parisien marque deux buts face aux Pays-Bas, un penalty contre Gibraltar, un autre contre la Grèce, un nouveau doublé lors du deuxième match face aux Pays-Bas, ainsi qu'un triplé au match retour face à Gibraltar, dont un lob de 44 mètres. Au classement des meilleurs buteurs de l'histoire des Bleus, il a désormais dépassé Karim Benzema, Michel Platini et Antoine Griezmann.

En juillet 2023, il est désigné joueur français de la saison 2022-2023 par les anciens lauréats du trophée *France Football.* Un titre honorifique lambda mais tout est bon à prendre pour le natif de Bondy. « C'est la troisième fois que je gagne le trophée FFF. Le record est à combien ? C'est Zidane ? » réagit-il[1] face aux journalistes qui lui annoncent la nouvelle.

1. *France Football*, 9 juillet 2023.

CHAPITRE 19

BIEN PLUS QU'UN FOOTBALLEUR

Dans un pays qui a longtemps préféré Poulidor à Anquetil, parce que les perdants magnifiques lui semblent davantage dignes d'être aimés que les vainqueurs hautains, la propension de Kylian Mbappé à assumer son statut dénote. « Sa communication ne correspond pas aux codes habituels du football, expose le conseiller en communication Cédric Landu. La plupart des joueurs incarnent des émotions mais pas lui. Il semble froid et dégage très peu de spontanéité. S'il incarnait un enfant de son époque, il se comporterait comme un Elon Musk du foot avec une économie de mots et des outrances sur les réseaux sociaux. Or, il préfère utiliser le discours. Il n'est pas un footballeur éloquent mais un footballeur rhétorique : il produit du discours pour convaincre en recherchant un impact. Il brille ainsi par son décalage avec son environnement immédiat. » Et d'ajouter : « Sa communication s'inscrit dans un objectif de double performance : sur le terrain et hors terrain. D'autres stars du sport possèdent des engagements forts, comme LeBron James aux États-Unis ou Marcus Rashford en Grande-Bretagne, mais aucun ne se montre à ce point aussi performant dans leur rhétorique que dans leur activité sportive. » « Kylian Mbappé possède quelque chose qui nous dépasse, juge Thibaud Leplat, philosophe et rédacteur en chef de la revue *L'After Foot*. Il donne à la fois le sentiment d'être proche et lointain. Dans ses prises de parole, il aime donner des leçons de vie. On peut évidemment s'interroger sur la pertinence de leçons de vie proférées par un footballeur de 25 ans. Une partie de ce qu'il dit doit être prise avec prudence mais on ne peut qu'admettre son incroyable exemplarité. Son talent, sa précocité ou sa capacité à encaisser la pression s'imposent à nous. »

Cela fait longtemps que Kylian Mbappé a dépassé le statut de simple footballeur tant sa notoriété dépasse de très loin le cercle des fans du ballon rond. En avril 2023, il est le seul Français à figurer dans le baromètre du *Times Magazine* sur les cent personnalités les plus influentes du monde[1]. Selon le classement annuel *Forbes* de la même année, il est le troisième sportif le mieux payé sur la scène internationale avec des revenus annuels estimés à 109 millions d'euros[2], derrière Cristiano Ronaldo et Lionel Messi, mais

1. France Info, 14 avril 2023.
2. *Forbes*, 12 mai 2023.

devant LeBron James, Stephen Curry et Roger Federer. L'année précédente, il n'apparaissait même pas dans les dix premiers.

En 2018, l'équipe qui gérait sa communication ne comptait qu'une poignée de personnes. Six ans plus tard, son staff rassemble une trentaine de salariés dans les bureaux du quartier de la Madeleine, auxquels il faut ajouter des prestataires qui s'occupent de ses réseaux sociaux[1]. « Aucun footballeur français ne possède un staff de communicants aussi dense et aussi qualitatif que le sien, précise le conseiller en communication Cédric Landu. Pour être performant, il ne faut rien laisser au hasard et être sans cesse dans le contrôle. Mbappé applique donc cette logique à sa communication. » « Mbappé est tellement hors normes qu'il a besoin d'être accompagné, indique le journaliste de *L'Équipe* José Barroso. Tout est fait pour éviter la moindre erreur, quitte à donner l'impression de vouloir tout contrôler et tout verrouiller. C'est d'ailleurs le cas et cela est assez agaçant pour les journalistes. Mais les enjeux financiers sont devenus tels que le staff de communication s'est beaucoup professionnalisé. »

À une époque plutôt récente, Kylian Mbappé rédigeait lui-même certains de ses messages sur ses réseaux sociaux. Son équipe de communication pouvait alors découvrir ses posts après coup. « Un Jordan a une image construite, une épaisseur finie, affirme son avocate

1. *Le Monde*, 18 décembre 2022.

Delphine Verheyden[1]. Kylian ne veut pas être une icône, car une icône n'a pas le droit à l'erreur. Il dit qu'il veut marquer l'histoire de son sport et faire bouger les lignes. Il a une feuille de route. On l'accompagne pour cela. » Une tâche pas forcément aisée. « Des individus comme Mbappé ont des profils d'ogres : ils ne sont jamais rassasiés, rappelle le psychologue Anthony Mette. Cela se retrouve chez des personnalités politiques ou des entrepreneurs qui sont dans une quête sans fin de réussite. S'ils ont un entourage très structuré, celui-ci peut fixer des limites. Si ce n'est pas le cas, ce sera très compliqué à vivre. En vingt ans d'activité, j'ai collaboré avec deux athlètes de cette catégorie. Ce fut épuisant ! De par leur narcissisme surdéveloppé, tout tourne autour d'eux et ils ne comprennent pas que l'on puisse leur dire non. Ils sont intéressants car ils possèdent une capacité de performance extraordinaire et sont très vifs intellectuellement, mais ils épuisent leur entourage. »

Comme il le faisait à ses débuts, le natif de Bondy continue de mettre sa notoriété au service de causes. « La communication de Kylian Mbappé est extrêmement maîtrisée, juge le député Sacha Houlié, auteur d'un rapport sur le supportérisme dans le foot. Elle est plus prudente que celle d'un Antoine Griezmann qui s'engage pour soutenir la cause LGBT, qui est

1. *Ibid.*

un sujet bien moins accepté que l'antiracisme dans le milieu du foot. Je ne lui en fais pas le reproche pour autant car c'est déjà très compliqué pour un joueur de défendre des causes hors football. » En mai 2021, Kylian publie sur ses réseaux sociaux une photo de lui se faisant vacciner contre le Covid-19. À l'heure où de très nombreux activistes conspirationnistes se mobilisaient pour remettre en cause la fiabilité du vaccin, ce soutien d'une idole de la jeunesse fut très apprécié des pouvoirs publics. En 2019 et 2022, il a participé au traditionnel concert des Enfoirés au profit des Restos du Cœur. Parmi ses propres activités caritatives, il est le parrain depuis 2017 de l'association Premiers de cordée, qui permet à des enfants malades ou handicapés de s'initier au sport. Très investi auprès de cette structure, il a notamment participé en avril 2023 à une après-midi au Stade de France avec 3 000 enfants malades et leurs parents[1]. En janvier 2022, il a lancé sa fondation, Inspired by KM (IKBM), dont l'objectif premier est d'accompagner 98 enfants franciliens de milieu modeste dans la pratique sportive et la découverte d'activités culturelles[2]. La fondation participe aussi à de nombreuses opérations, comme la rénovation d'une école maternelle à Douala (Cameroun[3]), le financement d'un établissement pour enfants sourds et

1. *Le Parisien*, 13 avril 2023.
2. *Europe 1*, 21 janvier 2021.
3. *Le Parisien*, 8 juillet 2023.

malentendants à Yaoundé[1] ou encore à une campagne de sensibilisation aux problèmes de vue visant à équiper de lunettes un millier d'enfants défavorisés[2], à laquelle participe aussi la marque Oakley, l'un des sponsors de l'attaquant parisien. En mai 2024, il était au cœur d'un événement sur les Champs-Élysées, pour lequel 2 000 enfants participaient à des épreuves de sports et de breakdance[3], organisé par sa fondation et Nike, un autre de ses sponsors. Kylian Mbappé est toujours en partenariat avec d'autres marques, dont Dior ou Hublot, qui lui rapporteraient globalement 18 millions d'euros par an[4].

Sa collaboration avec les sponsors de l'équipe de France n'est pas aussi harmonieuse. En mars 2022, le futur capitaine a refusé de se rendre à une opération marketing des partenaires des Bleus. Un boycott inédit qui provoqua un important tapage médiatique et la consternation des représentants des marques. Le président de la FFF, Noël Le Graët, téléphona lui-même au joueur pour tenter de le faire changer d'avis. En vain ! « Quand il refuse de participer à la séance photo, c'est un acte politique, quasiment un acte militant, estime le journaliste du *Monde* Rémi Dupré. Kylian Mbappé est un joueur qui veut casser les lignes. Il veut bien sûr défendre ses propres intérêts

1. *Ibid.*
2. *Le Parisien*, 2 novembre 2023.
3. *Le Parisien*, 6 mai 2024.
4. *Les Échos*, 24 octobre 2022.

mais, dans ce cadre, il parvient à changer la donne dans sa globalité. Il voulait rebattre les cartes car il estimait que le business avait changé. » Delphine Verheyden, son avocate dont la parole publique est pourtant rare, se chargea de plaider elle-même la cause de son client dans les médias : « Quand un joueur est sélectionné pour la première fois en équipe de France, une des premières choses qu'il fait, c'est de signer un document qu'on lui tend et qui va régir ses droits et ses obligations en équipe de France. Ce document entre en vigueur au moment de sa signature et arrive à échéance cinq ans après le terme de sa carrière pro. C'est la première chose qui nous pose problème. Pour Kylian, cela devrait donc aller de ses 18 ans jusqu'à ses 40 ans en gros. Ce n'est pas réaliste de prendre un engagement si long. Cette convention a été rédigée en 2010 et le monde de 2022 n'a plus rien à voir avec celui de l'après Knysna. C'est mathématique et philosophique pour nous. [...] En plus du manque à gagner qu'il peut y avoir pour les joueurs, il y a surtout un énorme risque de déformation de leur image. L'image est une notoriété associée à des valeurs. Ces valeurs s'expriment notamment dans les publicités qu'acceptent de faire les joueurs[1]. »

Contrainte et forcée, la fédération n'eut d'autre choix que d'avancer la renégociation de la convention sur le droit à l'image des joueurs appelés en équipe

1. *L'Équipe*, 28 mars 2022.

de France. Un accord fut conclu en septembre 2023. Parmi les points majeurs : les marques partenaires ne peuvent désormais plus utiliser l'image individuelle d'un international sauf en cas d'accord de celui-ci, la convention pourra être renégociée tous les quatre ans et des représentants de plusieurs internationaux seront associés aux évolutions dans le cadre d'un comité. « Sur la question des droits à l'image, Mbappé a été suffisamment malin pour ne pas présenter sa position comme une simple défense de ses intérêts – même si cela est totalement assumé – mais comme celle d'un individu qui veut faire avancer la cause des joueurs, poursuit Rémi Dupré. Son action s'inscrit ainsi dans une logique de permettre aux footballeurs de reprendre la main dans un business dont ils sont les principaux actifs. Il peut donc affirmer qu'en amorçant le mouvement, il en fait profiter ses coéquipiers de l'équipe de France. On peut en penser ce que l'on veut sur le fond, mais d'un point de vue de la communication, c'était assez habile. »

Un autre épisode allait donner lieu à un accrochage entre Kylian Mbappé et Noël Le Graët. En janvier 2023, le président de la FFF a maladroitement répondu lors d'une interview sur RMC au sujet d'une possible nomination de Zinedine Zidane comme sélectionneur du Brésil : « Je n'en ai rien à secouer. Il peut aller où il veut ! Il peut aller où il veut, dans un grand club, une sélection, j'y crois à peine en ce qui le concerne[1]. » Dans la foulée, Kylian a répondu sur Twitter : « Zidane c'est la France, on ne manque pas de respect à la légende comme ça… »

La relation entre la famille Mbappé et Le Graët était loin d'être apaisée depuis un an et demi. Kylian n'avait guère apprécié que le président de la fédé rende publique leur entrevue après l'Euro raté de l'équipe de France. « Je ne l'ai pas compris, avançait-il. Il a souhaité me rencontrer tout de suite après l'Euro, je lui ai dit que je partais en vacances, et on s'est vus dès que je suis revenu. C'était quelque chose de confidentiel, et quand c'est sorti, non, je n'ai pas compris. Je ne lui en tiens pas rigueur, je pense qu'il avait ses raisons, mais je ne me suis pas plaint pour un penalty, ce n'est pas vrai. Ce dont je me suis plaint auprès de lui, c'est d'avoir été insulté et traité de “singe” pour un penalty[2]. »

Le président de la FFF finira par présenter ses excuses publiques à Zinedine Zidane. Si cette polémique ne fut pas à elle seule fatale à Noël Le Graët, elle accéléra sa mise au ban. Pris par plusieurs scandales bien plus graves au sein de la Fédération, il est poussé à la démission quelques jours plus tard. Kylian Mbappé n'est pas le responsable de cette disgrâce mais il n'a guère agi pour l'empêcher. « En postant son message de défense de Zidane, il précipite la chute de Le Graët, juge le journaliste du *Monde* Rémi Dupré. Ce qui montre qu'il

1. RMC, 8 janvier 2023.
2. *L'Équipe*, 13 octobre 2021.

est plus important que le président de la fédé. Il en était conscient quand il a appuyé sur le bouton. C'est une conséquence de la fâcherie avec Le Graët après l'Euro. » « Les faits ont montré que c'était lui le patron du foot français, renchérit le journaliste de *L'Équipe* José Barroso. Était-ce prémédité ? Difficile de le savoir. Mbappé est suffisamment intelligent pour savoir la portée de ses mots et de ses actes. Je ne pense pas qu'il a agi sciemment pour faire tomber Le Graët mais il savait qu'il y aurait des conséquences. » « Je pense que les évolutions à la tête de la FFF et la démission de Le Graët sont davantage dues au tweet de Mbappé qu'à une volonté politique, estime aussi le député Sacha Houlié. Les interventions ministérielles ou les enquêtes journalistiques sur les dérives de la fédération n'avaient jusqu'alors pas eu d'incidence directe. Cela démontre le poids politique du joueur. Quand il s'exprime, il représente une caisse de résonance extrêmement forte. »

En avril 2023, Mbappé n'hésite pas non plus à faire publiquement savoir son opposition à une campagne publicitaire du PSG pour les abonnements qui utilisait son image. Sur son compte Instagram, le joueur emblématique du club affirme : « Je ne suis pas d'accord avec cette vidéo publiée. Voilà pourquoi je me bats pour les droits sur l'image individuelle. Le PSG est un grand club et une grande famille mais il n'est surtout pas le Kylian Saint-Germain[1]. » Le club parisien retirera la

1. *Le Point*, 6 avril 2023.

vidéo promotionnelle peu après et s'excusera auprès du joueur.

De par son statut emblématique dans le sport le plus populaire du monde, Kylian Mbappé se retrouve parfois impliqué dans des controverses qui dépassent largement le cadre du football. Lors de la finale perdue de la Coupe du monde 2022, l'insistance d'Emmanuel Macron pour réconforter le n° 10 des Bleus fit l'objet d'une brève polémique nationale. De nombreuses personnalités politiques d'opposition ne manquèrent pas de moquer le chef de l'État sur les réseaux sociaux : « T'en fais pas Kylian, tu pourras bosser jusqu'à 65 ans et gagner plein d'autres Coupes du monde ! » ironise Manon Aubry de La France insoumise en référence à l'impopulaire réforme des retraites ; « Inopportun et malaisant », juge Olivier Faure, le premier secrétaire du PS ; « La gênance », moque Sandrine Rousseau d'Europe Écologie Les Verts ; « Totalement ridicule », considère Sébastien Chenu du Rassemblement national. « Quand Emmanuel Macron s'obstine à vouloir étreindre Mbappé après la finale de la Coupe du monde, il cherche à toucher le "corps du héros", estime Thibaud Leplat, philosophe et rédacteur en chef de la revue *L'After Foot*. Le visage de Mbappé devient alors celui de la France, comme le disait André Malraux au sujet de Jean Moulin. La politique apparaît désacralisée. C'est presque grotesque, on devrait en rire si l'on avait du recul, mais c'est notre réalité. Imagine-t-on le général de Gaulle courir ainsi après Raymond Kopa ? C'est une déchéance terrible pour la politique et un excès d'honneur fait au sport. » « Habituellement, un chef d'État va tenter de capter la popularité d'un sport ou d'une équipe, pas d'un sportif, renchérit le conseiller en communication Cédric Landu. Mais Mbappé est devenu si puissant que ce n'est plus Macron qui l'adoube mais lui qui adoube Macron. C'est un inversement hiérarchique inouï. »

Ce n'est pas la seule fois où Emmanuel Macron entreprend de mettre en scène sa supposée proximité avec Kylian Mbappé. La plus cocasse avait eu lieu en mai 2021. Dans l'optique de s'adresser à une partie de la jeunesse éloignée des médias traditionnels, le président de la République avait participé à une vidéo avec les célèbres youtubeurs McFly et Carlito. Emmanuel Macron s'était livré au traditionnel jeu du duo : un « concours d'anecdotes » pour lequel les participants relatent des péripéties, et leurs adversaires doivent deviner si elles sont vraies ou inventées. Dans ce cadre, le chef de l'État lance à ses interlocuteurs d'un ton très sérieux : « Kylian Mbappé, c'est moi qui m'occupe de sa carrière. Et donc, Kylian Mbappé va quitter le PSG dans les prochaines semaines pour l'Olympique de Marseille[1]. » Face aux objections des deux youtubeurs, le président téléphone au footballeur : « Kylian, j'annonçais la nouvelle à nos amis. À savoir

1. *Le Figaro*, 23 mai 2021.

que vous alliez quitter le PSG pour l'Olympique de Marseille.

— Impossible ! Jamais. Impossible d'aller à Marseille, c'est pas dans notre ADN », répond Mbappé en éclatant de rire[1].

Interrogé sur ses relations avec le chef de l'État, l'attaquant des Bleus a reconnu que les deux hommes se voyaient « de temps en temps[2] ». « C'est toujours un plaisir de pouvoir échanger avec le président et de se dire qu'il me suit, reconnaît mon travail et mon abnégation pour le pays ou pour le club », ajoutait-il[3].

En mai 2022, avant la prolongation de Kylian Mbappé au PSG, ce dernier a révélé que le président de la République était personnellement intervenu auprès de lui pour l'inciter à rester en Ligue 1. « Il y a eu quelques appels. Il m'a appelé pour me dire : "Je sais que tu veux partir. Je veux te dire que tu es aussi important en France. Je ne veux pas que tu partes. Tu as la possibilité d'écrire l'histoire ici. Tout le monde t'aime." J'ai répondu que j'appréciais, parce que c'était vraiment fou. Le président vous appelle et veut que vous restiez[4]. » « Quand Macron appelle Mbappé pour lui demander de rester au PSG, c'est parce qu'il est devenu rien de moins qu'un actif stratégique du pays », souligne le conseiller en communication Cédric Landu.

1. *Ibid.*
2. *Paris Match*, 16 décembre 2021.
3. *Ibid.*
4. *Sports Illustrated*, 10 novembre 2022, propos en français cités par BFM.

« Le président de la République possède une véritable attirance intellectuelle pour Mbappé et une fascination pour le joueur qu'il est, estime le député Sacha Houlié. Il lui manifeste aussi une reconnaissance pour ce qu'il apporte à la France. Lorsque l'on est le chef de l'État, on cherche à tirer parti de tous les points forts de son pays. Mbappé n'est pas un simple joueur de football : il est un atout national comme Messi l'est pour l'Argentine ou Cristiano Ronaldo pour le Portugal. Il est un porte-étendard à travers lequel la France peut être aimée à travers le monde. »

Un an plus tard, le 14 juin 2023, alors qu'il est questionné lors d'un déplacement par un enfant sur un éventuel départ du PSG de l'attaquant, Emmanuel Macron répond devant les caméras : « Je n'ai pas de scoop mais je vais essayer de pousser pour [qu'il reste à Paris[1]]. » Deux jours plus tard, interrogé lors d'une conférence de presse avec l'équipe de France sur l'influence qu'avait le président de la République, Kylian se faisait très clair : « Sur ma carrière ? Aujourd'hui, en juin 2023 ? Aucune[2]. »

En février 2024, Emmanuel Macron convie l'attaquant du PSG à l'Élysée pour un dîner officiel avec l'émir du Qatar, également principal actionnaire du club parisien. Un mois plus tard, lorsque le chef de l'État effectue un déplacement officiel au Brésil, il offre

1. *Europe 1*, 14 juin 2023.
2. RTL, 16 juin 2023.

au président Lula un maillot de l'équipe de France dédicacé par Kylian Mbappé[1]. « Au-delà de l'aspect sportif et de son image de marque, Kylian Mbappé est devenu un objet politique, estime le journaliste du *Monde* Rémi Dupré. Il est à la croisée d'une certaine image de la France dans le monde, une figure instrumentalisée au sommet de l'État et un enjeu diplomatique France-Qatar. »

Depuis le début de son ascension, Kylian Mbappé a toujours semblé s'inspirer de sportifs américains. « L'américanisation des footballeurs français a connu plusieurs étapes, expose le conseiller en communication Cédric Landu. Au début des années 2000, celle-ci était incarnée par le "PSG banlieue" avec des joueurs comme Nicolas Anelka qui copiaient les rappeurs d'outre-Atlantique. L'étape suivante a été celle des sportifs dotés d'une dimension entrepreneuriale, avec des joueurs qui investissaient dans des start-ups. Puis vint l'étape du "sportif engagé" qui fait écho aux businessmen de la Silicon Valley. Mbappé s'inscrit dans cette logique. En France, il est le seul à avoir la capacité d'évoluer dans un tel périmètre. »

En juin 2021, le joueur donne une longue interview à l'hebdomadaire *L'Obs*, qui lui consacre sa « une » avec en titre : « Kylian Mbappé, une icône française ». « Au-delà du sport, l'objectif de Mbappé est de peser au sein de la société, affirme Cédric Landu. Dans son

1. RTL, 28 mars 2024.

interview à *L'Obs*, sur une dizaine de pages, une seule est consacrée au football. Tout le reste porte sur sa vision de la société. Si un journaliste d'un hebdomadaire d'actualité interroge un sportif de 23 ans sur un tel sujet, c'est qu'il s'est construit un ethos[1] qui le rend légitime pour cela. » Le Bondynois n'hésite en effet pas à développer longuement sa conception de l'engagement. « Avant, beaucoup de gens me poussaient à m'engager, affirme-t-il[2]. Je répondais que je n'étais pas prêt, que je devais digérer mon nouveau statut, ma nouvelle vie, ma nouvelle notoriété. C'était peut-être égoïste. Je pense qu'un grand sportif se doit d'être engagé. Et aujourd'hui je suis prêt. » Et d'ajouter : « Je suis né en France, j'ai grandi en France, la France m'a tout donné. Et j'essaie de le lui rendre, chaque fois que je joue pour l'équipe nationale. [...] Je suis extrêmement fier de mes origines, parce que ça fait partie de mon histoire, ce sont mes racines. Mais moi, mon pays, c'est la France. [...] Pour moi, dire qu'on est noir, arabe, blanc, c'est mettre une barrière, et dans la nouvelle France, il n'y a pas de barrière, on est tous ensemble. » « Face à la résurgence d'un discours très à droite dans la sphère médiatique, il propose un contre-récit avec sa vision de la société, analyse le conseiller en communication Cédric Landu. En termes de prise de risque dans ses engagements,

1. Manière d'être sociale d'un individu.
2. *L'Obs*, 2 juin 2021.

Kylian Mbappé est très loin d'un Mohamed Ali. En revanche, il se montre bien supérieur dans la qualité et la dimension stratégique de sa prise de parole. C'est là qu'il fait toute la différence. » « Mbappé représente en partie le multiculturalisme par ses origines familiales mais il est avant tout français, affirme l'historien Paul Dietschy. Il ne laisse aucune ambiguïté sur ce point dans son discours. Il a un côté patriote que n'ont pas nécessairement d'autres joueurs issus des banlieues. »

Si ses engagements humanitaires et sociaux sont par nature consensuels, et que les quelques polémiques auxquelles son nom fut lié ne portèrent guère préjudice à son image, le jeune prodige prit une position qui fit bien moins l'unanimité en juin 2023 lors de la mort du jeune Nahel Merzouk, qui provoqua des émeutes dans toute la France. Le footballeur avait déjà réagi à l'occasion d'une affaire de violences policières en novembre 2020, lorsqu'une vidéo montrant le producteur de musique Michel Zecler, passé à tabac par trois gardiens de la paix, avait créé un vif émoi[1]. Kylian diffusa sur Twitter un message reprenant des paroles de la chanteuse Diam's : « Vidéo insoutenable, violences inadmissibles. Ma France à moi, elle a des valeurs, des principes et des codes… Ma France à moi ne vit pas dans le mensonge. Avec le cœur et la rage, à la lumière, pas dans l'ombre. Ma France à moi, elle se mélange, ouais, c'est un arc-en-ciel. Elle te dérange,

1. *Le Monde*, 27 novembre 2020.

je le sais, car elle ne te veut pas pour modèle[1]. » Une réaction qui lui valut une remarque du ministre de l'Intérieur, Gérald Darmanin : « Je trouve que certains ont la dignité sélective[2]. »

Sa prise de position sur la mort du jeune Nahel aura davantage de retentissements. Le 27 juin 2023, cet adolescent âgé de 17 ans est tué par un policier lors d'un contrôle à Nanterre. Les faits ont été filmés et la vidéo devient virale sur les réseaux sociaux avant d'être reprise par les médias traditionnels. Le soir même, des débuts de violences urbaines ont lieu dans de nombreux quartiers de la région parisienne ainsi que dans plusieurs villes de province. Le lendemain matin, Kylian Mbappé poste sur son compte Twitter : « J'ai mal à ma France. Une situation inacceptable. Toutes mes pensées vont pour la famille et les proches de Naël, ce petit ange parti beaucoup trop tôt[3]. » Kylian a-t-il rédigé son post lui-même sans l'aval de son équipe de communication ? Les avis divergent sur ce point mais l'hypothèse est largement envisageable. « Cela ne me surprendrait pas, avance le conseiller en communication Cédric Landu. Si j'étais dans son staff, jamais je n'aurais validé un tel message. Je considère que ce tweet fut l'une de ses rares fautes de communication. Non par sa nature mais par son contenu. Déjà parce que ses

1. *Le Figaro*, 26 novembre 2020.
2. RTL, 3 décembre 2020.
3. *Le Parisien*, 28 juin 2023.

propos n'étaient plus en cohérence avec ceux de son interview dans *L'Obs* où il se positionnait en fédérateur. Lorsqu'il utilise l'expression "J'ai mal à ma France", on peut y lire une critique de ce qui se passe dans le pays. Je ne dis pas qu'un tel propos est faux mais il peut induire une posture partisane. Deuxième point : son tweet a été diffusé alors que très peu d'informations étaient connues sur l'affaire. Or, Kylian Mbappé ne s'est pas contenté d'apporter son soutien à la famille de Nahel, il l'a qualifié de « petit ange » sans rien savoir de lui. Aussi dramatique que soit la mort d'un jeune homme quel qu'il soit, c'est tout de même faire preuve de beaucoup de légèreté. Qu'il publie un post, pourquoi pas. Mais dans le contexte actuel, avec une résonance médiatique considérable de l'extrême droite, les prises de parole sur certains sujets provoquent forcément un retour de bâton. Il était évident que son message allait être décortiqué durant des heures sur CNews et relayé dans des éditos. » Son tweet comptabilisera 26 millions de vues. Il n'est pas l'unique footballeur français à réagir : les internationaux Jules Koundé ou Mike Maignan diffusent des messages plus virulents qui mettent davantage en cause la police[1] mais leurs propos sont bien moins médiatisés. Si ceux-ci bénéficient d'une importante renommée auprès des amateurs de football, Mbappé, lui, est connu de tout le monde et sa prise de position rencontre un écho incommensurable.

1. *Le Figaro*, 28 juin 2023.

« Kylian Mbappé a acquis une nouvelle dimension à ce moment-là, analyse le philosophe Thibaud Leplat. Son message a été lu 26 millions de fois, ce qui représente une audience qui dépasse de loin celle d'Emmanuel Macron. Cette faculté à s'adresser à un public aussi large fait de lui un acteur politique en soi. Je pense qu'avec ce premier message, il a commis une forme d'imprudence. Il a ensuite compris qu'il représentait quelque chose de plus grand que lui dans un pays fracturé par une crise multiculturelle, une crise de l'autorité et une crise politique. Dans cette France où un footballeur peut faire davantage de bruit que n'importe quel penseur politique avec un tweet de deux lignes, devenir le porte-parole d'une partie de la population peut faire de lui la cible de l'autre partie. » « J'ai le souvenir d'une indignation sincère de sa part et, je crois, assez spontanée alors qu'il était en vacances aux États-Unis à ce moment-là, avance le journaliste du *Monde* Rémi Dupré. Je ne crois pas que ce fut un message préparé en amont. Par la suite, vu comment la machine s'est emballée, il y a eu une seconde communication qui est venue recadrer le débat de manière plus nuancée. » « Son premier message était un cri du cœur contre les violences policières, poursuit Thibaud Leplat. Il exprimait une forme de loyauté envers le milieu dont il est originaire. Mais un footballeur de sa dimension représente beaucoup plus que son propre milieu. Il n'est pas le premier à se confronter à un tel conflit de loyauté. Cela peut être très difficile à vivre. » « Les sportifs de ce niveau ont des cellules de communication et des sponsors à qui ils doivent rendre des comptes, rappelle l'historien Paul Dietschy. Dans leur prise de position, chaque mot est donc normalement pesé. Lorsque Kylian Mbappé a diffusé son message lors de l'affaire Nahel, il s'est sans doute exprimé trop vite. Au-delà de la manifestation d'une émotion, il est risqué de se positionner avec une vision binaire de la société alors que la réalité est plus complexe. Habituellement, il se montre plutôt prudent sur les sujets de société. »

Les jours suivants, les émeutes prennent de plus en plus d'ampleur. Le 30 juin, Kylian Mbappé diffuse un long texte au nom des joueurs de l'équipe de France : « Comme tous les Français, nous avons été marqués et choqués par la mort brutale du jeune Nahel [...] Depuis ce tragique événement, nous assistons à l'expression d'une colère populaire dont nous comprenons le fond, mais dont nous ne pouvons cautionner la forme. Issus pour beaucoup d'entre nous des quartiers populaires, ces sentiments de douleur et de tristesse, nous les partageons également. Mais à cette souffrance s'ajoute celle d'assister impuissants à un véritable processus d'autodestruction. La violence ne résout rien, encore moins lorsqu'elle se retourne inéluctablement et inlassablement contre ceux qui l'expriment, leurs familles, leurs proches et leurs voisins. Ce sont vos biens que vous détruisez, vos quartiers, vos villes, vos lieux d'épanouissement et de proximité. Dans ce contexte d'extrême tension, nous ne pouvons rester silencieux et notre conscience citoyenne nous incite à appeler à l'apaisement, à la prise de conscience et à la responsabilisation. [...] Il existe d'autres manières pacifiques et constructives de s'exprimer. C'est en cela que nos énergies et nos réflexions doivent se concentrer. Le temps de la violence doit cesser pour laisser place à celui du deuil, du dialogue et de la reconstruction. »

« Kylian Mbappé représente vraiment quelque chose sur le plan sociétal, affirme le journaliste du *Monde* Rémi Dupré. Malgré lui, on veut lui coller dans le dos des symboles politiques. Dans le contexte des émeutes, sa parole a été assez forte mais chacun a pu lire ce qu'il voulait dans ses propos. Après le drame de Nanterre, entre ses deux messages, on a pu percevoir une volonté d'incarner une vitrine d'une jeunesse victime de violences policières mais aussi une forme d'appel au calme. Chacun y voit ce qu'il souhaite. »

Les violences urbaines se poursuivront trois jours de plus. En six nuits, malgré des couvre-feux dans de nombreuses communes, le bilan dépassera largement celui des émeutes de 2005, qui s'étaient écoulées sur trois semaines. Selon les chiffres officiels, on compte 1 105 bâtiments incendiés ou attaqués ainsi que 12 202 incendies sur la voie publique[1]. Ce que les chiffres ne peuvent pas dire, ce sont les fractures que laisseront ces journées au sein de la population française.

1. *Le Figaro*, 4 juillet 2023.

Une semaine après la fin des émeutes, une enquête d'opinion Odoxa indique que 67 % des sondés considèrent que Kylian Mbappé est sorti de son rôle en ayant pris publiquement position sur la mort de Nahel et 64 % se montrent en désaccord avec le contenu de son tweet[1]. Des personnalités publiques ont ironisé sur la réaction de l'international français. De manière assez prévisible, plusieurs figures de l'extrême droite sont montées au créneau : « Le rôle d'un footballeur, qui *a priori* n'est pas magistrat ou juge d'instruction, c'est de partager l'émotion de la famille, y compris [celle] du policier[2] », affirme le président du Rassemblement national Jordan Bardella ; « Personnellement, je me fous de l'opinion de Mbappé sur ce sujet. Je ne vois pas à quel titre il s'exprime. On ne l'entend pas sur d'autres sujets[3] », s'agace le journaliste de *Valeurs actuelles* Laurent Dandrieu. De façon moins attendue, la prise de position de l'attaquant du PSG fut aussi critiquée avec virulence par l'éditorialiste Patrick Cohen : « On peut s'interroger sur l'influence de quelques milliardaires du football, qui, pour entretenir leur popularité dans les quartiers, font assaut de démagogie. "J'ai mal à ma France", a tweeté Kylian Mbappé mercredi matin depuis Miami où il passe ses vacances. 26 millions de vues pour ce message qui laisse entendre que la France

1. *Le Point*, 9 juillet 2023.
2. BFM, 28 juin 2023.
3. RMC, 29 juin 2023.

et sa police font système pour semer la mort dans les banlieues. Après trois nuits de chaos, pas de nouvelles de la star. On ne sait pas si Mbappé a encore mal quelque part[1]. » Le terme « petit ange » employé par Kylian Mbappé est depuis souvent repris de manière ironique sur les réseaux sociaux et a été plusieurs fois utilisé par l'humoriste Gaspard Proust dans ses chroniques sur *Europe 1* pour désigner des délinquants. « Si Mbappé veut incarner un personnage fédérateur, il ne peut plus se permettre ce type de sorties, estime le conseiller en communication Cédric Landu. L'extrême droite avait toute latitude pour lui répondre : “Tu prends position quand les victimes sont des Noirs ou des Arabes mais on ne t'entend jamais quand ce sont des Blancs.” Factuellement, c'était vrai. L'extrême droite a donc beau jeu de le renvoyer à ses contradictions et de le présenter comme un individu qui a fait son choix entre les “Français de branche et les Français de souche” pour reprendre son vocable. C'est pour cette raison qu'il ne devrait pas réagir sur des faits divers et ne prendre publiquement position que sur des faits de société majeurs. »

Face aux tensions grandissantes dans la société française, Kylian Mbappé, de par son statut et sa popularité, n'est-il pas condamné à devenir l'un des derniers symboles capables de réunir une majorité de la population dans la décennie à venir même si cela

1. France 5, 30 juin 2023.

dépasse largement le cadre du football ? « Kylian est sociétalement investi, il est conscient d'être à la charnière de deux générations et veut envoyer des messages positifs, affirmait son avocate, Delphine Verheyden, en décembre 2022[1]. Il est attendu beaucoup de lui. Mais si être exemplaire fait partie des devoirs d'un sportif très en vue, cela ne peut pas conduire à lui faire systématiquement porter tous les maux de notre société. »

Dans la série française *La Fièvre*, diffusée sur Canal+ au printemps 2024, un célèbre footballeur devient malgré lui l'enjeu d'un affrontement entre les mouvances identitaires qui précipite le pays au bord de la guerre civile. Le scénariste de cette fiction, Éric Benzekri, ancien proche de Jean-Luc Mélenchon et Julien Dray au Parti socialiste, fait dire à l'un des personnages : « Le football est le dernier bastion qui réunit encore les Français. Le foot, c'est une digue, si elle cède, tout y passera. » « Ce serait donner beaucoup trop de responsabilités au football, nuance le philosophe Thibaud Leplat. Vouloir résumer tous les maux de la société à travers le foot est une forme de paresse intellectuelle. Dans la société, la digue a déjà cédé depuis longtemps, il ne faut pas être naïf. Le football représente plutôt une fable sur les représentations que l'on se fait de la France actuelle. Une fable qui est une simplification dans laquelle deux Frances s'opposent. La réalité n'est pas aussi simple car il existe

1. *Le Monde*, 18 décembre 2022.

une infinité de groupes dans la fragmentation de la société, pas seulement deux camps homogènes qui se font face. Mbappé peut donc être à la fois celui qui va faire l'unanimité à certains moments et le héros clivant lorsqu'il prend la défense de Nahel contre les violences policières. Il n'existe pas de cohérence permanente. Dans les sociétés postmodernes, on adapte le récit en fonction du moment. » « La série *La Fièvre* est cruelle pour les politiques car elle signifie que la cohésion de la société ne tient plus qu'au football, argue le député Sacha Houlié. C'est exagéré mais une réalité ne peut être niée : la mixité sociale et la convergence d'intérêts se retrouvent dans les stades de foot car le reste du temps les gens ne se rencontrent plus. Il existe trop de compartimentations au sein de la population. Comme les footballeurs sont des égéries, un certain poids politique repose désormais sur leurs épaules. Cela est-il une contrainte pour Kylian Mbappé lorsqu'il s'exprime ? Oui, de toute évidence. Mais son message pour Nahel a démontré qu'il pouvait prendre des positions qui n'étaient pas soutenues par l'ensemble de la population tout en restant dans le cœur des Français. Des gens ont pu être choqués sur le moment mais ne lui en ont pas tenu rigueur par la suite. Cela signifie que l'on n'attend pas tout de lui. C'est assez rassurant. »

CHAPITRE 20

Destination Real Madrid

Les velléités de départ du PSG de Kylian Mbappé ont connu plusieurs épisodes. Après le feuilleton de l'été 2021, durant lequel l'attaquant parisien avait fait savoir à sa direction qu'il souhaitait être transféré au Real Madrid sans obtenir gain de cause, il semblait écrit qu'il partirait pour l'Espagne à la fin de la saison puisque son contrat avec le club de la capitale prenait fin. À la surprise générale, Kylian annonça pourtant sa prolongation en grande pompe au Parc des Princes lors de la dernière journée de championnat, le 21 mai 2022. Pour l'occasion, il pose avec un maillot portant le chiffre « 2025 », l'année supposée jusqu'à laquelle porterait son engagement. Un coup de communication qui ne reflète pas la réalité. Son nouveau contrat portait sur deux saisons supplémentaires ainsi qu'une troisième en option, que seul le joueur pouvait décider d'activer. La prolongation portait donc jusqu'à juin 2024 et non en 2025. Le jour de l'annonce, le joueur et son entourage avaient d'ailleurs demandé à la direction que le chiffre sur le maillot soit rectifié mais avaient essuyé un refus[1]. Kylian s'était donc prêté au jeu pour ne pas gâcher la fête.

Pour retenir son joueur emblématique, QSI n'avait pas lésiné sur les moyens. Son salaire s'élève à 72 millions d'euros bruts par an (6 millions mensuels), ainsi qu'une prime à la signature de 180 millions payable en trois fois[2]. Le Qatar ne pouvait pas laisser partir un tel joueur à quelques mois de *sa* Coupe du monde. Mbappé n'aurait fait savoir sa décision de rester à Paris au président du Real, Florentino Perez, que le jour même de l'annonce officielle. Un camouflet pour le club madrilène qui n'a guère l'habitude d'être éconduit par un joueur. La semaine précédente, la presse madrilène annonçait la signature imminente de Mbappé au Real. Son revirement fit figure de douche froide dans la capitale espagnole. Le quotidien *Marca* publie en « une » la photo du n° 7 du PSG avec en titre : « *Hace falta mucha clase para jugar en el Madrid*[3] » (« Il faut beaucoup de classe pour jouer à Madrid »). L'autre principal quotidien, *As*, titre quant à lui : « *La baja autoestima de Mbappé* » (« La faible estime de soi de Mbappé »). Le président de la fédération des associations de supporters du Real, Luis Caceres, se

1. *Le Parisien*, 10 août 2023.
2. *Le Parisien*, 23 octobre 2022.
3. *Le Monde*, 22 mai 2022.

montre plus vindicatif encore : « Le Real Madrid a gagné treize Ligues des champions sans Mbappé. Il n'a jamais été des nôtres et il ne va pas nous manquer[1]. » « Son refus de signer au Real à l'été 2022 a engendré une grande déception chez les supporters madrilènes, confirme Frédéric Hermel, journaliste RMC spécialiste du football espagnol. Beaucoup affirmaient alors qu'ils ne voulaient jamais le voir revêtir le maillot blanc. Cela ressemblait à un amour éconduit. » « Je pense que sa décision de prolonger au PSG en 2022 fut davantage motivée par son développement en tant qu'individu que par son évolution de footballeur, avance Thibaud Leplat, philosophe et rédacteur en chef de la revue *L'After Foot*. Les deux années qui ont suivi correspondent d'ailleurs à l'envol de sa capacité d'influence, sa dimension politique et sa manière de s'affirmer. Il a pris conscience de ce qu'il représentait dans le pays. »

Même si cela ne transpire pas publiquement, dès l'été 2022, la relation se dégrade entre le joueur et le club. Moins de deux mois après avoir signé sa prolongation, Kylian se pose déjà des questions sur un départ. En découvrant le recrutement estival, il a le sentiment d'avoir été floué. La direction lui avait promis une équipe conçue pour lui permettre d'exprimer au mieux son talent, avec notamment un attaquant de pointe de premier ordre qui pouvait être Robert Lewandowski ou Harry Kane. Dès les premiers matchs, il ne parvient

1. *Ibid.*

pas à dissimuler son irritation lorsque certains coéquipiers passent le ballon à Neymar côté droit alors qu'il effectuait des appels côté gauche.

La relation entre le PSG et son joueur connaît un nouvel accroc en octobre 2022. Le site d'information Mediapart révèle que le club aurait engagé dans un passé proche une agence de communication pour créer sur les réseaux sociaux des faux comptes chargés de mener une campagne de dénigrement contre Kylian Mbappé[1]. Si l'ancien Monégasque n'aurait pas été la seule cible – l'ex-joueur parisien Adrien Rabiot et des médias jugés hostiles au PSG auraient également été visés –, celui-ci aurait fait l'objet de cette tentative de déstabilisation en raison de ses déclarations aux trophées UNFP de 2019, où il avait laissé entendre son désir de quitter le club. Le PSG dément ces informations mais le mal est fait.

À l'automne 2022, peu avant la Coupe du monde, les médias bruissent d'une nouvelle envie de départ de Mbappé. Celui-ci estimerait que l'équipe parisienne n'est pas suffisamment compétitive pour jouer les premiers rôles sur la scène européenne, que son repositionnement sur le terrain décidé par l'entraîneur ne lui permet pas de s'exprimer pleinement et que la direction du club n'a pas tenu ses engagements de faire de lui la clef de voûte du « projet sportif », selon l'expression consacrée. Malgré la présence de

1. Mediapart, 12 octobre 2022.

Messi dans l'effectif, il aurait absolument souhaité le recrutement d'un véritable n° 9. Les dirigeants de QSI n'ont cependant nullement l'intention de lui ouvrir la porte. En Espagne, la mélancolie de l'attaquant français n'éveille pas pour autant un nouvel espoir de le voir signer au Real. Au contraire : échaudés par son revirement de l'été précédent, les supporters madrilènes s'agacent. « Sois clair une fois pour toutes », titre même le quotidien *Marca*[1]. Le joueur n'évoquera plus ses états d'âme publiquement dans les mois qui suivront mais le divorce avec le PSG semble programmé. « Il existe un désamour depuis deux ans avec son employeur, confirme le journaliste du *Monde* Rémi Dupré. On est dans une logique de confrontation assez forte avec QSI et Nasser al-Khelaïfi. Tout le paradoxe est qu'il s'est retrouvé dans une situation inconfortable au PSG malgré un contrat avec des dispositions historiques pour un joueur. Les relations étaient assez exécrables avec les Qataris. »

Le PSG ne ménage pourtant pas ses efforts pour tenter de retenir son attaquant. Au début de la saison 2023-2024, pour la première fois depuis son arrivée dans la capitale, Kylian Mbappé n'a plus aucun joueur susceptible de peser davantage que lui dans le vestiaire. Les deux autres « galactiques » du club parisien, Messi et Neymar, ont été poussés dehors. « Messi, Neymar et Mbappé s'appréciaient énormément au

1. *L'Équipe*, 12 octobre 2022.

départ, et un certain respect a perduré, mais la guerre d'ego fut évidente, indique le journaliste de *L'Équipe* José Barroso. Messi fut sans doute le moins problématique car tout ce qu'il voulait, c'était jouer dans un grand club pour conserver un haut niveau de compétitivité jusqu'à la Coupe du monde. Mais la gestion des trois n'en était pas moins compliquée. Mbappé voulait être le n° 1 et Neymar supportait mal de le voir monter en puissance, surtout qu'il sentait que son heure était passée. » Neymar et Mbappé étaient arrivés en même temps au PSG à l'été 2017. À l'époque, le premier était une mégastar et le second seulement un joueur en devenir malgré les promesses vues en lui. La cohabitation ne fut pas toujours au beau fixe durant les six saisons qu'ils ont passées ensemble. « Avec Neymar, on a toujours eu une relation basée sur le respect mais on a toujours eu des moments plus froids, parfois plus chauds, expliquait Mbappé en septembre 2022[1]. Par périodes, on est les meilleurs amis du monde et parfois, on se parle moins. C'est la nature de notre relation. Mais il y a beaucoup de respect, j'ai du respect pour le joueur qu'il est, ce qu'il représente et l'importance qu'il a dans notre équipe. La vie n'est pas linéaire, des choses se passent mais toujours dans le respect et dans l'intérêt du PSG. » Plusieurs épisodes publics ont démontré que les rapports entre les deux joueurs pouvaient vite virer à l'orage. Le Brésilien avait du

1. *Le Parisien*, 5 septembre 2022.

mal à supporter l'importance grandissante du Français au sein du club et l'influence que son « clan » avait auprès de la direction[1]. Le 5 août 2022, lors d'un match de championnat contre Montpellier, Neymar prend d'autorité le ballon pour tirer un penalty alors que Mbappé avait été désigné par l'entraîneur comme tireur. Les médias font alors leurs gros titres sur ce « penaltygate » qui aurait marqué le point de rupture entre les deux attaquants vedettes. Leur relation technique sur le terrain s'en ressent. En février 2023, alors que de nombreux observateurs déplorent la supposée mauvaise hygiène de vie de Neymar et que le PSG traverse une période difficile, à l'issue d'un match contre Lille, Kylian se laisse aller à une déclaration pleine de sous-entendus : « Il faut surtout que tous nos joueurs soient en bonne santé. Chacun doit bien manger, bien dormir et se préparer au maximum[2]. » Il aura beau nier par la suite que son propos ne s'adressait pas à son coéquipier brésilien, le message semblait limpide.

Quant à la relation entre Messi et Mbappé, si elle n'a jamais été réellement amicale – qui croit encore qu'une équipe de footballeurs professionnels est une bande de copains ? –, elle demeura teintée d'une forte estime mutuelle. Durant les deux ans où ils partagèrent le vestiaire, leurs rapports ont été tantôt cordiaux,

1. *L'Équipe*, 29 septembre 2022.
2. RMC, 14 février 2023.

tantôt distants, parfois froids[1]. L'Argentin vivait mal son exil français, et il n'est guère connu pour être le footballeur le plus doué pour les relations humaines, mais il lui arrivait d'échanger avec Kylian, qui parle très bien l'espagnol. Entre eux, la question ne relevait pas de l'affect mais de l'éternelle incapacité des grands footballeurs à cohabiter avec des joueurs de la même dimension.

En faisant partir Messi et Neymar, la direction du PSG espérait que Mbappé s'inscrirait à plus long terme dans un effectif enfin construit autour de lui. Ce ne fut pas le cas. En juin 2023, Kylian adresse une lettre au président du PSG l'informant qu'il ne levait pas son option pour une saison supplémentaire. Cela signifiait que, le 1er janvier 2024, il deviendrait donc libre de s'engager dans le club de son choix pour la saison suivante. Une décision qui ne passera pas inaperçue en Espagne. « À Madrid, tout le monde attendait que Mbappé montre son envie de venir au Real, relate le journaliste Frédéric Hermel. Sa volonté de rendre très tôt publique sa décision de quitter le PSG à la fin de la saison fut très appréciée. »

Au sein des instances parisiennes, en revanche, la tension monte d'un cran. Les dirigeants soupçonnent le Bondynois d'avoir déjà conclu un accord avec le Real Madrid. Plus que dans n'importe quel autre club, la direction qatarie n'aime guère laisser partir

1. *Onze Mondial*, 13 février 2024.

libre un joueur qui possède une valeur marchande. En tant que fonds d'investissement souverain de l'émirat, QSI dispose d'une trésorerie quasi illimitée. Il ne s'agit donc pas d'une question financière mais de principe. En 2019, le club avait fait chèrement payer à Adrien Rabiot son refus de signer une prolongation afin de pouvoir partir gratuitement à la Juventus de Turin. Le milieu de terrain avait été mis à l'écart et n'avait plus joué un seul match avec les pros du PSG jusqu'à la fin de la saison.

Durant cet été 2023, les médias alimentent le feuilleton. Légalement, Mbappé avait jusqu'au 31 juillet pour prolonger son contrat. Mais les jours passent et il ne signe pas. Les Qataris imposent le rapport de force. Lors de la préparation de présaison, l'équipe parisienne part en tournée asiatique sans lui. Contraint de s'entraîner avec quelques autres joueurs dont le club souhaite se séparer, il est placé dans le « loft », selon l'expression en usage dans le milieu du football. Durant toute sa mise à l'écart, Kylian garde le silence et sourit aux caméras. « Dans le loft, il en a fait des tonnes, se souvient le journaliste du *Parisien* Dominique Sévérac. À la sortie du Campus, il apparaissait tout sourire et s'arrêtait pour signer des autographes et faire des selfies avec les fans. Comme s'il était en campagne électorale. Au lieu de faire la tronche, il montrait un visage radieux à chacune de ses apparitions publiques. Jamais un club n'avait ainsi mis à l'écart un joueur de sa dimension. Son attitude était un message pour son employeur. Il leur disait : “Vous ne parviendrez pas à m’atteindre.” »

Kylian est réintégré au sein de l’effectif professionnel le 13 août. Pour sortir de l’impasse, le clan Mbappé et la direction du club ont trouvé un accord financier : le joueur renonce à 200 millions d’euros de rémunérations tirés d’une partie de son salaire et de primes[1]. Les Qataris semblent ainsi sauver la face sans avoir à aller au bras de fer comme ils l’avaient fait par le passé avec d’autres joueurs. « Les cas d’Adrien Rabiot et de Kylian Mbappé sont incomparables, que ce soit sur le plan sportif, financier ou politique, nuance le journaliste du *Monde* Rémi Dupré. Les seules analogies sont l’intransigeance qatarie et le mode de fonctionnement familial des joueurs. Est-ce que le club aurait pu maintenir le bras de fer avec son attaquant phare au-delà de septembre ? Je ne pense pas. Le clan Mbappé a eu une volonté de sortir de l’impasse car il ne voulait pas aller au litige dans une saison qui pouvait s’étirer, avec l’Euro et les JO au bout. Ils ont donc fait une contre-proposition qui leur permettait de préserver leurs intérêts sans renier leur position. Ce fut un sacrifice financier pour que le club ne soit pas lésé. Ce fut stratégiquement assez bien joué. Kylian s’en est sorti sans y laisser des plumes car le PSG pouvait jouer l’opinion et les supporters contre lui en le présentant comme une diva qui ne pensait qu’à ses intérêts. En

1. *Le Monde*, 10 août 2023.

termes d'image, cela pouvait se révéler dommageable pour lui. »

Dès son retour sur le terrain, Kylian montre à tout le monde que l'équipe avait besoin de lui pour gagner. Il fait très vite taire les sifflets en multipliant les buts et les bonnes performances. En revanche, aucune de ses déclarations ne permet d'entretenir le moindre espoir qu'il change d'avis sur son départ à venir. Cette situation n'est que la conséquence logique d'une longue détérioration des relations entre le joueur et la direction du club. « Mbappé peut donner l'impression de se comporter comme un enfant gâté qui essore ses employeurs, un footballeur avec un contrat en or qui renverse la table à la moindre occasion, explique le journaliste Rémi Dupré. Mais si l'on regarde de plus près, on peut avoir une lecture différente. Il n'est possible de comprendre le cas Mbappé que si l'on prend en compte le mode de fonctionnement de la PME familiale. C'est un clan qui s'est toujours affiché hors système, qui n'a jamais voulu confier ses intérêts à des agents. Cela a créé des crispations au sein du milieu. Comme ils fonctionnent en vase clos, ce n'est pas étonnant que l'on soit dans une confrontation permanente. Reste que le clan Mbappé sait depuis le début où il voulait emmener le joueur et il y est parvenu. C'est donc une méthode qui fonctionne. »

Kylian et les siens avaient en effet longtemps pu imposer à peu près tout ce qu'ils voulaient au PSG, avec parfois des exigences qu'aucun autre footballeur n'aurait osé formuler. Le jeune attaquant souhaitait-il des joueurs proches de lui dans l'équipe ? Ses coéquipiers chez les Bleus, Ousmane Dembélé et Randal Kolo Muani, ont été recrutés durant la dernière trêve estivale. Il aurait gagné beaucoup d'argent au Real Madrid ? Le PSG lui a offert 20 millions annuels[1]. En 2022, déjà, pour le retenir, la direction parisienne avait recruté l'un de ses proches à l'époque de Monaco, Luis Campos, pour intégrer l'organigramme avec le titre de conseiller du football. Mais même avec tous les milliards du monde, le PSG ne pouvait pas garantir à Kylian qu'il remporterait enfin la Ligue des champions et serait sacré Ballon d'or dans la foulée.

Les tergiversations autour de son prochain départ n'entravent en rien son rôle central sur le terrain. À Strasbourg (1-2, le 2 février), il est comme souvent l'architecte de la victoire avec un but et une passe décisive. Pourtant, au-delà des statistiques, son attitude n'est plus la même. Il rate un penalty et ne parvient pas à dissimuler son agacement, que ce soit envers certains coéquipiers, l'arbitre ou les supporters strasbourgeois.

Le 11 février, lors de la séance d'entraînement du groupe parisien, plusieurs centaines d'ultras font le déplacement au Campus de Poissy pour scander « Kylian à Paris » et acclamer le joueur. Un appel du pied auquel Mbappé répond par des gestes amicaux mais qui n'altérera en rien sa décision. Après un long

1. *Le Monde*, 23 mai 2022.

suspense qui n'en était plus un, le 15 février, Kylian fait officiellement savoir à la direction du club qu'il partira à la fin de la saison. Même si elle semblait écrite depuis longtemps, l'information fait l'effet d'une petite bombe. Les dirigeants et les supporters parisiens ne sont pas les seuls à accuser le coup. Alors que la LFP[1] mène des négociations avec des diffuseurs potentiels sur l'attribution des droits TV de la Ligue 1 pour les prochaines saisons, le départ annoncé de la dernière grande star du championnat fait figure d'un coup de massue. Les droits TV représentent la principale source de revenus pour les clubs. Sans Mbappé, c'est donc l'ensemble du football français qui risque de subir un important manque à gagner. Après avoir perdu Messi et Neymar l'été précédent, la Ligue 1 va voir partir l'unique joueur susceptible d'attirer un large public. Car si Jonathan David marque but sur but à Lille, Pierre Lees-Melou fait lever les foules à Brest et Téji Savanier enflamme les supporters à Montpellier, leurs noms sont loin de suffire pour engranger des abonnements à des plateformes dont le football hexagonal serait le seul produit. Quant aux nouveaux spectateurs du Parc des Princes qui assistent à un match du PSG comme on passe une journée à Disneyland, il est peu probable qu'ils déboursent un prix exorbitant pour voir jouer Bradley Barcola, Vitinha ou Nuno Mendes. Aussi talentueux soient-ils, ces footballeurs

1. Ligue de football professionnel.

ne sont encore connus que des aficionados, pas des suiveurs occasionnels ni des téléspectateurs étrangers. « Le championnat de France possédait jusqu'alors une "Mbappé-dépendance" largement admise, indique le député Sacha Houlié. Aux yeux de beaucoup, la Ligue 1 ne semblait monétisable que parce qu'elle possédait une star de son envergure. C'est faire peu de cas des performances des clubs français en coupes d'Europe ces dernières années qui démontrent qu'un tournant s'est opéré. Le départ de Kylian Mbappé permettra d'assumer une forme de maturité pour notre championnat dans sa commercialisation. »

Même si tout le monde connaît déjà la nouvelle, le 16 février, Kylian annonce lui-même son départ à ses coéquipiers lors de l'entraînement. Jusqu'alors, il s'était gardé de leur révéler la moindre information sur le sujet. Ousmane Dembélé, l'un de ses plus proches au sein du vestiaire, aurait été le seul dans la confidence. « Tous les footballeurs professionnels avec lesquels je travaille n'ont presque pas d'amis, confie le psychologue et préparateur mental Anthony Mette. Ils ont développé une vision du monde presque paranoïaque du fait de l'argent qu'ils gagnent et des sollicitations à outrance. Pour Mbappé, cela doit être le niveau encore au-dessus. Il est sociable mais je pense qu'il ne fait confiance à personne. Il a besoin d'avoir un entourage, ses parents auprès de lui et un cadre, mais je crois qu'il ne ressent pas le besoin d'avoir des amis. Le côté affectif n'est pas ce qui le nourrit. »

Le lendemain, le PSG s'impose sans briller 0-2 à Nantes. Mais ce qui retient l'attention, c'est la présence de Kylian Mbappé sur le banc des remplaçants au début de la rencontre. Le staff parisien avait tardé à communiquer la composition de l'équipe aux médias. À l'arrivée du bus parisien, Kylian avait le visage des mauvais jours, un signe annonciateur. Officiellement, il s'agit d'un choix de l'entraîneur, Luis Enrique, et non d'une punition dictée par la direction du club. Lorsqu'il entre en jeu, à la 62e minute, l'attaquant démontre pourtant que l'équipe joue bien mieux lorsqu'il est sur le terrain. Il marquera sur penalty le deuxième but de son équipe. Les supporters nantais n'en sont pas moins déçus. Comme dans tous les stades français lorsque le PSG se déplace, une partie non négligeable du public vient pour lui. Surtout les enfants pour qui apercevoir Kylian équivaut à une rencontre avec le père Noël.

Mbappé n'avait pas joué à domicile depuis l'officialisation de son départ. Le 25 février, lors du match contre Rennes, la réaction du public du Parc des Princes était donc scrutée. Le futur Madrilène est accueilli de manière classique, sans sifflet ni effervescence. Alors qu'il réalise une prestation sans relief, il est remplacé à la 65e minute. Si la surprise se lit sur son visage au moment où il aperçoit son numéro sur le panneau de l'arbitre assistant, Kylian reste impavide en se dirigeant vers le banc. À l'exception d'une sortie contre l'OM en raison d'une blessure, c'est la première fois que l'attaquant parisien est remplacé en cours de match depuis le début de la saison. « Tôt ou tard, on va devoir s'habituer à jouer sans Kylian, déclare Luis Enrique à l'issue de la rencontre[1]. Quand je voudrais le faire jouer, je le ferai. Quand ce ne sera pas le cas, même chose. »

Le 2 mars, le PSG se déplace à Monaco. Durant les quarante-cinq premières minutes, Kylian ne brille pas plus que ses coéquipiers mais pas moins non plus. Cette fois, le coach décide de le sortir dès la mi-temps. Il le lui annonce dans le vestiaire sans lui fournir d'explications. Le Bondynois enfile alors son survêtement mais ne rejoint pas les autres joueurs sur le banc, comme l'usage l'exige. Il s'installe en tribune à côté de sa mère. Cette fois encore, aucun signe d'irritation ne se lit sur son visage. « L'un des principes de base de la communication, c'est l'incarnation : transformer sa parole en image, décrypte le conseiller en communication Cédric Landu. À Monaco, la symbolique fut très puissante. Quand Luis Enrique le sort à la mi-temps, il va s'asseoir dans les tribunes et pas sur le banc. C'est une façon de dire à son coach : "Je suis au-dessus de toi." » Le match s'achève sur un banal 0-0. Dans les vestiaires, l'entraîneur et le joueur prennent un moment pour discuter en tête à tête. Le coach lui assure qu'il compte sur lui pour les huitièmes de finale de la Ligue des champions contre la Real Sociedad. Luis Enrique tiendra parole : Mbappé sera aligné comme titulaire,

1. *L'Équipe*, 26 février 2024.

marquera un doublé et remportera le trophée du meilleur joueur du match.

Le feuilleton est pourtant loin d'être achevé. Le match de championnat suivant, contre Reims, l'attaquant vedette est une nouvelle fois remplaçant. Le coach ne le fait entrer qu'à la 73e minute. Une humiliation de plus. Les deux équipes se séparent sur le score de 2-2.

La rencontre suivante, en quarts de finale de Coupe de France contre Nice, Mbappé joue l'intégralité de la rencontre et inscrit un but. Le 17 mars, il est de nouveau titulaire face à Montpellier et s'offre un triplé. À plusieurs reprises, il harangue les supporters parisiens qui avaient fait le déplacement dans l'Hérault, comme pour démontrer que les fans du PSG sont toujours derrière lui. De leur côté, les ultras scandent son nom.

Une semaine plus tard, lors de la conférence de presse de l'équipe de France en marge d'un match amical contre l'Allemagne, un journaliste lui demande s'il est perturbé par sa situation actuelle. Sa réponse : « Quand tu vois mes dernières performances, tu vois un gars perturbé[1] ? »

Malgré son assurance, la question se pose bel et bien. Face au Chili avec les Bleus, malgré une passe décisive, il ne se montre guère à son avantage. Trois jours plus tard, avec le PSG, il est totalement effacé face à l'OM. Il touche peu de ballons, perd ses rares

1. *Le Parisien*, 23 mars 2024.

duels et ne se montre jamais dangereux devant le but. Lorsque Luis Enrique le remplace à la 64e minute, celui-ci n'aura pour une fois aucun mal à convaincre les observateurs qu'il s'agit d'un choix sportif. Si Kylian s'était jusqu'à présent efforcé de paraître peu affecté lorsque le coach le faisait quitter prématurément le terrain, cette fois il peine à cacher sa déception. Au moment où il quitte la pelouse, il affiche une mine excédée et maugrée une insulte[1]. Les supporters marseillais, eux, s'en donnent à cœur joie pour le siffler. Il est vrai qu'au cours de ses sept saisons avec le maillot du PSG, Mbappé a souvent été le bourreau des Olympiens. Avec un total de neuf buts et deux doublés[2] en dix « classiques », le Bondynois n'a jamais perdu face à l'ennemi marseillais. La seule fois où l'OM l'a emporté contre le PSG durant sa période parisienne, en Coupe de France, il était forfait pour cause de blessure.

Lors des quarts de finale aller de la Ligue des champions, contre le FC Barcelone, Mbappé ne brille guère : 3 frappes dont aucune cadrée, seulement 2 duels gagnés sur les 10 dans lesquels il était impliqué et 13 ballons perdus[3]. Des statistiques très loin de ses standards habituels. Le PSG s'incline 2-3. « Face au Barça, il était systématiquement pris par deux ou trois joueurs,

---

1. *L'Équipe*, 2 avril 2024.
2. *Le Parisien*, 31 mars 2024.
3. *Le Parisien*, 11 avril 2024.

précise le journaliste de *L'Équipe* José Barroso. Quand il parvenait à en dribbler un, un autre était aussitôt sur lui. Il avait obtenu d'être la seule star de l'équipe, mais cela implique d'être bien plus surveillé par les adversaires. Comme il ne pouvait pas sortir un tour de magie de son chapeau à chaque rencontre, il devait donc trouver un autre moyen de faire gagner son équipe. » Quelques jours plus tôt, interrogé sur ce match lors d'un entretien pour l'émission *Téléfoot*, Kylian affirmait pourtant : « C'est un moment pour les grands joueurs et je suis prêt. Et bien sûr, comme d'habitude, je ne vais pas me cacher[1]. » Une question se pose alors : le joueur souffre-t-il d'un bref passage à vide ou est-il confronté à un véritable trou d'air ? La réponse viendra une semaine plus tard lors du match retour à Barcelone. Le début de la rencontre ne tourne pas en faveur des Parisiens. Dès la 12e minute, le Barça ouvre le score par un but de Raphinha. Alors qu'une nouvelle déconvenue semble se profiler, le défenseur barcelonais Ronald Araujo est expulsé à un quart d'heure de la mi-temps. La physionomie du match en est bouleversée, tout comme l'impact du n° 7 parisien. Même s'il est moins en vue que ses compères de l'attaque, Ousmane Dembélé et Bradley Barcola, l'ancien gamin de Bondy est bel et bien présent. Il effectue des passes intelligentes plutôt que de frapper au but, obtient de nombreux ballons, pèse sur le jeu. Il n'est pas encore

1. TF1, 7 avril.

redevenu la meilleure version de lui-même mais n'en est pas moins très utile à l'équipe. À la 40e minute, Dembélé égalise pour le PSG. Un quart d'heure plus tard, Vitinha inscrit un deuxième but. À cet instant, sur l'ensemble des deux matchs, Paris et Barcelone sont à égalité et les supporters reprennent espoir. Ils ont raison : Kylian transforme un penalty à la 61e et marque le quatrième but à la 89e. Factuellement, c'est lui qui offre l'avantage au PSG et qui met son équipe à l'abri d'un retour du Barça. C'est ce que l'on attend de lui. « C'est le moment des grands joueurs », avait-il dit. Il s'était seulement trompé d'un match. Au coup de sifflet final, Kylian tombe dans les bras de son coach Luis Enrique et de son président Nasser al-Khelaïfi. L'heure est à la joie, les tensions et les ressentiments sont mis entre parenthèses. « Mbappé a été le leader indiscutable de l'équipe[1] », conclut l'entraîneur du PSG lors de la conférence de presse d'après-match. Dans le vestiaire, les joueurs parisiens sont euphoriques. Sur les Champs-Élysées, de nombreux supporters se sont rassemblés pour fêter la qualification en demi-finale. Plusieurs dizaines de fans du PSG se rendent à Roissy pour accueillir l'équipe au milieu de la nuit dans une ambiance des grands soirs.

Le 24 avril, Mbappé réalise une nouvelle prestation de haute volée face à Lorient. Avec un doublé et une passe décisive, il permet à son équipe de l'emporter 4-1.

---

1. *Le Parisien*, 17 avril 2024.

Une semaine plus tard, il se montre bien moins en vue lors de la demi-finale aller de la Ligue des champions face à Dortmund. Le club allemand l'emporte 1-0. Une défaite qui n'entame pas pour autant l'optimisme pour la qualification. La grande majorité des observateurs et des supporters semblent convaincus que le PSG l'emportera au retour au Parc des Princes et se qualifiera pour la finale à Wembley. Le Collectif Ultras Paris a même entrepris de négocier avec la direction du club la possibilité d'envahir le terrain en cas de victoire[1]. Le soir du match, l'heure est à l'euphorie. Trois heures avant le début de la rencontre, des centaines de supporters en liesse se sont rassemblés aux abords du stade. À l'intérieur, les tribunes sont rouges et bleues, d'immenses tifos accueillent l'entrée des joueurs et une banderole proclame : « Nous sommes l'armée du PSG et rien ne pourra nous arrêter. » Durant une grande partie du match, les supporters encouragent leur équipe dans une ambiance digne des publics grecs ou turcs. Des clameurs accompagnent chaque percée parisienne et des bordées de sifflets retentissent dès que les Allemands s'approchent des cages de Donnarumma. Les supporters continuent à y croire même après le but de Mats Hummels en début de deuxième mi-temps. Mais plus les minutes passent, plus il devient évident que le PSG ne marquera pas les deux buts nécessaires pour obtenir la prolongation. Au coup de sifflet final,

1. RMC, 6 mai 2024.

nombre de joueurs parisiens s'effondrent sur la pelouse. Contrairement aux précédentes éliminations en C1, le Parc des Princes ne les siffle pas. Kylian Mbappé n'a pas été capable de faire la différence. Ce soir-là, il n'a pas été le grand joueur qu'il est intrinsèquement. Ni par ses dribbles, ni par ses accélérations, ni par son influence. Il le sait et ne s'est pas réfugié derrière les tirs sur les poteaux du but adverse. « Je n'aime pas trop parler de malchance, quand tu es bon, ça ne tape pas le poteau et ça va dedans, déclare-t-il après le match[1]. Je suis le gars qui doit marquer des buts, qui doit être décisif. Quand ça se passe, je prends toute la lumière. Quand ça ne marche pas, il faut prendre toute l'ombre aussi. » Une lucidité qui est sans doute une manière de s'approprier la célèbre formule de Nelson Mandela : « Je ne perds jamais, soit je gagne, soit j'apprends. »

Le PSG gagnera sans doute un jour la Ligue des champions mais ce sera sans Kylian Mbappé. En cette fin de saison, il remporte tout de même son septième titre de champion de France, le sixième avec Paris. Même si son coach a limité son temps de jeu en le plaçant plus souvent sur le banc qu'il ne l'avait jamais été, cela n'a pas empêché Kylian de réaliser sa meilleure saison en termes de statistiques. Avec quarante-quatre buts toutes compétitions confondues, il n'avait jamais marqué autant au cours d'une saison. Une capacité à

1. *Le Parisien*, 8 mai 2024.

dépasser ses propres standards qui continue de laisser pantois.

L'enfant de Bondy est resté sept saisons au PSG. Autant que Cavani et deux de plus que Pauleta ou Raï. Laissera-t-il une trace équivalente à celles de ces légendes du club auprès des supporters ? « Il n'a jamais donné le sentiment de faire l'unanimité au sein du public du Parc des Princes, nuance le journaliste de *L'Équipe* José Barroso. Durant les premières années, nombre de supporters avaient le sentiment qu'il n'était que de passage. Ils pensaient qu'il ne resterait pas longtemps. Même si cela est en réalité très factice, les supporters ont besoin de sentir qu'un joueur considère leur équipe comme le club de sa vie. Or, tout le monde savait que Mbappé adorait le Real et qu'il signerait là-bas un jour. Cela a un petit peu changé lorsqu'il a prolongé à la surprise générale en 2022. L'affection et le respect du public ont évolué. Surtout que les supporters ne pouvaient pas être indifférents à tous les buts qu'il marquait. » « Il existe des vidéos de lui âgé de 8 ans qui affirmait que son club de cœur était le PSG, rappelle le journaliste du *Parisien* Dominique Sévérac. Il possède un attachement viscéral à la ville de Paris. Porter les couleurs du club signifiait vraiment quelque chose à ses yeux, il n'était pas là seulement pour l'argent. Il possède un véritable attachement au maillot. »

Est-ce la personnalité de Kylian qui explique qu'il n'a jamais fait l'objet d'une adulation digne de ce qu'il a apporté à l'équipe durant tant de saisons ? « Au tennis, les gens adorent Rafael Nadal parce qu'il est un guerrier sur le court et un gentil en dehors, explique le psychologue et préparateur mental Anthony Mette. Ils adorent aussi Roger Federer parce qu'il est passé de joueur rageux à une sorte de moine bouddhiste avec un jeu très esthétique. Mais ils n'aiment pas Novak Djokovic parce qu'il est trop robotisé et donne le sentiment d'être insincère. Mbappé pourrait un jour connaître un sort similaire : si le public finit par trouver qu'il manque de sincérité et d'humanité, il se mettra beaucoup de monde à dos. Il continuera à plaire à un cercle restreint de fans qui aiment les méchants mais pas au plus grand nombre. » « Kylian Mbappé reste assez clivant dans le milieu, indique le journaliste de *L'Équipe* José Barroso. Il assume son statut et revendique de jouer les premiers rôles. Malgré son talent et son aura, sa personnalité et sa manière de voir le foot ne font pas l'unanimité. »

Cela s'est vérifié lors de son dernier match au Parc des Princes sous le maillot du PSG, le 12 mai 2024 face à Toulouse. Deux jours plus tôt, il avait – pour la première fois – lui-même évoqué publiquement son départ du club dans une vidéo diffusée sur les réseaux sociaux. Prenant bien soin de ne jamais prononcer le nom du président du PSG, Nasser al-Khelaïfi, il avait longuement remercié les supporters. Cela n'a pas suffi. Les adieux entre le public parisien et les joueurs emblématiques ont connu de multiples formes :

le rendez-vous manqué avec Cavani, les insultes pour Weah, les larmes lorsque Raï s'est prosterné devant la tribune Auteuil, le « Je suis venu en roi, je repars en légende » d'Ibrahimović, la banderole « À jamais chez toi au Parc » pour Pastore. Kylian, lui, n'a eu droit qu'à un entre-deux. Ni haine ni ferveur, seulement du ressentiment et un service minimum. Il ne s'attendait sans doute pas à une dévotion à la hauteur de celles qu'ont connues Francesco Totti à Rome ou Steven Gerrard à Liverpool, deux joueurs iconiques qui ont passé toute leur carrière dans leur club, mais il espérait sûrement mieux. Au moment de la première présentation des joueurs, alors que le stade n'était encore guère garni, l'annonce de son nom a essuyé des sifflets. Lors de l'échauffement, une banderole fut brandie par le CUP : « Enfant de la banlieue parisienne, tu es devenu légende du PSG. » Mbappé s'approcha alors de la tribune pour remercier les supporters avec un grand sourire. Ceux-ci déployèrent un imposant tifo à son effigie et scandèrent son nom, suivis par une partie du public seulement. Le Bondynois inscrivit ensuite le seul but parisien de la rencontre, sans empêcher la défaite des siens 1-3.

Lors des festivités pour la remise du trophée de champion de France qui ont suivi le match, la direction du club n'avait prévu aucun hommage particulier.

La page du PSG est tournée, Kylian va désormais écrire un nouveau chapitre de sa carrière au

Real Madrid. Comme trois des cinq Ballons d'or français – Raymond Kopa, Zinedine Zidane et Karim Benzema –, il va porter l'emblématique maillot blanc. « Je suis un compétiteur, quand je joue, c'est pour gagner, affirmait-il l'été précédent[1]. Peu importe avec qui tu vas me faire jouer, peu importe mon maillot, peu importe l'endroit, peu importe l'année, je ne serai jamais rassasié de gagner, encore plus un trophée que je n'ai pas remporté comme la Ligue des champions. » « Pour sa dernière année au PSG, Mbappé a malgré tout réalisé la meilleure saison de sa carrière en termes de statistiques, rappelle le journaliste de *L'Équipe* José Barroso. Cela s'explique aussi parce qu'il y avait le désert autour de lui pour la finition. Même si tout le monde l'attend au tournant, je pense que cela sera beaucoup plus simple pour lui au Real avec des joueurs comme Vinicius ou Bellingham qui représentent autant que lui un danger aux yeux des adversaires. Cela lui évitera d'avoir toute une équipe contre lui. » « Il était au-dessus de la Ligue 1 et il sera aussi au-dessus de la Liga espagnole comme il aurait été au-dessus de la Premier League s'il avait signé en Angleterre, juge Dominique Sévérac. Il est au-dessus de tout et tout le monde le sait. » « Le championnat espagnol connaît une situation très difficile : presque tous les clubs souffrent d'importants problèmes financiers, les polémiques se multiplient et le niveau de jeu a beaucoup

1. *France Football*, 9 juillet 2023.

baissé, explique Frédéric Hermel. L'arrivée de Mbappé suscite donc un fort enthousiasme. Sa présence sera un atout pour l'image de la Liga et les droits TV. Mais cela donne aussi le sentiment que le Real va remporter le championnat chaque saison tant il semble imbattable avec lui. »

En avril 2024, avant même l'officialisation de son transfert au Real, un sondage Odoxa indiquait que Kylian Mbappé récoltait 74 % d'opinions favorables en Espagne contre 66 % en France[1]. « Tout le monde sait qu'il sera excellent sur le terrain mais cela ne suffit pas pour devenir une légende du club, précise Frédéric Hermel. Être une légende, cela se construit dans un rapport au public. Cristiano Ronaldo a marqué l'histoire du Real par ses buts mais il n'est pas resté dans le cœur des supporters. Il existe un décalage entre ce qu'il réalisait sur le terrain et l'affection que lui portait le public. En termes de palmarès, il restera l'un des plus grands joueurs du Real mais les supporters lui préféreront toujours Raúl ou Butragueño, même si ceux-ci ont remporté moins de titres. L'amour du public est un phénomène complexe. » Et d'ajouter : « Chaque Espagnol est un vrai passionné de foot. Mbappé va se retrouver plongé dans un univers très différent de ce qu'il a connu en France. Pour le meilleur ou pour le pire. Ses moindres faits et gestes seront encore plus scrutés qu'au PSG. Il doit s'attendre à subir de fortes

1. *Le Figaro*, 7 avril 2024.

critiques s'il n'est pas performant lors d'un match et à être encensé trois jours plus tard s'il marque un doublé. S'il se plaint de ce que disent les journalistes en France, il n'a encore rien vu ! Il devra toujours être performant lors des rencontres importantes. On lui pardonnera un mauvais match contre Getafe ou Osasuna mais pas contre le Barça ou l'Atlético. Il n'aura aucune excuse. »

Kylian Mbappé a eu le temps de se préparer à rejoindre le Real. Il maîtrise l'espagnol, une langue qu'il a largement pratiquée dans le vestiaire du PSG qui a toujours compté nombre de joueurs hispanophones. Il connaît la pression des grands matchs et il semble écrit d'avance qu'il remportera de nombreux trophées avec le maillot blanc. Mais sans doute pour la première fois de sa carrière, il va devoir se confronter à une institution qui ne se pliera pas à ses désirs. « Mbappé doit savoir qu'il ne sera jamais plus important que le club, insiste Frédéric Hermel. À son époque, Di Stefano, le plus grand joueur de l'histoire du Real, est allé voir le président Santiago Bernabéu dans son bureau pour lui dire : "Je n'aime pas le nouvel entraîneur, c'est lui ou moi." Le président lui a répondu : "Alfredo, merci pour tout ce que tu as fait pour nous. La porte est là…" Et il l'a viré. Mbappé doit avoir conscience qu'il ne pourra pas contester la direction du Real comme il l'a fait avec celle du PSG. Comme il est très intelligent, il saura sûrement s'adapter. »

Kylian Mbappé n'a jamais caché sa volonté de participer aux Jeux olympiques 2024. « J'ai toujours eu la même ambition, j'ai toujours dit que les JO à Paris étaient un événement spécial et que je voulais y être, disait-il en mars 2024[1]. J'ai toujours dit aussi que cela ne dépendait pas de moi. » En théorie, le capitaine des Bleus pourrait être aligné dans l'équipe olympique : les sélections pour les épreuves de football concernent les joueurs de moins de 23 ans mais le CIO autorise trois exceptions au-dessus de cette limite d'âge. Son rêve semble cependant difficile à atteindre. D'abord parce que le tournoi olympique commence dix jours après la finale de l'Euro. Ensuite parce qu'en mars 2024, quatre mois avant l'ouverture des Jeux, le Real a fait savoir à la FFF qu'il ne laissera pas les joueurs français sous contrat avec le club participer au tournoi olympique. Si Mbappé n'était alors pas encore engagé avec Madrid, sa destination ne semblait déjà plus faire de doute. Si Kylian participe aux JO, le Real verrait donc sa nouvelle star ne rejoindre le club qu'en septembre dans un état de forme sans doute très relatif après deux compétitions internationales durant lesquelles il était appelé à jouer les premiers rôles.

En 2020, déjà, le jeune prodige avait exprimé son envie de participer aux JO de Tokyo mais avait essuyé un refus du PSG. S'il ne peut concourir au tournoi olympique dans son propre pays en 2024, il est probable qu'il tentera de nouveau sa chance en 2028 pour les Jeux de Los Angeles et qu'il recommencera quatre ans

1. *Le Parisien*, 22 mars 2024.

plus tard si cela est nécessaire. Kylian ne baissera sans doute pas les bras tant qu'il n'aura pas décroché la médaille d'or olympique. Il a décidé qu'aucun titre majeur ne devait lui échapper et il est prêt à tout pour y parvenir.

CHAPITRE 21

Vers l'infini et au-delà ?

Le 18 janvier 2024, le n° 10 des Bleus accorde une longue interview à Élise Lucet dans l'émission *Envoyé spécial.* Il y évoque brièvement le football mais s'exprime bien plus longuement sur ses engagements et sur lui-même. « L'émission avec Élise Lucet représentait un élément déterminant dans son plan de communication, considère Cédric Landu. Elle avait pour objectif d'établir davantage de proximité entre lui et le public, à l'instar de ce qu'entreprennent des personnalités politiques dans des programmes comme *Une ambition intime* avec Karine Le Marchand. Cela indique que le staff du joueur a conscience que sa dimension *pathos* a besoin d'être développée. Pour susciter des émotions chez les autres, il faut qu'il en donne. L'objectif n'a été qu'à moitié rempli. Même s'il essaye de se livrer, son discours reste très formel, y compris quand il évoque sa relation avec ses parents. » Au cours de l'entretien, le joueur admet un regret :

ne plus être en mesure d'aller acheter lui-même une baguette. « Je payerais tellement cher maintenant pour pouvoir faire ce genre de choses qui semble anodin à la plupart des gens, confiait-il. […] Il n'y a pas de regrets, il y a une fatalité. C'est un constat. [Si je pouvais passer quarante-huit heures incognito], j'en profiterais pour faire des choses sans réfléchir, aller manger tranquille dans une brasserie, sortir avec des amis, faire la fête tranquille, sans personne pour venir me voir. Le lendemain matin, un bon brunch au soleil sur une terrasse, admirer les choses. Des choses simples de la vie[1]. » « Est-il sincère ou est-ce une posture ? Sans doute un peu des deux, juge le psychologue et préparateur mental Anthony Mette. Il doit le penser en partie et exagérer le trait pour susciter de l'empathie. » « C'est le paradoxe du héros, avance Thibaud Leplat. Dans *L'Odyssée*, quand Ulysse retrouve Achille aux Enfers, ce dernier exprime des regrets sur sa vie de paysan. Tous les êtres hors du commun doivent consentir ce que l'on appelle dans le langage courant des “sacrifices”. Quand Mbappé sacrifie l'anonymat au nom de la gloire, il y a un prix à payer mais celui-ci est largement compensé par les avantages qu'apporte la reconnaissance. L'anonymat est l'unique désir qui lui est inaccessible. Il peut même rêver d'atteindre une forme d'immortalité mais pas l'anonymat. »

1. *Envoyé spécial*, France 2, 18 janvier 2024. Cité par France Info, 19 janvier 2024.

Dans n'importe quelle discipline, les rêves de grandeur sont à la portée de tous mais rares sont ceux qui ont la capacité de se maintenir au sommet. Au-delà des efforts surhumains que nécessite l'ascension, l'air est si rare en haut des cimes que beaucoup s'y asphyxient. À tel point que compter parmi les plus grands se révèle souvent être une malédiction. « La lutte elle-même vers les sommets suffit à remplir un cœur d'homme », disait Camus. Il faut imaginer Kylian heureux… « Mbappé n'est pas comparable à un artiste tel que Kurt Cobain, qui est devenu un héros malgré lui, poursuit Thibaud Leplat. C'est un individu dont toute l'existence depuis son enfance est organisée autour d'objectifs à atteindre. Personne ne semble lui avoir imposé un tel destin, comme l'ont fait les parents de certaines joueuses de tennis. La conception que nous avons du bonheur est largement secondaire à ses yeux. Ce n'est pas ce type de bonheur qu'il vise, le sien consiste à atteindre un nouveau degré de perfection. Comme tous les très grands sportifs, c'est l'insatisfaction qui est son moteur. Il est condamné à entretenir une relation de performance à l'égard de l'existence humaine. Son univers entier est structuré autour de l'idée de performance. »
« Mbappé peut-il être heureux ? Il est encore jeune, il conserve malgré tout une part d'insouciance, estime le psychologue et préparateur mental Anthony Mette. Mais derrière son sourire, il est difficile de savoir ce qu'il pense vraiment. Si l'on regarde aujourd'hui Michael Jordan et Tiger Woods, il est clair qu'ils ne

respirent pas le bonheur. Ils ont de l'argent mais ils sont seuls et semblent un peu perdus. » Et d'ajouter : « Lorsqu'il aura vraiment atteint les sommets, je pense que Mbappé pourrait se lasser. Je ne serais pas surpris qu'il arrête le football vers 30 ans pour se fixer de nouveaux objectifs. À l'image de Michael Jordan qui avait entrepris de se reconvertir dans le baseball parce qu'il avait le sentiment d'avoir fait le tour du basket. »

Depuis son ascension au plus haut niveau, Kylian Mbappé a évolué. Sa musculature s'est développée, son leadership au sein d'un collectif s'est affirmé, il dévoile davantage d'aspérités dans son comportement lors des matchs et il est passé du statut de jeune homme à celui d'adulte. Très peu d'informations sont diffusées dans les médias sur sa vie privée. Cela n'empêche pas qu'il sait s'amuser sans pour autant commettre d'excès. Il mène une existence de jeune homme. Il conserve une certaine hygiène de vie au quotidien avec des moments de relâche. Il aime les fast-foods mais sait ne pas en abuser. Il emploie un physio et une cuisinière personnelle. Mais une constante demeure : sa foi inébranlable dans son propre destin. « Je repousse les limites pour moi d'abord, affirmait-il en juillet 2023[1]. Les gens n'aiment pas trop qu'on dise ça, mais une carrière, c'est égoïste, c'est la tienne, c'est ce que tu laisses en héritage. Je suis un éternel insatisfait, donc je ne suis

1. *France Football*, 9 juillet 2023.

jamais impressionné par ce que je fais. C'est déjà une première clef pour me comprendre car face à tout ce que je réalise, je me dis que je peux le refaire et en mieux. J'ai cette faim de gagner. Je ne veux pas être dans une équipe juste pour participer. C'est pour cela que certaines fois, on pense que je suis arrogant. Car je déteste seulement participer. Ce n'est pas dans ma nature, ce n'est pas ce que je suis. Je n'ai pas peur de l'échec non plus, il fait partie de la carrière d'un footballeur. Mais j'ai l'intime conviction que je suis né pour gagner et je veux le montrer à tout le monde. » « Ce qui étonne chez Kylian Mbappé, c'est la conscience très précoce qu'il a eue de sa propre singularité, explique le philosophe Thibaud Leplat. Il est à la fois l'acteur et le commentateur de sa biographie. À l'instar des leaders politiques et des grands artistes, il donne le sentiment de ne pas être fait du même bois que les autres êtres humains. L'une des caractéristiques du génie, comme aptitude de l'esprit, c'est qu'il donne ses règles à un art. Un Marcel Duchamp ou un Andy Warhol ont ainsi donné ses règles à l'art contemporain. Dans le football, Mbappé impose lui aussi ses règles de manière naturelle. »

Après la Coupe du monde 2018, l'attaquant tricolore semblait alors en avance sur la plupart des géants du football pour espérer atteindre le statut de plus grand joueur de l'histoire. Être resté au PSG durant sept saisons lui aurait-il fait perdre du temps sur ses objectifs en termes de palmarès ? À 25 ans, il n'a toujours pas remporté la

Ligue des champions et n'a pas été sacré Ballon d'or. Au même âge, Messi avait déjà remporté quatre Ballons d'or et trois Ligues des champions. Cristiano Ronaldo avait remporté un Ballon d'or et une Ligue des champions. En revanche, le Bondynois a déjà bien davantage remporté de trophées que les autres icônes du football français, Michel Platini et Zinedine Zidane, qui ont dû attendre de quitter le championnat national pour prendre une nouvelle dimension et gagner des titres. Quand Platini a quitté à 26 ans la première division pour la Juventus en 1982, il ne comptabilisait qu'une Coupe de France avec Nancy et un titre de champion avec Saint-Étienne. Après son départ, son palmarès s'est étoffé d'une Ligue des champions (1985), d'une Coupe des coupes (1984), de deux titres de champion d'Italie (1984 et 1986), d'une Coupe d'Italie (1983), de trois Ballons d'or (1983, 1984, 1985) et d'un Euro avec les Bleus. Quand Zidane fut transféré à 24 ans de Bordeaux en 1996, son palmarès était vierge. Avec la Juventus puis le Real Madrid, il a remporté une Ligue des champions (2002), deux championnats d'Italie (1997, 1998), un championnat d'Espagne (2003) et surtout une Coupe du monde (1998) ainsi qu'un Euro (2000) avec les Bleus. « Il n'existe pas de modèle à suivre pour devenir le plus grand footballeur de l'histoire, tempère Thibaud Leplat. Les observateurs passent leur temps à comparer sa trajectoire à celles des autres joueurs majeurs mais cela n'est pas forcément pertinent. Le principe des plus grands, c'est qu'ils créent leurs propres règles du jeu. La trajectoire de Mbappé ne peut donc être qu'unique. » « Nous ne pourrons juger la place de Kylian Mbappé dans l'histoire du football qu'à la fin de sa carrière, rappelle l'historien spécialiste du football Paul Dietschy. Sa précocité plaide en sa faveur : il a remporté une Coupe du monde très jeune et a participé à une finale lors du Mondial suivant. Il est aussi un attaquant extrêmement complet. Même s'il est souvent cantonné joueur de couloir en raison de sa rapidité, il peut aussi jouer en n° 10. Il possède une excellente vision du jeu, une très grande précision de tir et peut faire penser à Pelé du point de vue de son explosivité. Il faut se garder d'être trop dans le présentisme mais il a le potentiel pour devenir le plus grand attaquant français de tous les temps. Après, cela dépendra de ses choix de carrière, des équipes dans lesquelles il évoluera et d'éventuelles blessures. »

Il faudra attendre encore plus de dix ans avant de déterminer la place que Kylian Mbappé occupera dans l'histoire du football. Une étape a cependant déjà été franchie. En 2018, encore dans l'ombre de Lionel Messi et de Cristiano Ronaldo, le Français ambitionnait de devenir le meilleur joueur du monde. Aujourd'hui, il l'est.

ÉPILOGUE

Pour les non-amateurs de football, il est difficile de concevoir que l'on puisse se passionner à ce point pour vingt-deux types en shorts qui courent après un ballon. « Tu trouves normal que des mecs soient payés des millions pour jouer à la baballe ? », « Autant d'argent dans le foot alors que des gens crèvent de faim, ça ne te choque pas ? », « Tu payes deux abonnements à des chaînes pour suivre des matchs ? », « Tu fais *vraiment* la gueule parce que ton équipe a perdu ? ». Inutile de le nier : leur rengaine n'est pas dénuée de fondement. Pour autant, tenir pareils propos à un fan de foot revient à dire à un fumeur que la cigarette donne le cancer : non seulement il le sait déjà mais cela ne l'empêche pas de cloper. Nul ne prétendra jamais qu'il devient intelligent devant un match, ni même que le foot rend heureux et que chaque individu devrait se transformer en supporter pour le bien-être de l'humanité. S'il accepte de prendre un minimum de recul, n'importe quel amateur de ballon rond reconnaîtra que se croire champion parce que d'autres que lui ont marqué un but est sans doute l'idée la plus grotesque qui existe, à égalité avec celle qui consiste à penser que la vie ne vaut plus la peine d'être vécue parce que son équipe a perdu en finale. S'il pousse l'honnêteté un peu plus loin, il ira même jusqu'à admettre que le football est une perte de temps, d'argent et de cellules grises. Pourtant, une fois qu'il aura battu sa coulpe dans un sursaut de clairvoyance vis-à-vis de lui-même, il se dépêchera de partir au stade, dans un bar ou sur son canapé, pour ne pas manquer le début de la rencontre d'un huitièmes de finale de la Ligue des champions. Aussi inconcevable que cela puisse paraître pour les non-initiés, celui qui aime le foot peut ressentir devant un match des émotions pouvant atteindre une intensité digne de celles que procurent un livre, un film ou n'importe quel autre type d'œuvres. Il ne s'agit pas de placer l'art et le football sur le même plan, ni de prétendre que les émotions que l'on ressent sont de même nature et peuvent marquer une personnalité sur une échelle équivalente. Simplement de constater que ces émotions possèdent la même capacité à faire vibrer quelque chose à l'intérieur de soi avec une sensation physique identique. Pour cette raison, bien plus que pour les heures de divertissement et la sociabilité qu'induit ce centre d'intérêt, les souvenirs de football se mélangent à notre histoire personnelle et marquent notre esprit plus qu'ils ne le devraient.

Dans l'inconscient d'un amateur, l'univers footballistique pourrait prendre la forme d'une maison de plusieurs étages. À la cave s'entassent tous les joueurs que nous avons oubliés. Ils ont traversé nos vies chaque semaine durant plusieurs saisons, nous ont parfois fait vibrer sur des actions de jeu ou nous ont fait hurler sur leurs erreurs. Nous connaissions leur visage, leur nom, et durant notre enfance nous avons parfois collé leurs autocollants Panini. Avec le temps, ils ont été effacés, remplacés par d'autres visages, d'autres noms et d'autres autocollants Panini. Si d'aventure nous les apercevions furtivement à l'occasion d'une rétrospective, il y a des chances que nous soyons incapables de les identifier. Au rez-de-chaussée figurent ceux qui n'ont pas décroché leur place dans les livres d'histoire du sport mais qui nous ont suffisamment marqués pour continuer à peupler notre mémoire. Il s'agit de buteurs de dernière minute qui ont fait basculer un match crucial, de défenseurs capables de se sacrifier en prenant un carton rouge pour éviter une égalisation, de bourrins qui s'embrouillaient avec les adversaires pour un motif futile, ou de généreux ailiers qui donnaient l'impression d'être prêts à mourir sur le terrain même s'ils avaient les pieds carrés. Au premier étage, dans le confort, vivent ceux qui savaient que leur notoriété survivrait à leur fin de carrière. Ce sont les stars, ceux qui ont accumulé les trophées dans leurs armoires et les millions sur leurs comptes en banque. Ceux dont le nom est connu au-delà des fans de sport, ceux qui avaient quelque chose en plus, ceux qui ont marqué leur époque. Tout en haut de la maison, dans le grand luxe, vit une poignée d'élus. Ils ne sont pas des saints ou des êtres au comportement irréprochable, ni même des modèles dont les jeunes devraient s'inspirer. Ils sont seulement des êtres à part qui ont survolé les autres durant le laps de temps qui leur était donné. Peu importe qu'ils poursuivent leur existence terrestre ou qu'ils aient rendu leur dernier soupir, ils seront à jamais éternels. Il y a parmi eux un Hollandais qui s'est brûlé les poumons à force d'incarner le football total, un Russe qui arrêtait des ballons qui se seraient transformés en buts avec un autre que lui, un Brésilien bientôt obèse, un Irlandais alcoolo, un Français tireur de coups francs et un autre donneur de coups de tête. Ils seront bientôt rejoints par un Portugais narcissique et un nabot argentin qui ont encore quelques passements de jambes à faire valoir avant de gagner l'éternité. Et puis, au-dessus de la maison, sur un petit nuage qui plane au-delà de la condition humaine, deux hommes assis l'un en face de l'autre jouent aux échecs depuis plusieurs décennies. Le premier est un Brésilien convaincu depuis si longtemps d'être Dieu que personne n'ose le contredire. Le second est un Argentin un peu fou avec des pieds qui lui ont permis de courir à plusieurs centimètres au-dessus du sol. Désormais dans l'au-delà, l'un comme l'autre ont longtemps cru qu'ils étaient condamnés à demeurer en tête à tête sans que personne ne vienne perturber leur isolement. Avec étonnement, ils ont découvert qu'une petite chaise vide avait été placée à leur table. Une petite chaise sortant à peine de l'établi qui est condamnée à attendre, un peu plus d'une dizaine d'années, pour savoir si un jeune homme à la voix nasillarde viendra un jour s'y asseoir.

PALMARÈS DE KYLIAN MBAPPÉ

Champion du monde 2018, finaliste de la Coupe du monde 2022 et vainqueur de la Ligue des nations 2021 avec l'équipe de France.

Champion de France en 2017 avec Monaco.

Champion de France 2018, 2019, 2020, 2022, 2023 et 2024 avec le PSG.

Vainqueur de la Coupe de France 2018, 2020 et 2021 avec le PSG.

Vainqueur de la Coupe de la Ligue 2018 et 2020 avec le PSG.

Finaliste de la Ligues des champions 2020 avec le PSG.

En catégorie jeunes

Vainqueur de l'Euro 2016 avec l'équipe de France U19.

Vainqueur de la Coupe Gambardella avec Monaco U19.

Mes remerciements vont en premier lieu à tous les témoins et journalistes qui ont accepté de m'accorder un peu de leur temps pour répondre à mes questions. Je remercie en particulier les anciens de Clairefontaine. Merci aux attaché(e)s de presse des clubs de Troyes, Clermont, Paris FC, Soyaux, Rodez, Stade Brestois, Cercle Brugge, Toulon, Saint-Étienne, et de la section féminine du FC Metz pour leur gentillesse et leur efficacité. Merci au cabinet de la maire de Bondy. Merci à Thomas S. pour les quelques précisions qu'il m'a apportées. Merci à M.-H. pour sa relecture. Merci à mon éditeur pour sa confiance. Sur un plan plus personnel, merci à L. pour son soutien permanent, merci à Matthieu et Bastien pour ne pas m'en vouloir de leur avoir fait aimer le foot.

Chez Mareuil Éditions :

Kopa, par Raymond Kopa, rééd. 2014.

Champions du monde ! 55 jours en immersion avec les Bleus, Baptiste Desprez, 2018.

Tony Parker, une vie, Armel le Bescon, 2022.

Composition réalisée par
Nord Compo à Villeneuve-d'Ascq

Imprimé en France par
CPI Bussière
en mai 2024
N° d'impression : 2078564
Dépôt légal : mai 2024